芝 正身
SHIBA Masami

近現代日本の「反知性主義」

天皇機関説事件から
ネット右翼まで

明石書店

はじめに

ここ数年つくづく思うのは、今の日本社会の風景が、私が子供のころに見ていたものとはまるで変わってしまった、ということである。とくに政治に関する事象において、その感を強くする。

「ネット右翼」と呼ばれる排外的で攻撃的な言論が跋扈している。ツイッターなどSNSでは、政権与党に批判的な意見に対し「サヨク」「反日」と罵声を浴びせ、「どうせ日本人じゃないんだろう」「日本から出ていけ」と差別的な言いがかりをつける光景が常態化している。

インターネット内の話だけではない。現実の政治の世界においても、右派系の一部政治家が人権や平和主義をあえて踏みにじる暴言を吐くのは、もはや見慣れた光景となっている。ごく最近でも、「LGBTには生産性がない」という論考を雑誌に掲載し、大問題になった国会議員もいた。

しかしそれは、一部の「反知性主義」政治家だけの問題とはいえないだろう。国会でも、与党が衆参両議院議席の絶対安定多数を占めるなか、熟議による合意形成という議会主義のタテマエさえもないがしろにする行いが横行しているからである。二〇一八年一一月、外国人労働者受け入れを拡大する出入国管理法改正案が強行採決されたとき、あろうことか与党理事は、「議論したらキリがない。いくらでも問題が出てくる」と言い放った。

正直、こんな社会になるとは思ってもいなかった。とはいえ、かつての日本がよほど公正な社会だったかというと、そうともいえないだろう。たとえば、被差別部落や在日韓国人に対する一般の差別意識は、今日よりもよほどきつく、根強いものがあった。ただ、それらが社会のいわば「ホンネ」として存在する一方で、これを公然と口にすることは許さないという「タテマエ」が強固に存在していた。そして「タテマエ」を破るものは、社会から退場させられていたのである。

今日でも「タテマエ」は存在している。しかし、頻繁にみられるのはこれを挑発する言動であって、かつ、このような言動が国民の一定数から喝采を博している光景である。そして、あのLGBTへの差別的言論を行った国会議員が辞職せずに済んでしまっているように、「タテマエ」を破っても、めったに退場させられることはなくなってしまった。

なぜ、このようなことになってしまったのだろうか。

実際、多くの人が同じ問題意識を持ち、この「なぜ」に答えようとしている。安田浩一著『ネットと愛国――在特会の「闇」を追いかけて』［安田 2012］などを嚆矢として、関連した研究書やノンフィクションも多数出版されている。これらの多くは、「反知性主義」ないしネット右翼現象を現代的な病理現象とみて、ノンフィクションのルポルタージュとして叙述し、あるいは社会学的見地から研究したものである。

ところで、「反知性主義」的な現象が日本の政治社会に現れたのは、何も今回が初めてのことではない。周知のとおり、日中戦争から第二次世界大戦にいたる一九三〇年代は、学問や科学を「国体」という信仰が駆逐していく時代であった。そのもっとも象徴的なできごとが天皇機関説事件である。

もちろん、社会構造も国際環境もまるで異なる戦前と現代の現象を、軽々に同一視することはできない。しかし、それぞれで声高に奏でられてきた主調音は、奇妙なほどに似通っている。すなわち、個人主義やリベラリズムを亡国的思想ないし「サヨク」とみなし、あるいは隣国との協調と平和を訴える人々を売国奴ないし「反日」勢力扱いして、国家の敵と一方的に攻撃・糾弾する態度である。

そこで一貫して敵視されているのは、明治以来輸入されてきた西洋文化の基本原理、すなわち「啓蒙主義」であるといっていいだろう。啓蒙の原理は、ヨーロッパ一八世紀に始まる近代的精神の中核的な価値観である。それは人間理性への信頼を大前提として、封建的・非理性的なものからの解放をめざし、人の自立した個としての活動に最大限の価値をおく(自由主義、個人主義)。また統治においては、権力者への「受動的服従」から脱し、自立した個人すなわち「市民」の「国家構成員としての主体的能動的地位の自覚」[丸山 1943]にもとづく政治を志向する(民主主義)。

本文において述べるように、近代の日本はそれぞれの時代において、またそれぞれの時代の条件に応じて、この啓蒙主義を日本的なものに変容させながらも、受容してきた。しかし一方で、これを一貫して「敵」とみなす政治的姿勢《アティチュード》、精神のベクトルが、歴史的に継続して認められるのだ。

私はここに、日本近代以来の「知」の本流であり、権威であった「日本的啓蒙主義」に対抗する、特異な精神のあり方を認める。すなわち、日本型「反知性主義」である。「反知性主義」といっても、知的なレベルが低いとか、知性への単なる反発のことではない。周知のとおり、「反知性主義」とは、リチャード・ホーフスタッターが『アメリカの反知性主義』において、「一種の優越の印として、特別待遇を要求するものとして、平等主義への挑戦として」、権威化された知、アカデミズムに対する「憤りと疑惑」という意義において用いた概念だ〔ホーフスタッター 2003: 6, 46〕。本書で論じる「近現代日本の『反知性主義』」も、そのような意味のものである。すなわち、啓蒙主義という日本近現代の「タテマエ」的権威に反発し、攻撃する精神のありようのことを指している。

本書はこの歴史的に継続する動向を、「啓蒙とそれに対する憎悪の精神史」と捉え、以下のような近現代日本の文脈において抽出していく。

・明治はじめにおける啓蒙主義の受容（第二章「日本的啓蒙とは」）
・懐疑の起こりと「憎悪」の形成（第三章「『憎悪』の精神の形成」）
・一九三〇年代における「反知性主義」の爆発（第四章「昭和期の解体――天皇機関説事件」）
・戦後における、三島由紀夫と丸山眞男の試みと挫折（第五章「三島由紀夫――戦後日本に対する呪い」、第六章「丸山眞男――戦後日本の思想構造」）

ただ本書においてはまず、現代において「ネット右翼」という社会現象が発生してきた経緯と、その変遷についての分析から論を始めたい（第一章「『ネット右翼』――現代の『反知性主義』の一現象」）。「啓蒙に対する憎悪」のメカニズムを明確化するにあたっては、今日われわれが日常的に目にしている「反知性主義」の典型的現象を最初に取り上げることが妥当と考えるからである。

近現代日本の「反知性主義」——天皇機関説事件からネット右翼まで——目次

凡例

本書で引用している文章において、旧字体はすべて新字体に改めた。難読と思われる語にはふりがなをつけ、その他必要と思われる箇所には山括弧〈 〉で説明を補足した。

また、本書で引用している文章のなかには、今日の観点からみると差別的表現ととられかねない箇所があるが、それらの著作が執筆された当時の時代背景を考慮し、原文のままとした。

第一章

「ネット右翼」
——現代の「反知性主義」の一現象

「ネット右翼」の成立

「ネット右翼」とは

「はじめに」で触れたように、今日、「反知性主義」は実際の政治の世界をも侵しつつある。しかしその先行的な現れは、まずインターネット内において発生した。いわゆる「ネット右翼」である。それは、「憎悪」という感情を強く帯びたきわめて攻撃的な言論という点において、「反知性主義」の特徴を尖鋭的に表している。本章はこの「ネット右翼」を、現代における「反知性主義」の一典型の現象として考察するものである。

「ネット右翼」という現象は、「2ちゃんねる」（今日の「5ちゃんねる」）などの匿名掲示板によるインターネットコミュニケーションが普及し始めた時期に、ほぼ同時に発生した。つまり西暦二〇〇〇年代の初頭である。

安田浩一によると、「ネット右翼」が広まったきっかけは、二〇〇二年に開催されたＦＩＦＡサッカーワールドカップと、同年の小泉訪朝が大きく世論を動かした北朝鮮拉致問題であるとされる。とくに前者は、ベスト四まで勝ち上がった韓国チームの活躍と、それに対する韓国民のナショナリズムの高まりのなかで、一部の韓国人サポーターが「反日」的な応援をしていることがネット上で取り上げられた。加えて、韓国選手のラフプレーや韓国寄りともいわれたジャッジに対する反発が高まり、それまで政治に関心の薄かった若者層に、強い嫌韓の念を抱かせたという［安田 2012: 44-45］。

彼らの主張はまず、その歴史観に顕著である。太平洋戦争を国家の自衛戦争、またはアジア諸民族解放のための正義の戦いであったと主張し、これを侵略戦争であったとする戦後の歴史観を、戦勝国によって押しつけられた「東京裁判史観」とみなす。そして謝罪や補償を要求する韓国、北朝鮮、中国を「反日国家」と規定し、敵視する。

その敵意は、国内においてこのような「自虐史観」に同調しているとみなす人々に対しても同様に、いやそれ以上の情熱をもって向けられる。すなわち左翼（たとえば共産党）、リベラル政党（たとえば旧民主党）、またリベラル色が強い大手マスコミ（たとえば朝日新聞）などである。「ネット右翼」はこれらを国内「反日」勢力と決めつけ、歴史観だけではなく、彼らの九条平和主義や人権尊重の価値観についても、「サヨク」的イデオロギーであるとして攻撃している。

そして彼らがもっとも敵意を燃やすのが、「敵国人」でありながら、国内に住みついて不当な特権を享受しているとする在日韓国（朝鮮）人である。

つまり、国内外の政治勢力に対して、「愛国」対「反日・サヨク」という乱暴な敵－味方の二分法で捉える、きわめて幼稚かつ粗雑な政治観である。あらためて、このような考えに染まっている人間が（しかもいい大人が）、今の日本社会に多数存在することに驚きを禁じえないが、ネット言論のなかでは、あたかもマジョリティであるかのように幅を利かせている。

「ネット右翼」像の混乱

この「ネット右翼」の実像については、従来から低学歴・低収入、社会的底辺に属する若者たちであるという見方がされてきた。安田は、「社会への憤りを抱えた者。不平等に怒る者。劣等感に苦しむ者。仲間を欲している者。逃げ場所を求める者。帰る場所が見つからない者」、つまり今の日本社会で「うまくいかない人たち」がネット右翼や「在日特権を許さない市民の会」（在特会）を構成していると論じた［安田 2012: 346-355］。

しかし、後述するように、その後に実施された統計的な調査結果は、必ずしもそのような実像を描いていない。むしろ、「ネット右翼」構成者の学歴はおおむね高水準であり、首都圏の自営業者や管理職労働者が多く、「大都市部に住む中年世代の中産階級」が中心である、という反論もある［古谷 2013: 153］。また最近、ケント・ギルバート著の「嫌韓本」の購買者層を調査したところ、ほかの書籍と比べると圧倒的に高齢者に偏っていたという報告もある(1)［高口 2018: 26］。さらに、樋口直人は、そもそも社会的貧困などの「不安」「不満」によって排外主義が生じるという事実は実証的には見いだせず、排外主義者を社会的不遇者と決めつける俗流大衆社会論は誤っていると断じる［樋口 2014: 51-56］。

たしかに従来の「ネット右翼」像は、その原因を単一の「不安」に還元し、彼らを社会的に恵まれない（場合によっては引きこもりの）若者と決めつけるきらいがあった。しかし、「ネット右翼」が何者かに対する敵意を必ず伴うという独自の性質を帯びている以上、「不安」もやはり無視できない要素である。ただ、その「不安」はおそらく単一的なものではないのであろう。このような「ネット右翼」像に関する混乱は、すでにわれわれに、その実態が単一のクラスター（集団）ではなく、いろいろな人々が集まっている現象なのではないか、という疑いを起こさせるものである。

確かに彼らのなかには高学歴の者も普通に混じっており、その多くは、実は自分の考えが事実《ファクト》とはかけ離れていることに気がついているふしがある。にもかかわらず、そのような言論に同調することについて、明確に言語化できないにしても、何かやむにやまれぬ理由があると感じているようだ。そして私も、その主張の内容にはまったく賛同できないにしても、彼らがもどかしげに抱いている「理由」については理解できないわけではない。

二〇〇九年一二月四日、京都朝鮮第一初級学校に対して、在特会メンバーを中心とした「チーム関西」によるヘイトスピーチが行われ、社会問題化した。この事件に懸念を示した国連の人種差別撤廃委員会に対し、在特会は「在日朝鮮人が享受する特権は、現在も続くアパルトヘイト」であり、自分たち日本人はかつて南アフリカにおいて差別された黒人と同じように、在日韓国人によって差別・抑圧されている被害者だと抗議した［安田 2012: 101］。ここには自分たちこそがこれまで戦後社会のマジョリティから差別され、疎外されてきたという、強烈な被害者意識を感じとることができる。

そう、このあたりに、彼らが抱える「理由」がうかがわれる。おそらくそれは、何らかの利害関心《インタレスト》にもとづく、「何か」に向けられた怒りなのである。

ではそれは、左翼や在日韓国人に対する怒りなのか——ドイツのジャーナリスト、カロリン・エムケは移民排斥に関しこう述べる。「憎しみは確かに難民たちに向けられている、すなわち難民たちを対象としているが、その憎しみの理由は難民たちではない(2)」［エムケ 2018: 55］。同じように、「ネット右翼」の怒りの理由を、たとえば在日韓国人の存在そのものから見いだそうとしても、それはありもしない特権を探すことと同じく、徒労に終わるだろう。憎しみを生み出している本当の理由、原因は別のところにあるのだ。したがってまた一方で、その理由を彼らの内にあるらしい愛国心に求めても、やはり何物も得られはしないだろう。

このような観点から、本章は「ネット右翼」について、その言論と運動がいかなる社会的利害関心によって生み出されてきたのかについて分析する。以下、その発生から現在にいたるまでの変遷を追うかたちで考察していきたい。

戦後保守主義　そもそも、このような思想がどのようにして成立したのか、ここではまず、日本の戦後保守思想の潮流について概略的に振り返ってみよう。

上村洋一の労作『『諸君!』『正論』の研究——保守言論はどう変容してきたか』が明らかにしているように、冷戦構造下における日本の政治的保守主義は、一言でいえば自国が西側陣営に属することに自覚的な立場に立つ、反共思想だった〔上村 2011: 44〕。この思想がよって立つのは、マルクス主義の進歩主義に対し、人間の理性の限界を自覚して、「あるべき社会」よりも社会の現実を重視する現実主義である。たとえば、国際社会における平和とは、力の均衡からもたらされる相対的平和であるというリアリズムに立ち、非武装中立論は現実的ではないとして、日米同盟、日本の再軍備を認める。このような立場に立つ一九六〇年代、七〇年代の主要な論客としては、東京大学総長として全学連と対峙した林健太郎、防衛大学校長を務めた猪木正道、評論家で劇作家の福田恆存らがいた。

しかし当時の保守派は、進歩派と対立しながらも、基本的なコンセンサスを共有していた。それは戦後啓蒙主義の本質、すなわち「人権（自由主義）」「民主主義」「平和主義」「ある程度平等（福祉主義）」という価値観である。

たとえば猪木は、憲法九条の解釈として自衛隊は合憲であると留保したうえで、「わが国のようにキリスト教やイスラム教のような狭義の宗教になじみのうすい国民の場合、党派、利害および信条の対立を越えて国民をしばる規範としては、憲法のほか何一つない」と、伊藤博文の現実主義（第二章参照）を戦後日本に敷衍しながら、その憲法に対して押しつけだのと難癖をつけるのは「つける薬がないほどの馬鹿者」であり、「現存社会秩序の保守をたてまえとする保守主義者にとって、憲法ほどたいせつなものはない」と護憲の立場を明言していた(3)［猪木 1962: 74、上村 2011: 255］。また林は日米同盟支持論者であったが、その一方でベトナム戦争におけるアメリカの軍事行動は「侵略」だと、真っ向から批判していた［上村 2011: 46］。

もちろん与党自民党の党是は憲法改正であり、なかでも、神社本庁や旧「生長の家」など、宗教右派との結びつきが強い自民党清和会には戦前回帰的な「右」の傾向が強かった。マスメディアでは、産経新聞がそのような最右翼の主張を代弁していた。しかし、一九七九年、靖国神社のA級戦犯合祀が明らかになったとき、同紙は社説「主張」でこのように論評している。

> 靖国神社が、東条英機元首相らA級戦犯を合祀していたことは、何とも割り切れぬ。……第二次世界大戦後、連合国による極東軍事裁判は、戦争を計画し、遂行した責任者を、戦争犯罪人として処刑した。その方法の当否については異論も出ているが、敗戦日本が戦争の悪夢に決着をつけ、平和国家として立ち上がる、転換点となった。その事実の上に、戦後日本は成り立って来ているし、三十余年の経過があってなお、そのことが時の流れのなかに没し去ってはいまい。
> A級戦犯の合祀は、この歴史的現実を無視している。［産経新聞 1979、上村 2011: 125］

くどいようだが、この社説を書いたのは朝日でも毎日でもなく、あの産経新聞である。今日の同紙の論調からみると隔世の感があるが、まさに当時の保守論調が今の右派といかにかけ離れていたかがわかろうというものである。ようするに、「あの戦争は他国への侵略であり、間違った戦争であった。その反省のもとに戦後日本は平和主義を選び取った。そしてそれは、これからも守っていかなければならない」という理念は保守から左翼までに共有される、新聞でいえば産経から朝日新聞、さらには赤旗にいたるまでが主張していた、当時ではほぼ常識とされていた見解だった。

社会構造の観点からみれば、戦後の日本社会は「ムラ」的共同体の配分方式によって、それなりに富の再分配が実現され、分厚い中間層をつくりあげることに成功した。佐々木毅によれば、戦後自民党政治は「政治家と官庁と利益団体との『鉄の三角同盟』」のもと、「ムラ」的「親心政治」の配分方式によって、「地元の面倒」と「業界の面倒」をみてきた。「ムラ」的配分とは、わが国古来より村落共同体のなかで、あの土地の開墾と収穫は某家に任せる、あの山の入会権は某部落に委ねよう、……といったやり方で、生産のための資源をおおまかに利害関係者に振り分ける方式である。同じように、たとえば電力会社や大手ゼネコンといった特定業者、また経団連や農協、医師会といった生産者側の各業界団体に対しては、各種規制や優遇措置によって保護し、また地方公共団体に対しては、補助金と公共事業への財政出動により、彼らの仕事をつくりだすことに腐心したのである［佐々木 1987: 153］。

もちろんこのような配分方式は、いわゆる利益誘導政治の温床となりやすく、また社会的公平性を欠くきらいはあった。しかし「さまざまな個別の要望に応答し、分配していれば政治の役割は済む」、税収が右肩上がりの経済成長の時代には、かかる弊害にまして、各種利害団体・企業にぶら下がった労働者たちに、何よりも安定した雇用と収入をもたらした［佐々木 2009: 226］。これによって形成された、

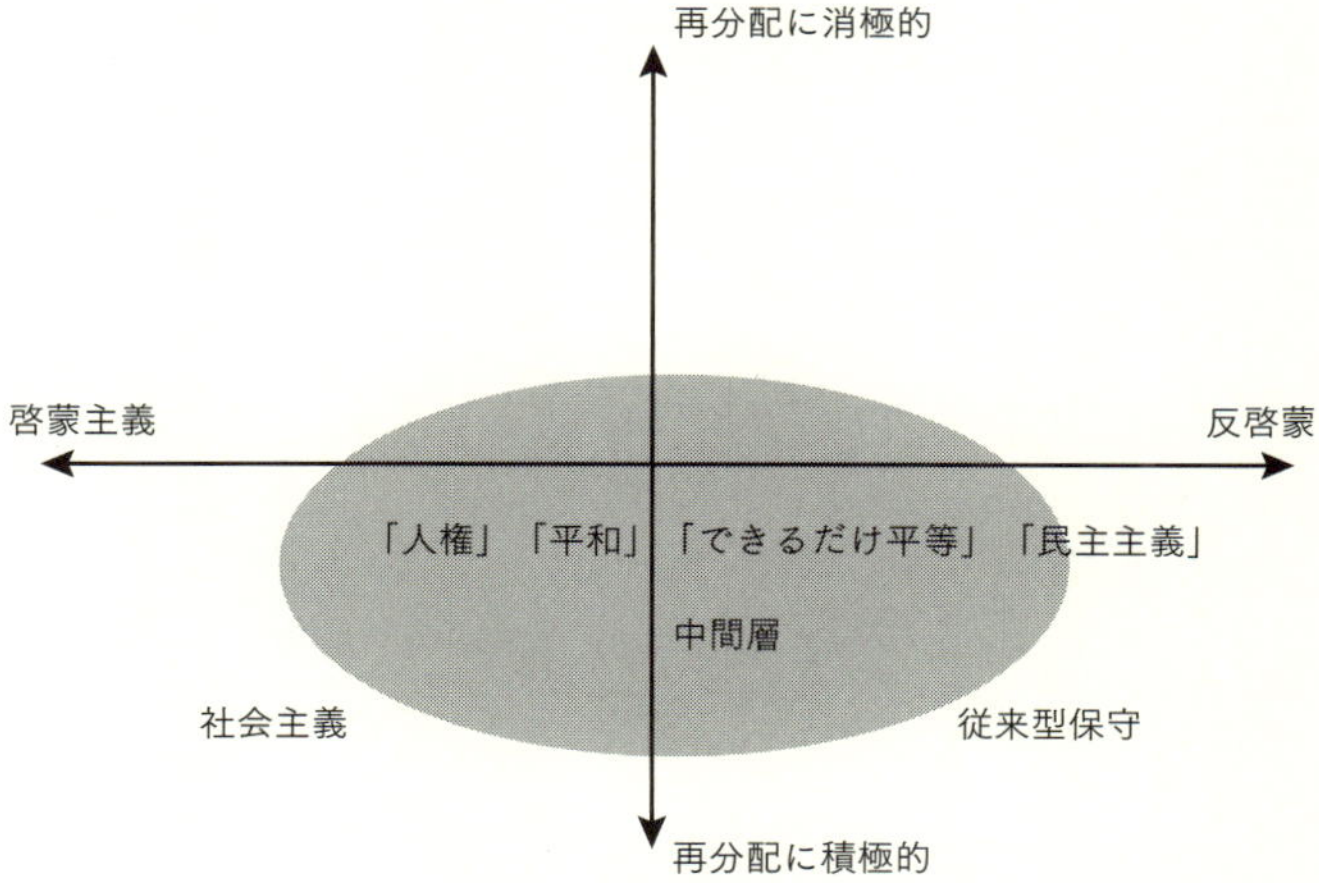

〈図 1〉

分厚い、国民の九割を占めるといわれた中間層に支えられ、日本社会は安定的に存続してきたのである。

中間層も、進歩主義＝容共と、現実主義＝反共の対立軸において、左と右の両翼に広がっていたが、濃淡はあれその全体において、彼らの安定した生活と雇用を擁護するものとして、「人権」「民主主義」「平和主義」「ある程度平等」という価値観が共有されていた。

冷戦後の変質　しかし一九八〇年代末、東ヨーロッパ諸国の民主化革命が進行し、世界を二分していた東西の冷戦構造は揺るぎだす。そのもっとも決定的な出来事は、一九九五年のソ連邦の瓦解であった。これは同時に、「反共」の保守論壇が、その存在意義《レゾン・デートル》を失うに等しい事態でもあった。

しかしその後も「保守」は形を大きく変えながら存続していく。「ソ連の脅威を鼓吹して軍事力増強を叫ぶ論法はスクラップとなり、新たな『敵』が必要となった」［上村 2011: 276］。そこには次のような、国際政治と国内政治の両面からの要請があった。

極東におけるソ連の脅威が消失した以上、在留米軍の存在意義も、その大半が失われたといって過言ではない。基地の縮小や撤退を求める声が、日本国内から生じてくるのは必然であった。とくに、在日米軍基地の七五%が集中する沖縄においてはそうした声が強く、一九九五年九月、米兵による少女暴行事件が起こると、反基地の気運は瞬く間に全島を覆い、沸騰した。

ここで基地存続派は、米軍の日本駐留を正当化するために、ソ連とは別の新しい脅威を創造、ないし強調しなければならなくなった。「安保条約への支持は、日本周辺の脅威の存在と裏腹の関係にある」からである。「新しい脅威」とはすなわち、核兵器開発を進める北朝鮮と、東アジアにおいて台頭する中国である［豊島 2011: 1］。

一方で、一九九〇年代は比較的リベラルな政権が続くなか、慰安婦問題で旧日本軍の関与を認めた一九九三年の河野談話や、侵略戦争であることを認めた一九九三年の細川談話、そして戦後五〇年に植民地支配と侵略に「痛切な反省の意を表し、心からのお詫びの気持ちを表明」した一九九五年の村山談話など、東アジア諸国との間で歴史課題の解決がめざされた時期である。これに対抗するため、右派系の政治家たちは、侵略戦争の正当化を主張する歴史修正主義的な傾向を強め、歴史問題に関して中国や韓国、北朝鮮と対立するスタンスをとるようになった［樋口 2017: 75］。右派政治家たちはほぼ基地存続派でもあり、中国や北朝鮮という「新しい脅威」を強調することはその意味でも必要なことであった。

このような国内外の動向に呼応し、また商業的な生き残りを懸け、『諸君！』『正論』といった保守オピニオン誌も、ソ連関連の記事に代わって韓国や北朝鮮、そして中国に対する批判記事を急増させていく［上村 2011: 274、樋口 2017: 76］。批判内容には領土問題もあったが、何より中心を占めたのはやはり歴史問題である。一九九六年に登場した藤岡信勝の「自由主義史観」を嚆矢として、以降の保守論壇には従来の歴史認識を「東京裁判史観」「自虐史観」とみなし、第二次世界大戦は侵略ではなく自衛戦争であるとする、次のような歴史修正主義の論調があふれることとなった［上村 2011: 151］。

占領軍は「ウォー・ギルト・インフォメーション・プログラム」（日本人の心に戦争に対する罪悪感を植え付ける情報宣伝計画）を実施しました。この宣伝経過の最初の取り組みが真珠湾攻撃の日を意識して、昭和二十年十二月八日から始まった「太平洋戦争史」の新聞各紙への連載の強要でした。……この「太平洋戦争史」には日本と連合国、特にアメリカとの間の戦いであった戦争を、軍国主義者と国民との間の対立にすりかえ、戦争の責任は軍国主義者にあるという考え方を宣伝しようという意図がありました。このような太平洋戦争史観が東京裁判によって固定化され「日独全体主義に対する英米民主主義の正義の戦争」ととらえる「平和と戦争」のプロパガンダがそのまま歴史の事実であるように正当化されるに至ったのです。

明治以降の日本の歴史を一方的な「侵略戦争」と断罪する「東京裁判史観」は見直す必要があります。［藤岡 1996: 65-66］（引用箇所の執筆は高橋史朗）

そして中韓にはもはや謝罪する必要はないという主張が、くり返しシュプレヒコールのように唱えられるようになった。

このように、保守論壇は一九九〇年代に大きく変容する。そこでは脅威の対象を変更しただけではなく、言論の基本的な性格自体においても変化がみられたのである。

すなわち、この新しい動きにおいて顕著なのは、歴史観の修正だけではなく、人権擁護や男女平等の行き過ぎを批判し、護憲平和主義を「お花畑」的思考とあざ笑う、戦後啓蒙主義の価値観全般に対する否定的態度だった。以降、『諸君！』『正論』誌上には、「『朝日』が煽る子どもの権利」(『諸君！』一九九三年九月号)、「中学教師が告発する、人権擁護にひそむ反日教育の周辺」(『正論』一九九九年一月号)、『反戦平和』『人権至上』を謳う大新聞の非常識」(『正論』二〇〇三年七月号)、「あな、恐ろしやフェミニズム　財界オジンは何故ジェンダーに甘いのか」(『諸君！』二〇〇六年一二月号)といった記事のタイトルが躍るようになる(4)［上村 2011: 299, 391］。

先ほどみたように、猪木や林など、従来の保守派は、「人権」「民主主義」「平和主義」「ある程度平等」という価値観を、基本的に是認していた。彼らは、マルクス主義進歩史観など、人間と人間社会の進歩を手放しに肯定する楽観的合理主義には否定的であったが、現実的と思われる範囲内で、これら啓蒙的諸価値を尊重する点ではやぶさかではなかったからである。それは理性の限界に自覚的であるということであって、けっして理性そのものを否定する反啓蒙ではなかった。

つまりここで保守思潮界に生じたのが、従来保守の「反共」というパラダイムから、右派の「反啓蒙＝反知性主義」というパラダイムへの転換である。

「右派」の論客

その担い手となった論客たちも、これまでの保守派論客とは異質な人物だった。従来の論者が、基本的には政治、外交、歴史、軍事、文化それぞれの専門家であったのに対し、そのような分野とはもともと関わりのない学者や文化人が登場し、本業と関係のない歴史問題、政治などについて語るという奇妙な光景が目立つようになる［倉橋 2018: 57］。誰もが知っている例としては、漫画家の小林よしのりや、ジャーナリストの櫻井よしこを挙げることができるだろう。また藤岡信勝もそもそも教育学者であって、歴史学者ではない。

実のところ、このような存在は、すでに以前から保守論壇の周辺に顔をのぞかせていた。代表的な人物として、二〇一七年に死去した渡部昇一が挙げられる。渡部はそもそも英文学者であったが、一九七六年の『知的生活の方法』というベストセラーで広く世間に名が知られるようになった。私もこの本を中学生時代に読んだが、「ビールや日本酒は頭によくない」「ワインとパンが知的生活にはよい」などという主張が、何の医学的根拠もなくただ自身の体験的知見として述べられていることに、子供心にも奇異の念を抱いたことを憶えている。

彼の歴史観は、「日中戦争は中国共産党の陰謀によって引き起こされた」［渡部 2003: 266-268］、「ヒトラーも日本の軍部も畢竟社会主義者であり、第二次世界大戦はこれら社会主義者によって引き起こされた」［ibid.: 215-217, 235-236］といった主張に表れているように、二〇世紀の戦争とジェノサイドの災厄を、すべて共産主義の謀略ないし間接侵略の責任に帰せしめる陰謀論の一典型にほかならない。つまり渡部の歴史観は、ワインが頭によくてビールはよくないという説と同様、学術的常識を無視した憶見の域を出ないものである。

一九八一年にはすでに、福田恆存が次のように苦言を呈している。「なぜあなたは保守と革新といふ出来合ひの観念でしか物を考へられないのか、右なら身方、左なら敵といふ考へ方しかできないのか。その点、吾々を保守反動と見なす左翼と何処も違ひはしない」「あなたは、カトリックを自称しながら、左右の空間を越え、過去と未来の時間を超え、その横軸に交わる縦軸が全く見えないらしい。あなたは生と死が向かひ合い、心と物とが出遭ふ一人の人間の生き方が全く解つてゐない」〔福田 1981、上村 2011: 270〕。保守の知性とは何かということを徹底的に考え抜いた福田からすれば、渡部のような存在は、ただ否定したいものに左のレッテルを貼って叩くだけの、たんなる「反知性主義者」にしかみえなかったのだろう。

渡部をはじめとする専門外の文化人たちが、反リベラル・「反啓蒙」パラダイムのもとへ集結したのはなぜだろうか。

これについて宮台真司は次のようにあけすけに述べる。竹内洋が指摘するとおり、そもそも文化資本を源泉とする知的階層のエリートは、政治資本、経済資本に立脚するエリートと対抗するためにも、どこの国でもこれら社会における支配的権力に対しては批判的なスタンスを持するのが通常である。つまり、知識階層は必然的にリベラルたらざるをえない。ところでその知識階層内において、つまり専門領域において「二流」とみなされ、しかし野心を抑えられない者は、「代替的な地位獲得をめざして政治権力や経済権力と結託し、リベラル・バッシングによってアカデミック・ハイラーキー〈階層〉の頂点を叩く」。「新しい歴史教科書をつくる会」に集まる学者もそうである。「彼らの出番は自称『保守論壇誌』的な心情倫理の競争だけです」〔宮台 2006: 12-14、竹内 2005 : 178-182〕。ここには、後にみるように、かつて帝国大学アカデミズムから締め出された蓑田胸喜《みのだむねき》が、啓蒙に対する攻撃に向かったのと類似の心情がみられるだろう。(5)

実際、たまたまその時期に、彼らが学術的な専門分野の世界ではけっして得られなかったものが、右派論壇に用意されていた。つまり、親米政治勢力から厚遇され、右派のなかで斯界の第一人者と持ち上げられ、ちやほやされることである。このスポットライトの誘蛾灯に、彼らは惹き寄せられていったのだ。

低成長時代と「エヴァンゲリオン」

この、一九九〇年代半ばから保守論壇に台頭してきた新しい右派思想の基本フレームを、二一世紀の「ネット右翼」は引き継いだ。「ネット右翼フレームとは、2ちゃんねる文化と新保守論壇という二つの言説空間から構成される言説環境のもとで、両者が関係し、交流し、反応し合うなかから構築されてきたものであると定義される」[伊藤 2015: 39]。しかし、だからといって、右派論壇が「ネット右翼」を生み出したとみるのは誤りである。「ネット右翼」は、まったく別の社会的な動因から発生したのである。

一九九〇年代半ば、バブルが終焉した後に日本社会を覆ったのは、低成長時代の到来、いわゆる「失われた一〇年」である。実質経済成長率は、一九八〇年代後半の五・〇%から、一九九〇年代後半には一・〇%に下落した。その結果、これまでの日本社会ではみられたことのない、低層プレカリアート(非正規雇用、フリーターなど、不安定な地位におかれている労働者)が社会底辺に大量に発生することとなった。一九八四年において一五・三%であった日本の非正規労働者の割合は、一九九〇年代以降着実に増え続け、一九九九年に二五%、二〇〇三年に三〇%、そしてリーマンショックによる世界金融危機を経た二〇一一年には三五%を超えた。

一九九五年から放映が開始されたTVアニメ『新世紀エヴァンゲリオン』は、この時代の空気を如実に表すものである。

時は西暦二〇一五年、第三新東京市(箱根)は謎の巨大怪物の襲来にさらされていた。特務機関ネルフ(NERV)は、巨大ロボット・人造人間エヴァンゲリオンで怪物に対抗しようとする。一四歳の少年、碇シンジはパイロットとして突然召集され、エヴァンゲリオンに乗せられ、次々と襲来する怪物、「使徒」と戦わされる。

なぜロボットに乗らなければならないのか、そして使徒と戦わなければならないのか。シンジは悩みながら、その理由をなんとか見いだそうとする。父親に認められるため、仲間を助けるため、そして人類を救うため――しかしこれらの理由は、物語の進行とともにことごとく破綻していく。ネルフの総司令である父親には替わりのあるただの駒として扱われ、その命令で無理やりクラスメートと戦わされる。また友達だと思った少年は実は使徒であり、シンジは彼を殺さなければならなかった。そもそもネルフが密かに企んでいる「人類補完計画」なるものが、いったい人類を救うものなのかどうかもわからない。彼はたびたびネルフから逃げ出し、引きこもり状態に陥る……。

暗示的で謎めいた世界観や、さまざまなサブカルチャー・コンテンツのミクスチャーなどが話題になったアニメである。しかし今日から振り返ってみて、この作品が社会現象となるほどのブームを巻き起こしたのは、低成長時代に突入した日本の労働社会の変化を暗示ないし予言していたからではないか、と常見陽平は論じる。「ブラック企業の出現、非正規雇用の拡大、グローバル人材に対するニーズ、女性の活躍（という名の酷使）、働き方の多様化とその罠などはすべて、本作品の中で暗示されていた」［常見 2015: 7］。そこで、団塊ジュニア世代と呼ばれる若者たちは、戦うことの意味が見いだせない主人公に、強く感情移入したのではないかと。

高度成長期なら、「戦う」、つまり社会で働くことに明確な目的が見いだせた。それは企業社会のなかで一定の地位を認められることであり、また収入を得て家庭を持ち、家を建て子供を育てるということであった。その目的は実現可能であり、頑張って働けばそれなりのリターンが期待できた。子供向けアニメや怪獣もののヒーローも、その時代のエートスを反映している。たとえば高度成長期における代表的ヒーロー、ウルトラマンは、「戦う」ことについて悩む必要はいっさいなかった。また、単純な勧善懲悪の物語ではなかった一九九五年の『機動戦士ガンダム』においても、「それでも主人公とその仲間は救われたし、報われた」［ibid.: 48］。

「しかし『新世紀エヴァンゲリオン』においては、多くの登場人物が報われないかのように見えるのだ。最後に、『僕はここにいていいんだ』と叫んで『おめでとう』と言われたとしても」。バブル経済が崩壊し、一九九〇年代のいわゆる就職氷河期のまっただ中においては、若者たちの多くは働いても正社員になる見込みはなく、結婚も子供も夢のまた夢、という現状に直面した。にもかかわらず「働け」と言われ、正社員になれないのは自分の努力が足りないからだ、と批難される。そう、「劣化する、軋む労働社会から逃げられない現実がそこにはある」［ibid.: 100］。

つまり、すでに見返りや報いがあるかが不確かになっているのに、「逃げちゃダメだ」という社会からの命令だけが残っており、戦うことをなお強いられている――それが『エヴァンゲリオン』以降の二〇年、日本の若者がおかれてきた理不尽な状況だったと、常見は言う。

赤木智弘――低層プレカリアートの心情

そして、プレカリアートが右傾化していく心情を明確に定式化したのは赤木智弘である。『論座』二〇〇七年一月号に掲載され、その過激なタイトルで物議をかもした論文、「『丸山眞男』をひっぱたきたい――三一歳、フリーター。希望は、戦争。」は、赤木も属する低層プレカリアートの、二一世紀日本社会における絶望的な状況を描き出して余すことがない。

バブルがはじけた直後の日本社会は、企業も労働者もその影響からどのように逃れるかばかりを考えていた。会社は安直に人件費の削減を画策し、労働組合はベア要求をやめてリストラの阻止を最優先とした。そうした両者の思惑は、新規労働者の採用を極力少なくするという結論で一致した。企業は新卒採用を減らし、新しい事業についても極力人員を正社員として採用しないように、派遣社員やパート、アルバイトでまかなった。

結局、社会はリストラにおびえる中高年に同情を寄せる一方で、就職がかなわず、低賃金労働に押し込められたフリーターのことなど見向きもしなかった。［赤木 2007a］

戦後の高度成長期は、慢性的な人手不足に対応するため、日本型雇用システムとして終身雇用制と年功序列制をつくり上げていた。そこにおいて企業の正社員は、いわゆる「護送船団方式」でその身分と収入を保障されていた。しかし低成長の時代が到来すると、企業は既存正社員の雇用と待遇には容易に手をつけられないために、新規採用の多くを、低待遇でいつでも雇用を解消できる非正規雇用へとシフトした。そして正社員たちも、自分たちの雇用を守るために、それを支持ないし黙認したのである。

ここで労働者のなかに、「私たちのような貧困労働者を足蹴にしながら自身の生活を保持している多数の安定労働者」と、彼ら正社員の雇用を維持するための「調整弁」としての役割を担わされた非正規の低層プレカリアートという、二層が生じる［赤木 2007b］。

赤木の論文が訴えるのは、彼らプレカリアートの要求をすくいあげ、政治に実現する回路が、現代の日本社会に存在しないということである。既存の社会主義政党が肩入れする「労働者」とはまず正社員のことであり、非正規労働者は後回しである。いや、正社員優先の賃上げ闘争は、安定労働者と貧困労働者間の経済格差をいっそう拡大させずにはおかない。つまり、企業の論理においてはもちろん、左翼・労働運動においても、非正規社員は置いてきぼりにされたのである。

このように、正社員雇用と安定賃金を求める低層の声を拾いあげる政治的回路は存在しなかった。そのため、その要求はやがて彼らを排除する正社員たち、つまり中間層への反感《ルサンチマン》へと姿を変えていく。それは、政治的姿勢《アティチュード》としては、中間層をぬくぬくと守る戦後啓蒙主義の価値観（人権、民主主義、絶対平和、ある程度平等）に対する違和感として表れる。

なぜなら、「人権」「平等」「福祉」とは、中間層が企業や国に対して賃上げや公共サービスを要求する論理にほかならず、また「民主主義」とはそのための政治的手段にほかならず、そして「平和」とは、得られた経済的利益と地位を安心して享受し続けるための前提条件にほかならないからである。赤木は低層の充たされない再分配の望みが、平和主義への攻撃——戦争への希望——に反転するメカニズムを、以下のように明らかにする。

我々が低賃金労働者として社会に放り出されてから、もう一〇年以上たった。それなのに社会は我々に何も救いの手を差し出さないどころか、GDPを押し下げるだの、やる気がないだのと、罵倒を続けている。平和が続けばこのような不平等が一生続くのだ。そうした閉塞状態を打破し、流動性を生み出してくれるかもしれない何か——。その可能性のひとつが、戦争である。……持つ者は戦争によってそれを失うことにおびえを抱くが、持たざる者は戦争によって何かを得ることを望む。持つ者と持たざる者がハッキリと分かれ、そこに流動性が存在しない格差社会においては、もはや戦争はタブーではない。それどころか、反戦平和というスローガンこそが、我々を一生貧困の中に押しとどめる「持つ者」の傲慢であると受け止められるのである。（傍点筆者）［赤木 2007a］

九条平和主義だけではない。社会から見捨てられていると感じる低成長時代の若者たちからすれば、もはや議会制民主主義や平等主義も、中間層の既得権を守り、自分たちを排除することを正当化する擬制的イデオロギーでしかない。ここに、低層に沈むプレカリアートたちの内から、「反啓蒙」のベクトルが前景化してくる。

戦後民主主義に立脚することによって、自覚なきままに貧困労働者の貧しさを必然としてしまう左派よりも、「戦後の日本はおかしい」と戦後民主主義そのものの誤りを批判し、社会道徳を復興させようとする右派の社会認識は、自身の現状に不満を持つわれわれの考え方とうまくシンクロする。

〔赤木 2007b〕

「ネット右翼」の成立

ここで、中間層と中間層イデオロギーを攻撃する言語として彼らが用いたのが、先ほどみた、一九九〇年代半ばから保守論壇に発生した右派思想である。それは、「二流」学者たちによる、啓蒙的アカデミズムに向けられた、嫉妬と逆恨みにもとづく思想だった。

この政治の領域で強まった歴史修正主義が、インターネットの発達という技術的契機によって市民社会にもち込まれたのである〔樋口 2014: 161〕。加えて、「ある種の保守サロンのなかの内輪話」〔安田、倉橋 2019: 39〕を一般社会へつなぐ役割を担い、「ネット右翼」言説の基本的なテンプレートとなったのが、マンガなどサブカルチャー・コンテンツである。「既成保守論壇が主に論文や批評という旧来の表現形式によって言論の場を作ってきたものであるのに対して、マンガやムックなど、サブカルチャー分野におけるより親しみやすい表現形式により、特に若者向けに保守論壇の議論を広げていこうとする動きが一九九〇年代半ばごろから現れ、二〇〇〇年代半ば頃から特に盛んになった」〔伊藤 2015: 43〕。

そのなかでも突出した影響力を及ぼしたのは、一九九八年に出版され、五〇万部を突破して書籍の年間売り上げ一一位のベストセラーとなった、小林よしのりの『新ゴーマニズム宣言SPECIAL戦争論』である〔小林 1998、倉橋 2018: 168-170〕。同書の主張内容は、「東京裁判とともにアメリカGHQは／『ウォー・ギルト・インフォメーション・プログラム』という／日本人に戦争の罪悪感を植えつける洗脳計画を実行した」〔小林 1998: 49〕、「敗戦国の犯罪はでっち上げてでも裁かれ／戦勝国の犯罪は見逃されるだけ／日本のサヨクもアメリカの犯罪は絶対に追及しない」〔ibid.: 123〕、「日本軍に強制連行され性奴隷にされた者などいない／自発的な娼婦とやむなき娼婦が日本兵を相手に商売していただけ」〔ibid.: 180〕、「日本には自衛のため／さらには欧米列強によるアジアの全植民地化を防ぐという『正義』がある！」〔ibid.: 284〕といったものであり、「ようするに、九〇年代の右派論壇による歴史キャンペーンを『丸ごと』漫画にして打ち出し」たものであった〔安田、倉橋 2019: 39〕。

また、同じく「ネット右翼」に強い影響を与えた著作として、二〇〇五年の山野車輪『マンガ嫌韓流』が挙げられる〔山野 2005〕。この本もシリーズ累計で九〇万部の販売実績を記録した、「彼ら〈ネット右翼〉にとってはバイブルともいうべき作品」であった〔安田 2012: 62〕。タイトルどおり、とくに韓国と在日韓国（朝鮮）人を批判する内容となっており、加えて、国内の大手テレビ局など「反日マスコミ」がこれらの真実を覆い隠すために、さまざまな歪曲報道をしていると主張するものである。

このような、サブカルコンテンツとインターネットコミュニケーションの相互作用によって、中間層に敵意を抱く低層は、自分たちと同じルサンチマンの働きがある右派思想を発見したのである。そしてこの「思想」を、ネット上で中間層を叩くための道具的言論として援用するようになった。そう、「ネット右翼」の成立である。

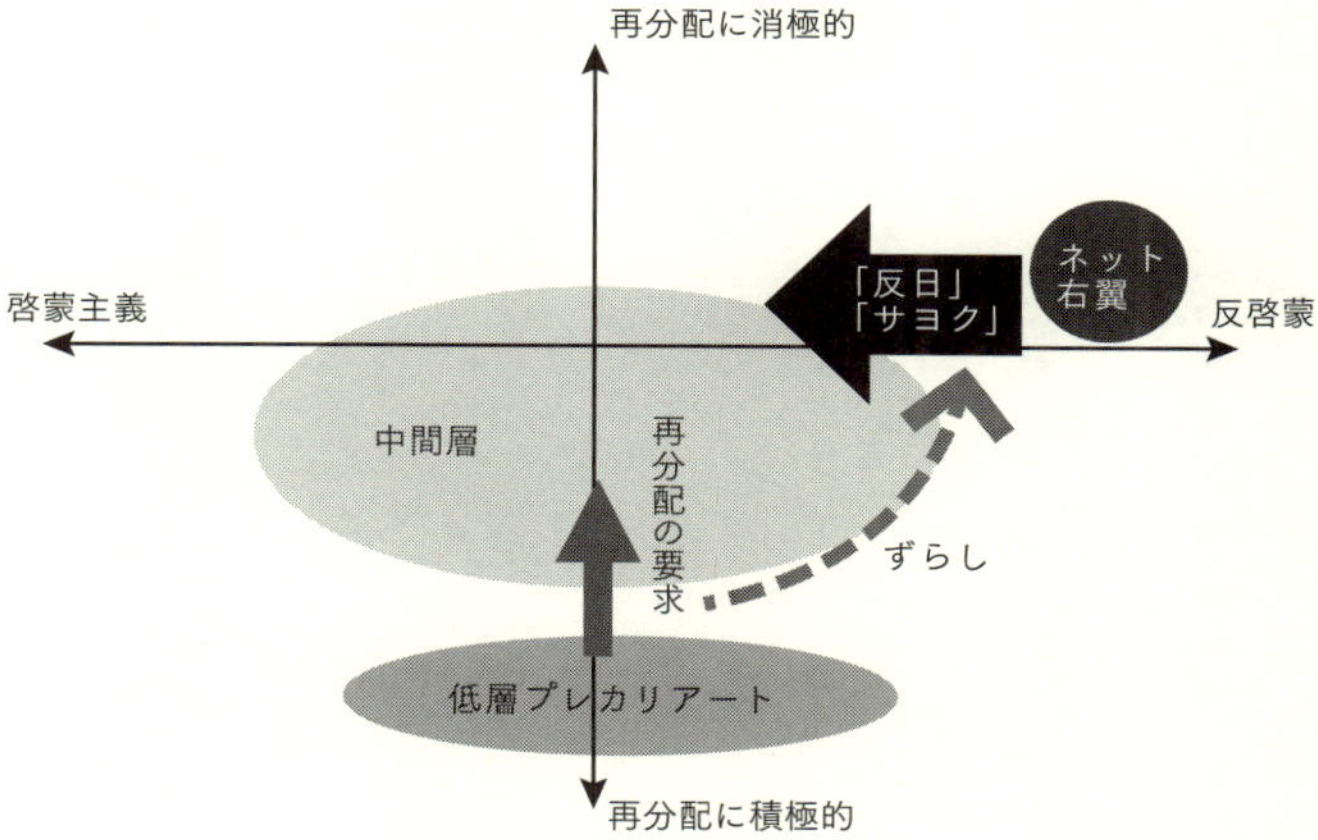

〈図 2〉

第四章でみるように、戦前の昭和初期においては、労働者や農民の再分配の要求は有効な政治的回路をもたなかったゆえに、それはブルジョワ支配層に対する「反啓蒙」からの「啓蒙」への攻撃に、すなわち「不敬」「国賊」という批難の形にずらされた（一四九頁、図5参照）。

かたや現代の「ネット右翼」現象においては、低層プレカリアートの再分配の要求が遮断されたことにより、「持つ者（中間層）」に対する分け前の要求を、「反日」「サヨク」への攻撃へと変換させる（図2）。つまりいずれも、「再分配反対‐再分配主義」の縦の軸における経済的要求を、「啓蒙‐反啓蒙」の横の軸におけるイデオロギー攻撃にずらすという点では、そっくり同じものである。

「ネット右翼」という「思想」　「ネット右翼」は、中間層イデオローグ的なものと少しでも感じられるものであれば、どのような政治的・社会的勢力も十把ひとからげに、「反日」「サヨク」呼ばわりし、攻撃する。

「人権」「自由」「個人」「反戦平和」などの価値を掲げれば「残存左翼」から「うす甘いサヨクグループ」から「戦後民主主義者」まで大同団結できてしまう／要するに戦後民主主義はサヨクなのだ！（傍点筆者）［小林 1998: 24］

小林は「残存左翼」「うす甘いサヨクグループ」「戦後民主主義者」をいちおう区別して認識しているが、結局それらをひとまとめにして「サヨク」という範疇にしてしまい、「愛国者」と対立させている。これがネットに拡散していくと、もはや「サヨク」はそのなかで差異のない、均質的な「反日」勢力とみなされてしまう。そこで「反日」と呼ばれるのは、前述のとおり、旧民主党や社民党などリベラル傾向の強い政党、日本共産党など左翼政党、また日教組など労働組合、反原発・反基地運動に代表される市民運動、フェミニスト、そして朝日新聞、毎日新聞といったリベラル系マスコミなどである。たとえばマルクス主義を標榜する共産党と、旧民主党のような資本主義政党をひとくくりの同質的な政治勢力とみなすのは、通常の政治的常識からは考えられないことである。しかしそんなことは彼らにとってはどうでもいいことらしい。

一方で、その敵意は外国にも向けられているようにみえるが、どうであろうか。

そして左翼は在日という都合のいい材料を見つけた／強制連行や従軍慰安婦などを捏造して、反日・反政府活動の材料として在日を徹底的に利用したんだ［山野 2005: 96］

日本を貶めるためには事実を歪めることさえやりかねない反日マスコミに騙されてはいけない!! [ibid.: 154]

日本国では戦後情報の発信基地であるマスコミと教育の大半が「反日情報宣伝軍」となり〈愛国者側は〉情報戦争に連戦連敗を続けている／それが現状だ［小林 1998: 168］

彼らの言説はまず、歴史問題において、アメリカをはじめとする連合国の「東京裁判史観」の否定から始まる。しかしなぜか、その攻撃はアメリカではなく韓国や北朝鮮、中国に向かい、そして最終的に国内の「反日」勢力への攻撃へと収斂していくというパターンを示す。

高史明《たかふみあき》は、コリアンに対するツイッター上の攻撃的言説を分析した結果、在日韓国人の特権を擁護し優遇しているとみなす国内「政治、政治家、政府、政党への言及」が突出して多いこと、「真実」を隠すマスコミへの言及が頻出することを定量的に明らかにしている（二〇一二年一一月から一三年二月にかけての調査）［高 2017: 44-46］。また倉橋耕平は、従軍慰安婦問題に関する右派の主張が、韓国への抗議よりも、もっぱら朝日新聞の「誤報」を追及するという言論型式に集中していることから、それは「主張の正当性・正確性の獲得が目的なのではなく、メディア間の対立をあおり、『われわれ－彼ら』関係を作る『党派性』の形成にこそ執着しているためではないか」と指摘する［倉橋 2018: 207］。

このように、「ネット右翼」の言説はもっぱら国内に向けられた攻撃という型式に集中している。その事実をみるかぎり、私は、彼らの敵意は外にではなく、本質的には人種差別や排外主義に批判的な日本の良識派と良識的市民に向けられていると考えざるをえない。韓国や中国など、一見して国外に向けられているかのような攻撃は、結局のところ、国内中間層への挑発なのである。

彼らが用いる、「サヨク」「反日」というやたら射程が広い用語は、中産階級リベラリズム、もしくは「市民的良識」のことを指すものである。彼らの頭のなかでは、中間層とはすなわち「サヨク」「反日」なのだ。

徹頭徹尾否定的なイデオロギー　一方で彼らは「愛国者」を自称しているが、それについてはどうだろう。

たとえば、靖国問題を批判するアジア諸国に対しては「内政干渉だ」と激しく攻撃しながら、およそ自主防衛権や自主外交権、すなわちわが国の主権を侵害していることが明らかな日米安保条約と米軍基地問題に対しては、おしなべて無批判的である。むしろ、基地反対を叫ぶ沖縄の市民を、「サヨク」「中韓の工作員」と罵倒することのほうに情熱を傾けている。このような言説の典型例として、記憶に新しいところでは、MXテレビ『ニュース女子』（二〇一七年一月六日放送）が沖縄・高江のヘリパッド建設工事に対する反対運動を取り上げ、何らかの組織から日当を支給された運動員や、中国人・韓国人が多く入り込んでいるとし、またその行動を「テロリストみたい」と報じたことが挙げられるだろう。

また、東日本大震災において臨界事故を引き起こし、国土を荒廃させた原子力発電所の問題についてもおおむね無関心であり、それよりはやはり、反原発運動を「サヨク」呼ばわりすることのほうに熱心である。国家主権や国土の保全といった、ナショナリストならば本来けっして譲れない問題に関するこれらの態度からだけでも、その言論の動機が本当に愛国心から発したものなのか、きわめて疑わしいといわざるをえない。そう、「ネット右翼フレームはいわばボロボロの集合行為フレームである」〔伊藤 2015: 37〕。

しかしそれでもいいのであろう。彼らの言論は、中間層に対する憎悪に根差し、中間層を攻撃するためだけのものだからである。中間層が信奉し、彼らを守っている価値観――国際協調、基本的人権の尊重、平等主義、福祉主義――とは正反対の主張――排外主義、人権への敵視、人種や性別における差別的言動、社会的弱者への攻撃――をひたすらくり返し、それにより中間層を消耗させ、その政治的発言力を弱体化させる点にしか、この言論の意味はない。

二〇一七年一二月に実施された「市民の政治参加に関する世論調査」のデータによると、「ネット右翼」には「具体的な政策を問題にするというより、『サヨク』的なもの全般を敵視する傾向」があり、「政策で支持／不支持を決めているのではなく、『サヨク』的なものが嫌いという感情が先に立っているのではないかと考えられるのである」(6)〔松谷 2019: 57〕。つまり「ネット右翼」言論は、ただ自分たちの敵をやっつけることに向けられた、徹頭徹尾否定的なイデオロギーである。だから別にそれはつぎはぎであろうと、論理的に破綻していようとかまわない。そこでは、およそ思想として求められる首尾一貫性も、主義主張を口にする者として最低限保持していなければならない知的誠実さも、容易に無視される。

ここには、思想本来の自律的価値に対する極度の軽視がある。その底にあるのは、思想をたんに敵をやっつけ、自己利益を確保するための道具・手段としてしかみない姿勢だろう。これは丸山眞男がいうところの、日本における思想的態度の悪しき「伝統」、すなわち「イデオロギー一般の嫌悪あるいは侮蔑」に根ざし、イデオロギーを「究極のところ支配者あるいは簒奪者の現実隠蔽あるいは美化に奉仕する」ものとしか捉えない態度の、極限的に皮相化したありさまである［丸山 1957］。

さて一貫性の欠如は、敵意を向ける対象が、このような社会構造をつくりだした社会的上位者、すなわち支配層ではなく、別の下位者である中間層となっている点にも表れている。すなわち、社会の格差の解消に向かう運動ではなくて、自分たちより相対的に恵まれているにすぎない中間層を嫉妬し、これを叩くという八つ当たり的な倒錯現象、いわゆる「引き下げデモクラシー」現象となっている点である。

ところでこの倒錯は、新自由主義との関係のなかで、ますます自己否定的な方向性へ、つまり経済的再分配そのものを否定する方向へと捻じ曲げられていく。

「ネット右翼」の変質

小泉の「改革」　このように初期「ネット右翼」は、やはり従来からいわれてきたように、社会的低層の「不満」「怨恨」から生じたといえるだろう。そしてその憎悪は、ただ漠然と社会に向けられたものではなく、赤木がいうように「我々を一生貧困の中に押しとどめる『持つ者』の傲慢」に向けられたものだった［赤木 2011a: 223］。しかし「ネット右翼」のその後の変容については、新自由主義との位相のなかでみていかなければならない。

「ネット右翼」がネット空間のなかに成立しつつあるころ、政治の表層で吹き荒れていたのは、二〇〇一年に成立した小泉内閣による改革の嵐だった。

小泉が主導した改革は、彼がこだわった郵政事業と道路関係公団の民営化に象徴されるように、公営事業をなるべく民営化して小さな政府を志向すること、また各種規制や特定の事業者、中間団体の優遇措置を廃し、市場原理に委ねることだった。つまり、新自由主義経済の推進である。これはすでに一九八〇年代の中曽根内閣、九〇年代の橋本内閣において模索されていた方向性の、ドラスティックな実行だった。そして、これまで共同体的な配分システムによって市場原理に制約を加え、必然的に大きな政府を志向していた自民党政治の、根本的な路線変更を行うものであった［渡辺 2005: 3-4］。

新自由主義経済政策は、規制緩和によって成長する新興エリートを牽引力として、よくシャンパンタワーにたとえられるトリクルダウン（浸透）政策により、日本経済全体を引き上げようとするものである。この新自由主義エリートを体現し、かつ既存勢力に対するもっとも尖鋭的なアジテーターといえば、ホリエモンこと堀江貴文である。二〇〇五年の郵政選挙では、小泉構造改革側の「刺客」として選挙にも立った。彼の有名な発言、「世の中にカネで買えないものなんて、あるわけない」は多くの批判を呼び起こしたが、この言葉には続きがある。「カネで買えないものは差別につながる。血筋、家柄、毛並み。世界で唯一、カネだけが無色透明でフェアな基準ではないか」［石井 2005: 21］。こちらのほうが彼の考えと、新自由主義の理念を正確に表している。

つまり、あらゆるものを市場的価値、貨幣的価値に一元的に還元することにより、社会に存在するさまざまな非合理的モーメントを解消しようとする考えである。これは、経済的効率性という原理に極端に特化した合理主義であり、まぎれもなく啓蒙主義の一変種にほかならない。

だからこそ、グローバル化と新自由主義経済の進行により、競争力の弱い地方が衰退していっても、堀江は「便利な暮しがしたいなら都会に住めばいい」と言い放つのだ［堀江、西村 2017］。ようするに、カネ以外に、人間として、あるいは社会として守るべきもの、つまり「保守すべきもの」など彼ら新自由主義者にはない。そのような考えは「差別につながる」不合理にして非効率的なものであり、あるいは切り捨てられるべきただの感傷にすぎないのである。

しかし、小泉改革に期待した国民たちは、新自由主義的改革のそのような本質について、そしてそれがこの先自分たちにもたらすであろう事態について、十分に理解したうえで支持したのだろうか。いや、そうではあるまい。「新自由主義は、失業防止よりもインフレ対策に、福祉よりも高度成長に関心をもつ企業家に役立つものであった。それゆえ彼ら〈企業家〉を中心とする支配層が政策転換によって導入したわけで、政策主体の社会層が革命的変化を起こして導入されたのではない」［仲島 2010: 152］。それは「労働者、特に貧困層には不利な政策」であり、本来は国民的な支持を得にくいものなのである。

そこで小泉がとった手法は、「再分配否定－再分配肯定」の縦の軸に沿った主張を、「啓蒙－反啓蒙」の横の軸へとずらすことであった。つまり、再分配否定については、「痛みを伴う」「身を切る」といちおうは述べながらも、「聖域なき構造改革」という「進歩的」スローガンのなかにまぎれ込ませてしまう。同時に、再分配主義の右派、つまり「ムラ」的共同体式の配分システムを維持してきた旧自

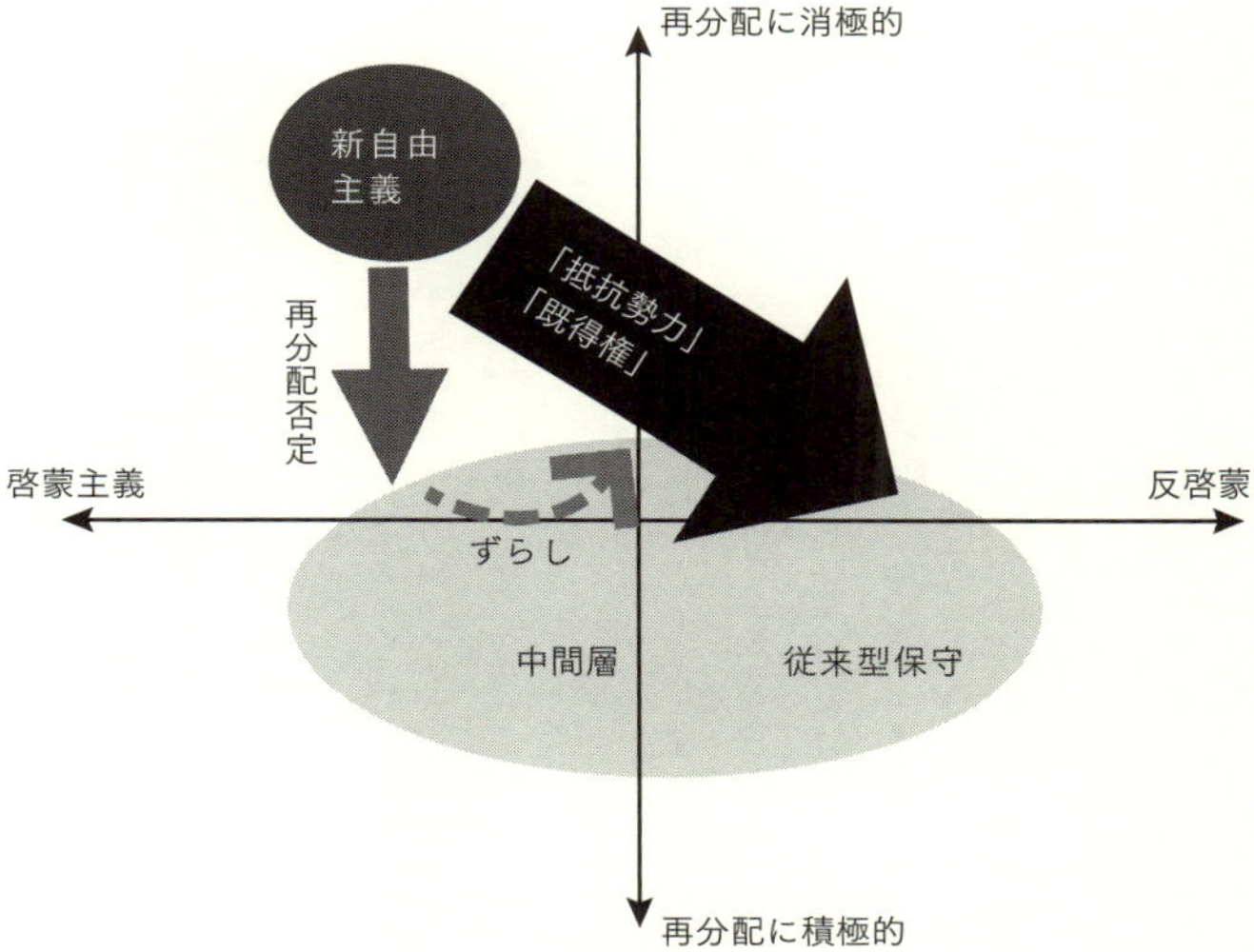

〈図3〉

民党的勢力を、既得権益にしがみつく「抵抗勢力」と保守反動扱いしたのだ。

このように小泉改革は、戦後啓蒙主義のパラダイムに沿ったかたちで、「進歩」的改革から「反動」の抵抗勢力への攻撃、という図式を演出したのである（図3）。

これに、中間層の大部分、とくに「革新」＝進歩的改革になんとなくシンパシーを抱きながら、共産主義の凋落から久しく改革の夢に飢えていた人々は強く共鳴し、自分たちが「身を切る」ことを要求されているにもかかわらず、小泉政権に熱狂的な声援を送った。発足時の内閣支持率は七八％という歴代最高値を記録したが、なかでも最大野党の民主党支持層において、実に七五％が支持を示し、さらには共産党支持層でさえ半分以上の五七％が小泉内閣を支持していたことは、これを裏づけるものである(7)［朝日新聞 2011］。

彼ら左派中間層は、小泉の新自由主義改革にうかうかと同調し、嬉々として、自分たちの右側に存する「抵抗勢力」を叩きまくった。その結果、中間層の右側の利益を代表する政治勢力、共同体式配分システムを維持してきた従来型保守勢力は、まさに壊滅的なダメージを受けたのである。

それを劇的に演出したのが、二〇〇五年の郵政選挙だった。小泉が党内の反対派に「刺客」候補を送り込み、自民党票が割れるなかで、二九六議席を獲得する圧勝を収めた。加えて平沼赳夫、亀井静香、綿貫民輔など、「抵抗勢力」のリーダーたちを除名、離党に追い込んだ。これにより、「政治改革以来進行し、小泉政権で加速化した党の中央集権化と構造改革支持派の増大が、今度の選挙によってほぼ完成されたのである」［渡辺 2005: 18］。

新自由主義との野合

そこで国民は、小泉劇場の熱狂にただ流されていただけの「愚民」にすぎなかったのだろうか。実際、小泉自民党がマーケティング的手法にもとづく、大衆操作的なPR戦術を検討していたことはよく知られている事実である。すなわち、PR会社「スリード」に選挙戦略の構築を依頼し、そのレポートには「B層」に向けたアプローチ、すなわち「マスコミ報道に流されやすい『比較的』IQが低い人たち」［適菜 2012: 46］に向けたアプローチが有効であると提言されている。そして郵政選挙は、まさにそのような戦略にもとづいて、「改革推進」「抵抗勢力を倒せ」というスローガンにおいて展開されたのである。

だが国民は、改革のスローガンに扇動されながらも、「このままの政治ではやっていけない」という認識は確かに有していたというべきだろう。

前述のとおり、一九五五年の自民党結党以来続いた利益誘導型政治は、経済成長によって増大する税収の分け前を公共事業投資や補助金として配分し、「地元の面倒」と「業界の面倒」をみるというものだった。しかし、低成長時代以降、このような大盤振る舞いの配分がもはや維持できないことは、誰の目にも明らかであり、すでに一九八九年には、当の自民党自身が、利益誘導型政治のベースとなっていた中選挙区制度の改革を提言する政治改革大綱を取りまとめざるをえなくなっていた［佐々木 2013: 12-13］。「失われた一〇年」の間にこのような認識は国民にも十分に共有されており、彼らが小泉改革を支持したのは、必ずしも新自由主義のビジョンを支持したわけではなく、まずもって、これまでの旧来自民党の「ムラ的」配分のやり方の見直しと、そこから生じる利権や既得権益の解消を求めるものだった。

しかし小泉による構造改革が急激に進められた結果、大企業の収益率は上昇する一方で、地方産業の衰退が進み、都市では非正規社員が増大して、経済的格差と貧困が社会問題化してきた。そして二〇〇九年総選挙において民主党が大勝し、政権交代が行われる。渡辺治によれば、民主党大勝の結果をもたらしたのは、「自民党の開発主義型の利権の政治を止めてほしい」という小泉改革から引き継いだ期待と、「構造改革政治をストップしてくれという期待」の、合流の結果であった［渡辺ほか 2009: 64-65］。

とするなら、そこから民主党政権への移行は、その双方の期待の止揚として、より公平かつ未来志向的な社会配分システムへの転換となりえたものであった。つまり、しがらみと既得権益を一掃した後に、小泉改革のようにたんに自由市場のなかに国民を放り出すことではなく、少子高齢化が進行するなか、持続的な日本社会のあり方をつくり上げるために、未来志向的な資源配分を行うことである。それは政権交代のスローガン「コンクリートから人へ」に即していうならば、「子育て・教育、年金・医療、地域主権、地方主権、雇用・経済」（二〇〇九年民主党マニフェスト）といった分野への、集中的かつ戦略的な先行投資であろう。渡辺の表現を用いれば、民主党政権の課題は「より抜本的に、開発型国家でもない、新自由主義国家でもない、新しい福祉国家の構想を具体的に提示する」ことにあった［ibid.: 148］。

実際には政権をとったとき、党内でそのような構想はまったくまとまっておらず、そのため民主党政権がその後迷走していったのは周知のとおりである。それはともかくとして、この民主党政権発足に対するカウンターとして生じたのが、新自由主義の右傾化である。

新自由主義的な政策によって利益を得る人々、すなわちビジネスチャンスの拡大をもたらす各種規制の撤廃や緩和を希望するグローバル企業や起業家、株価上昇のための金融緩和を歓迎する投資家、そして法人への税負担の軽減（と対になっている経済的弱者への社会保障・福祉の切り捨て）を望む財界や富裕層の多くは、政権交代によってこれら政策が頓挫するのではないかと危機感を募らせた。彼ら構造改革路線支持層は、いきおい民主党および民主党を支持する中間層左派の攻撃へと向かう。

しかし右派中間層とは異なり、リベラルタイプの福祉主義に対しては、「抵抗勢力」の反動呼ばわりをすることができない。そこでここでもまた縦の軸から横の軸へのずらしが行われ、「格差容認・再分配反対」というあからさまな主張を隠蔽しながら、右派的な言説に同調することにより、民主党に対して「反日」「サヨク」という罵倒が投げつけられるようになった。

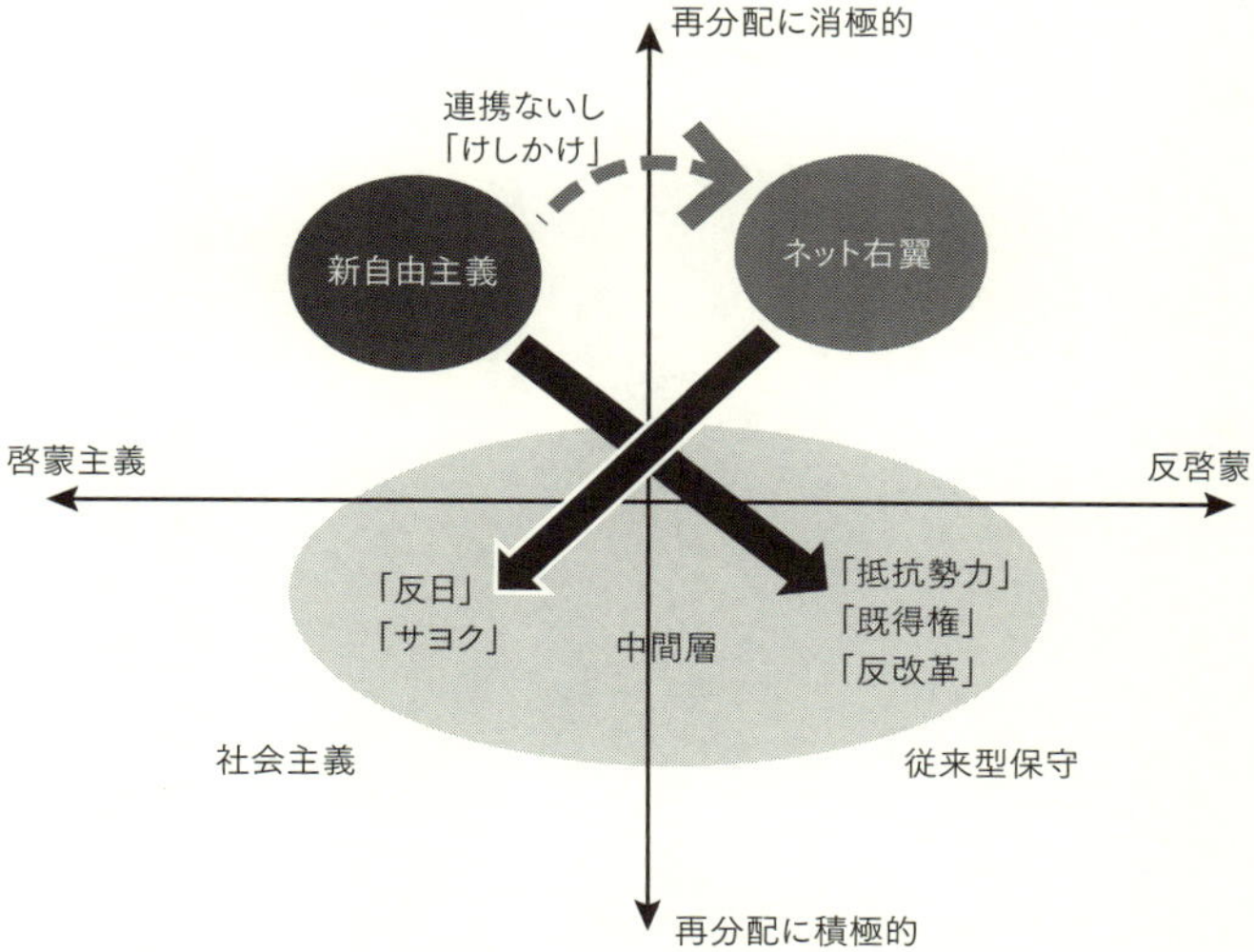

〈図 4〉

その表れが自民党のさらなる右傾化である。党の方針をリードした安倍晋三が会長を務める「創生『日本』」は、その運動方針の前文で、「公務員制度を含む行政改革等」構造改革の徹底を訴えるとともに、「真・保守主義の根本理念」「皇室を戴き、歴史と伝統を有する我が国」への「自信と誇り」を取り戻すという、きわめて復古主義的なメッセージを強く打ち出した[8]［中野 2015: 146-147］。アメリカの新保守《ネオコン》主義や小泉政権など、新自由主義が右派的な思想と結びつくこと、あるいは右派的主張を隠れ蓑として利用することは、現代政治においてしばしばみられる現象であるが［ibid.: 11］、同じことが民主党政権時に、よりドラスティックに進められたのである。

自民党は加えて、広報戦術としてネット世論対策に本腰を入れるようになった。二〇一〇年には「自民党ネットサポーターズクラブ」を立ち上げ、「夢と希望と誇りの持てる私たちの『日本』をともに創り上げたい！　という方のご登録をお願いします」という呼びかけのもと、ネット空間に散在していた保守系ネットユーザーの組織化を試みるようになった［西田 2015: 146］。

このような政治の世界からの働きかけもあり、ネット内においても新自由主義的言論と「ネット右翼」の野合が進む。すでに中間層は、小泉改革でその右側が「抵抗勢力」と袋叩きにされて、弱体化していた。そして今度は、かつて小泉改革を支持し、今は民主党を支える中間層の左派が、新自由主義者と彼らにけしかけられた「ネット右翼」に、「反日」の総攻撃を受けることとなった（図4）。

そして今日にいたるまで、中間層は、この「ネット右翼」＋新自由主義連合からの攻撃に、いわばやられっ放しの状態となっているといって過言ではなかろう。反知性的な言論といわれながらも、「ネット右翼」はそれでもくり返しデマと悪意を浴びせ続けることによって、中間層という弱った巨象のエネルギーをさらに吸い取り、政治的発言力を弱体化させることに、確実に成功している。またそこには、これまでぬるま湯的な環境に守られていた中間層たちの、プチ・ブル的な脆弱さが露呈していることも否定できない。

これは巨視的にいえば、もはや経済成長が見込めない日本社会における、縮小するパイの奪い合い、一種のゼロサムゲームである。その標的になっているのが、これまでの安定した日本社会の基礎となってきた中間層であり、この中間層を低層と上層とが挟み撃ちにして、食い尽くそうとしている構図である。

ただ、新自由主義エリートとは異なって、低層「ネット右翼」が中間層叩きに参加しても憂さが晴れるだけであって、特に得られるものはない。むしろそれは、社会保障の後退や弱者保護規制の撤廃など、自分たちのセーフティーネットを掘り崩すことにつながるものだ。新自由主義エリートと低層プレカリアートの利害は本質的には対立しているのであり、だからこれは同盟関係というよりは、よりクレバーな勢力がナイーブな勢力を利用する、あるいは嚙ませ犬としてけしかけるという側面が強いものである。

つまりこれは、第四章でみる天皇機関説事件で、蓑田胸喜らの「原理日本」運動が総力戦体制を志向する設計主義的な勢力に利用され、そしてやがて使い捨てにされた構図の再現といってよい。

「再分配否定」への傾斜

このように、新自由主義と結びつき、また政治的な働きかけが加えられることで、「ネット右翼」言説そのものにも変質が生じていく。一つは、新自由主義的な政策、つまり再分配に消極的な政策を正当化するメッセージが強調されるようになったことである。つまり、縦の軸において、「ネット右翼」の論調はより上方に、「再分配否定」の方向へずらされていった。

その変質のありようが顕著にみられるのが、「弱者叩き」の横行、たとえば生活保護の不正受給疑惑に対する糾弾である。二〇一二年、お笑い芸人の河本準一の母が生活保護の不正受給をしているという噂が雑誌で取り上げられるや、ネット上では河本に対する攻撃が湧き上がった。これを自民党の「生活保護に関するプロジェクトチーム」メンバーの片山さつき、世耕弘成参議院議員が取り上げて、厚生労働省に調査を依頼し、政治問題化させた。結局不正受給の事実は証明されなかったが、高まる批判に河本は記者会見を開き謝罪せざるをえなくなった〔稲葉 2013: 92-93〕。なお片山は、二〇一六年にも、貧困特集のテレビ番組に出演した女子高校生に対するバッシングに加担するなど、同様のこと

を確信犯的にくり返している。(9)

実際のところ、厚生労働省の二〇一五年度調査によれば、生活保護の不正受給金額は金額ベースで生活保護費予算全体のわずか〇・四五％にすぎず、しかもここには過失による申告忘れや、制度の無理解による未届けが多く含まれている。つまり、悪意をもって生活保護を詐取する者はごくわずかの例外であり、また生活保護全体に占める割合が増加しているわけでもない［生活保護問題対策全国会議 2012: 38］。にもかかわらず、与党政治家がことさらに不正受給をクローズアップするのは、生活保護受給者があたかも努力もせずに不当にカネをせしめているかのような印象を社会に拡散することによって、弱者保護に消極的な政府の姿勢を正当化しようとする操作にほかならない［ibid.: 5、稲葉 2013: 93］。これは実際、河本へのバッシングの後すぐ、生活扶助の大幅減額が断行されたことから、その政治的意図はおのずと明らかとなった。

このような操作に煽られて、「ネット右翼」は不正受給者と目された対象に群がり、「サヨク」「反日」という罵言を投げつけるようになった。さらに彼らはここに、在日外国人が生活保護をはじめとするさまざまな特権、いわゆる「在日特権」を優先的に受けているという民族差別的なデマを結びつけることによって、弱者叩きのボルテージを上げた。

中間層への浸潤　新自由主義との結合、「再分配反対」への傾斜と同時に、「ネット右翼」の変質をもたらしたのは、中間層への浸潤である。

二〇〇〇年代前半においては、インターネットの「2ちゃんねる」掲示板に棲息するネット右翼と、テレビや新聞を主要な情報源とする日本国民マジョリティの間には、まだ相当の温度差があった。当時はむしろ、『冬のソナタ』のヒットを皮切りとする「韓流ブーム」に沸いた時期であり、世間一般において、「ネット右翼」はほとんどその存在を意識されることはなかった［高 2017: 39］。しかしその後、ツイッターをはじめとするSNSなどが普及し、インターネットコミュニケーションが飛躍的に拡大することによって、一般市民の目に「ネット右翼」言説が触れる機会は格段に広がった。中間層への浸潤は、このような変化を背景にして進行したのである。

それをはっきりと可視化したのが、二〇一四年東京都知事選挙の結果である。このとき、極右的言動で知られる自衛隊元航空幕僚長の田母神俊雄候補が六一万票以上、有効投票総数の一二・六％の票を集めたことは、衝撃をもって受け止められた。

それは、これまで一部のプレカリアートが信奉するカルト反知性主義的現象として、マスコミからもほぼ黙殺されていた「ネット右翼」的言論が、広く一般社会に浸透している事実を示すものであった。つまり、かつては「ネット右翼」ではなかった人たち、もともと中間層に属する人々への浸透である。

同じ二〇一四年に辻大介が行ったウェブ調査の結果も、同様の傾向を示している。すなわち、「ネット右翼」の社会的属性は男性が七九％と顕著に多く、留保つきながら世帯年収が若干低い傾向がみられる以外は、平均年齢や年齢層分布、学歴、未既婚や子供の有無、就労状況（フルタイム／パート・アルバイト／学生／専業主婦・主夫／無職）、階層帰属意識について、有意な傾向はみられなかった［辻 2017: 215-216］。つまりネット右翼は、「普通の人たち」によって構成されている。しかも、年齢的な幅の広さを鑑みると、一九九〇年代の就職氷河期より前に社会に出た中年正社員や高齢者など、まさにいい大人にも「ネット右翼」化が進行していることを窺わせるものである。

しかし「ネット右翼」とは、中間層と中間層イデオロギーに対する攻撃であったはずである。SNSの一般化というコミュニケーション機会の拡大だけで、そのような言論が中間層に浸透するとは考えにくい。

前述の「市民の政治参加に関する世論調査」のデータによると、「客観的にみて学歴や世帯収入、雇用形態の面で不利な立場にいるわけではなくとも、本人が習慣的に自分は不利な地位にいると認識している場合には、ネット右翼やオンライン排外主義者になりやすくなる」［永吉 2019: 36］。また、『弱者』であるかどうかにかかわらず人々の間に遍在する心理的不安傾向が、ネット右翼シンパとなる要因として確認」されている［松谷 2019: 66］。

今日の中間層にとって、「不利な地位におかれた認識」ないし「不安」とは、実質所得の減少や年金など社会保障制度のゆらぎによって、将来が見通せない状況が慢性化しつつあること、そして彼らのなかで多かれ少なかれ、脱落して低層にこぼれ落ちるのではないかというおそれが現実化していることであろう。雇用市場の自由化（すなわち解雇規制の見直し）が声高に論じられ、年功序列制が能力主義・実績主義に取って代わられつつある今、かつては雇用と安定収入を保障されていた正社員たちも、もはやその地位は安泰なものとはいえなくなってきている。そして護送船団方式に安住してきた彼らの大半は、いきなり雇用市場の自由競争の場に放り出されても、それを勝ち抜く自信などもちえないのが現実なのである。

仮に定年まで正社員ポストを守ることができても、公的年金の受給年齢の引き上げなどにより、もはや誰もが定年後、悠々自適の生活を送れる時代ではない。多くは生活のため、非正規労働者として働き続けなければならず、老後貧困状態に陥ることも少なくない。「いま安定した職を得ている人々も、かなりの確率で高齢アンダークラスに転落する。年金額が思っていたより少ないかもしれないし、自分や家族の病気で、老後のための蓄えを失うかもしれない。あるいは自分の子どもがアンダークラスに転落し、その生活を支えなければならなくなるかもしれない」。誰にとっても「アンダークラスの問題は、近い将来、身に降りかかるかもしれない問題」なのである(10)［橋本 2018: 246］。

そこへ新自由主義と低層「ネット右翼」によって、上と下から挟み撃ちの攻撃を加えられ、彼ら中間層の外縁部分は動揺し始める。あたかもワイマール共和国末期において、没落の危機に怯えていた中間層にナチスが急激に浸透したように、「ネット右翼」的言論は平成二〇年代日本の動揺する中間層に感染し、浸潤していったのである。

傷つけられた自恃　彼ら中間層「ネット右翼」は、「負け組」に落伍していく挫折に脅かされているという点で、社会的な自恃《プライド》にまつわる深刻な危機に直面している。

彼らは、努力すれば相応のリターンが返ってくる、という社会的な信頼が存するなかで育ち、そしてその期待に沿って努力し、それなりの教育とキャリアを身につけてきたのだろう。ところが将来がみえない状況のなかで、その期待は裏切られつつある。本来受け取るべき正当なリターンを得られない、「報われない」という憤懣が、彼らのなかで渦巻いている。

そこでは、彼を守るはずだった啓蒙主義の諸価値は、かつて一九九〇年代に自分たちが非正規労働者たちを切り離したように、今度は中間層内の「勝ち組」たちが自分たちを切り離し、見捨てようとしていることを正当化するイデオロギーとして立ち現れてくる。裏切られた思いは逆恨みとなり、ここに彼らが戦後啓蒙主義を憎むようになる契機が生じる。

そう、このような心理、つまり自分を守ってくれない中間層イデオロギーを逆恨みする心理は、かつての低層「ネット右翼」と同じものである。しかし中間層「ネット右翼」の場合、裏切られたという思いはより強く深く、彼の自恃を傷つけている。

「地道に努力してきたのに、正当な見返りを得ることから外されつつある私」の境遇に対する鬱屈――彼らは、この鬱屈を、その自己イメージの反対像、「努力もせずに、何か不当な手段で『利得を得ている』連中」へと向ける。そう、生活保護「不正」受給者や在日「特権」享受者に、このイメージを、すなわち「自分たちが『憎むべき』『危険な』『身の毛もよだつ』と考える特徴をあてはめて」攻撃することにより、報われない恨みを晴らそうとする［エムケ 2018: 55-56］。これは心理学でいうところの「防衛機制」における、「置き換え」反応である。[11]

もともと中間層には、自分たちの経済状況がいっこうによくならないのに、低層なんかにカネを配るなというホンネが存在している。これは、芥川龍之介『蜘蛛の糸』で、蜘蛛の糸を昇って地獄から抜け出そうとしたカンダタが、「この糸はおれのものだ、お前たち降りろ！」と下に向かって叫んだエゴイズムである。

このようなエゴイズム的ホンネに、「置き換え」の八つ当たり心理が結びつくことにより、彼らは異様なほどの情熱をもって、弱者叩きに向かうのだ。その底に見え隠れするのは、真面目にやってきたにもかかわらず、今さらながら会社から能力不足を指弾され、年下の「意識高い系」から突き上げを食い、老後の不安に怯える、社会の「負け組」へと追いやられつつある中間層たちの傷ついた自我である。

「ネット右翼」のプロファイル

本論の冒頭でみたように、「ネット右翼」のプロファイルについては、低学歴、底辺の若者たちであるという見方や、むしろ高学歴・中高年の者が多く、都市部に住む普通のサラリーマンや富裕な自営業者こそが中心ではないか、という意見が錯綜してきた。

しかし、これまでみてきたことから、以下のように明確にいえると思う。すなわち、「ネット右翼」は単一の社会的クラスターから成り立つものではない。さまざまな利害関心を有する、複数のクラスターが寄り集まって形成されたものである。

たとえばそこには、低成長期に突入した一九九〇年代に生じた低層プレカリアートがいる。また、小泉改革から民主党政権にいたるあたりから、新興エリートの新自由主義者も「同調」し、また、動揺する中高年の中間層が多く参入するようになった。そして、その先頭に立って旗振り役を担っているのは、一貫して、アカデミズム的権威へのルサンチマンを抱いた「二流」学者や文化人たちである。つまり今日における「ネット右翼」とは、時期ごとに異なったクラスターが参入し、それらが多層的に積み重なって構成されたものなのだ。

そこで現在主流を占めているのは、統計的な数値からみるかぎり、中間層であろうと思われる。また、そのなかでも、年収に顕著な偏りがみられない以上、単純事務職や販売職、サービス職に従事するブルーカラー労働者や、商工サービス業や農業の自営業者、すなわち「旧中間層」だけでなく、管理職や専門職、上級事務職サラリーマンたちのホワイトカラーにも確実に浸潤していることが認められよう。

「ネット右翼」自体は勢いを失っているともいわれており、実際、ヘイトスピーチデモに参加したり、インターネットにかじりついて頻繁に書き込みを行ったりするヘビーな存在は増えていないかもしれない。しかし、引き続き辻の調査結果を引用すると、二〇〇七年と二〇一四年の調査結果の比較から、「ネット右翼」の実人数はインターネットユーザーの一%未満で変わらないとしつつも、「アクティブに意見発信や議論は行わないものの、中韓への否定的態度と保守的政治志向を共有するネットユーザーを『ネット右翼シンパ』層と呼ぶならば、その比率は二・七%から七・四%へと有意に増加している」[辻 2017: 215]。つまり、かつては特殊なクラスターにおいて主張されていた「ネット右翼」的言説が、中間層の外縁部からその内部に浸透し、新自由主義的な主張と結びつくことによってライトに薄まりながらも拡散し、一般化してきているのが今日の状況である(12)。

なかでも私は、ホワイトカラー「ネット右翼」に、少なからずシンパシーを抱かざるをえない。彼らは、成長の神話が通用していた一九八〇年代までにもの心がついた世代に属し、中流家庭の教育熱心な親に育てられ、それなりの高等教育を受けた者、年齢的には四〇代後半以上の存在と思われる。ようは、私とほぼ同世代、同じプロファイルの人たちであり、したがって同じ「不安」を共有していると感じるのである。

現代日本の「反知性主義」とは

近現代の通奏低音　ここまで、現代の「反知性主義」の一典型としての「ネット右翼」の分析を行ってきた。そこで明らかになったことは、「ネット右翼」的な言論を用いる人たちのクラスターと社会的利害関心は、実は多種さまざまだということである。

すなわち、従来のイメージに近い社会的不遇者もいれば、有名人でありながら、なぜかアカデミズムに強い敵意を抱く人々も存在している。また、「負け組」に転落することに怯える中間層もいれば、富の再分配に否定的な「勝ち組」新自由主義層も含まれている。ここでみられるのは、インターネットコミュニケーションの発達によって、これまでならバラバラに存在していたであろう社会的利害関心が、ある一定のテーマをもつ「ネット右翼」という言論プラットホームに結びついているという状況である。

そのテーマとは、戦後啓蒙主義に対する否定・攻撃という、まさにその一点のみである。そのワン・イシューに、そもそも利害が異なる、いや本質的には利害が矛盾・対立さえしている集団が、呉越同舟さながらに寄り集まっているのだ。

つまり「ネット右翼」とは、実体的な存在ではない。ネットという匿名的な言論空間のなかで、「啓蒙に対する憎悪」という否定的一アジェンダに集約化している「現象」なのである。「ネット右翼」とは、いわば近所の火事に集まってきた野次馬のようなものなのだ。これが、現代の政治的「反知性主義」現象の一典型としてみられる状況である。[13]

ここでいえることは、この国の「反知性主義」の噴き上がりにおいて、啓蒙主義的なものに対する「憎悪」が、さまざまな社会的集団や関心を惹きつける強い磁力のようなものを発しているという事実である。しかもその磁力は、中間層という「普通の人々」にも確実に浸透している。

そして、このような現象は戦前においても生じていた。第四章において詳述するように、欧米協調派の重臣ブロックと政治的覇権を争っていた軍部やファッショ政治家、帝大アカデミズムから無視されていた学者やジャーナリスト、在郷軍人などの「亜インテリ」、そして拡大する経済的格差に苦しむ大衆が、国体擁護という表向きの旗印を立てながら、啓蒙主義エリートへの攻撃というただ一点において結集したのが、一九三〇年代前半の日本社会にみられた現象であった。すなわち、満州事変の勃発から右翼テロの横行、そして天皇機関説事件による啓蒙主義の制圧という一連の出来事である。

つまり、日本近現代において、このような現象はくり返し生じている。ならば、「反啓蒙」の磁力は、近現代史を通してつねに、通奏低音のように響き続けているということになるだろう。

ところで今日、「ネット右翼」的な「反知性主義」の動きは、諸外国でも広がっているようにもみえる。たしかに、グローバリズムと新自由主義の相乗効果によって、アメリカやヨーロッパの高度資本主義国家においても経済的格差が広がり、中間層の多くが没落の不安に怯えている。二〇一六年にはアメリカで「メキシコとの国境に壁をつくる」と公言するトランプが大統領になり、またヨーロッパ諸国では反移民を掲げる極右ポピュリズム政党が台頭している。

しかし、諸外国における攻撃の矛先は、移民などに対し八つ当たり的に向けられる一方で、新自由主義グローバリズムを推し進めるエスタブリッシュメントにも直接向けられている。これはわが国において、中間層からこぼれ落ちる人たちの敵意がもっぱら中間層へと向けられ、支配層に向けられることが非常に少ないという状況とは大きな違いがある。

水島治郎によれば、諸外国においてみられる現象は、問題を単純化して「敵」を設定し、これに攻撃を加えるポピュリズム政治の問題点が表れてはいるものの、一方でこれは政治から置き去りにされた人々が、彼らの声をすくい上げることをしない既存政党と支配エリートに対して上げる、まっとうなプロテストの声であるという。それは政治エリートの運営する議会民主政治という、「上品なディナー・パーティー」に現れた「泥酔客」のようなものであるが、むしろ、議会制が機能不全を起こしている現代において、デモクラシーの意義を問い直すという性格が強いものである[14]［水島 2016: 226-227, 231-232］。

それに対しわが国では、社会的不公正に対して、リベラル・デモクラシーの意義を問いただし、深化させることによって克服しようとする政治的姿勢《アティチュード》へと結びつきにくい。今日の日本社会において顕著にみられるのは、むしろ不公正の原因を啓蒙的諸価値に帰せしめるような態度である。すなわち、自分たちの生活が苦しいのは、在日外国人や貧困層の「人権」への過度の配慮のせいであり、政治が不公正を解決できないのは「民主主義」を口にする野党とその支持勢力の活動（たとえば市民のデモなど）が国政推進の邪魔をしているからであり、北朝鮮から拉致被害者を取り返せないのも、九条「平和主義」のせいであると。

「憎悪」の理由

そう、諸外国と比べ現代の日本に顕著にみられる特徴は、啓蒙主義そのものがさまざまな人たちから目の敵にされ、憎まれ、攻撃されているという現象である。

作家の百田尚樹の言動などは、そのもっとも極端な例だろう。たとえば二〇一四年、東京都知事選で田母神候補の応援演説に立ち、対立候補を「人間のクズのようなもの」と罵倒した。二〇一五年には自民党国会議員の勉強会で「沖縄の二つの新聞はつぶさないといけない」と発言、また二〇一八年には「中国と日本が軍事衝突をすれば、朝日新聞は一〇〇パーセント、中国の肩を持つ。朝日新聞は日本の敵だが、そんな売国新聞を支えている朝日の読者も日本の敵だ」などとツイートし、物議をかもした。

おそらく、ベストセラー作家として成功しても、文壇や「一流」ジャーナリズムから、文学としてはまともに評価されていないというルサンチマンがこの人物を憑き動かしているのであろうが、彼の極端な言動をみていると、その意味するものはもはやただ一点、デマだろうが論理的に支離滅裂であろうがいっさいおかまいなく、どこまで啓蒙的価値に対して侮辱を加え、穢《けが》し、凌辱することができるか、という胸の悪くなるような挑戦をひたすら続けているだけのように思える。もはや知的誠実さなどは微塵も顧みられることなく、その行為は、檻の外を通る人に向けて自分の糞を投げつけている猿と変わるところがない。

啓蒙に対するこの、執拗なまでの憎悪はなぜ生じるのであろうか。

これまでみてきたように、戦後的啓蒙の価値、すなわち「人権」「民主主義」「絶対平和主義」「ある程度平等」は、ほぼ無意識的に、戦後のわれわれの内面を支配してきた。しかしそれらが社会の内実において有効性を失うにつれ、これら価値観は何かその真価が疑わしいものとして、徐々に違和感をもって意識されるようになるだろう。そしてそれが引き続き、「人類普遍の原理（日本国憲法前文）」を名乗り、われわれを従わせようとすることが、これまでになく欺瞞的で、押しつけがましく感じられるようになる。

「反知性主義」の噴き上がりとしての「ネット右翼」は、その欺瞞に敏感に反応しているのだ。彼らは、あるいは社会から切り捨てられていると感じ、あるいは将来の不安に直面し、あるいは自我を傷つけられているがゆえに、社会の欺瞞に対して敏感なのである。

「ネット右翼」の言論に意味があるとすれば、まさにその一点に尽きるといっていいだろう。私は、彼らのデマだらけの言説にはまったく賛同できないが、戦後啓蒙主義を「嘘つき」と糾弾するその真意においては、やはり正当なものが含まれていると思う。つまり、今日の日本において、啓蒙的諸価値の空洞化と虚構化が進み、社会を統合する機能を失いつつあるという状況を明らかにしているという点において。

虚構化と無自覚化

今、「空洞化と虚構化」と述べたが、しかしそもそも、われわれ日本人が啓蒙主義の精神をしっかりと身につけたことなど、これまでにあったのだろうか。丸山眞男が敗戦直後に、「我が国に於《おい》て近代的思惟は『超克』どころか、真に獲得されたことすらない」［丸山 1946a］と語った状況は、その後克服されたのだろうか。いや、その本質は今日にいたるまで変わっておらず、それが経済的な停滞に直面し、先が見通せなくなった今日の状況において、むき出しに表れてきているだけではないだろうか？
先ほど述べたように、わが国においては、社会的不公正に対しリベラル・デモクラシーの徹底によって克服しようとする姿勢が希薄である。

> 社会においては本来、その構成員のあいだで潜在的・顕在的に利害や価値観の敵対関係が存在することが前提とされなければならない。……社会内在的な敵体性を否認する日本社会では、「正当な権利」という概念が根本的に理解されておらず、その結果、侵害された権利の回復を唱える人や団体が、不当な特権を主張する輩だと認知される。ここではすべての権利は「利権」にすぎない。［白井 2015: 108］

利害の「敵対性」、すなわち対立を前提とし、権利の主張によってその解決を図るのが近代社会のルールであるが、日本社会にはいまだにそのような認識が根づいていない、と白井聡は指摘する。端的にそれが表れているのが、生活保護に対するバッシングであろう。マスコミでさえ容易にそれに同調しがちな状況を生み出しているのは、「生活保護は『恥の烙印《スティグマ》』が強く、『できるだけ使いたくない制度』になってしまっている」という、日本社会に根強く残る意識である［生活保護問題対策全国会議 2012: 34］。つまりわれわれの社会は、生存権を人権として捉えきっていない。いやそもそも、「人権」という観念そのものの理解ですら、十分ではないのではないだろうか。

問題を深刻にしているのは、むしろリベラリズムを信奉している人ほど、このような状況について無自覚であることが多いということであろう。一つ例を挙げよう。礒崎陽輔参議院議員（のち内閣総理大臣補佐官）は自民党の憲法改正草案に関連し、こうツイッターでつぶやいた。「時々、憲法改正草案に対して、『立憲主義』を理解していないという意味不明の批判を頂きます。この言葉は、Wikipediaにも載っていますが、学生時代の憲法講義では聴いたことがありません。昔からある学説なのでしょうか」（二〇一二年五月二七日）。

東京大学法学部出身の礒崎が「立憲主義」という言葉は聞いたことがないなどと述べるのは、まさにたちの悪い冗談である。ようは挑発的な強弁なのであるが、底意として込められているのは、「立憲主義」を普遍的真理のように主張する人々に対する、次のような冷笑的な問いかけである――教科書にそう書いてあるから、そう言っているだけではないのですか。本当に自分の頭で理解していますか。実は自分でも、立憲主義の意義や重要さなど、わかっていないのではないですか？――つまりこの頭のいいエリートは、わが国の啓蒙主義リベラリストのおめでたい無自覚さと、彼らの「反知性的」な態度を的確に見抜き、嘲笑しているのである。

実際、この「立憲主義」という言葉はその後、集団的自衛権の議論が沸き上がったときに急激にクローズアップされた。しかしわれわれは立憲主義について、自分たちの政治的営為のなかで鍛え上げ、主体的な意義をつくり出した自前の概念として語れているのだろうか。いや、そこではどうしても、ヨーロッパの歴史の積み重ねとして得られた人類の叡智と真理であり、それが近代主義というものだ、という言い方になってしまう。その説明は間違いではないが、「日本人」を主語とせず、「外国の常識だから」「欧米で認められているから」という「言い方」にならざるをえない点において、私はやはり重大な問題があるように感じる。

ヨーロッパの政治学の概論の一見抽象的な記述の背後には、いわば数百年にわたる欧州政治の歴史的展開が横たわっている。只一つの命題でもそうした現実の波動のなかで鍛えられつつ形成されなかったものはない。……ところで日本の政治となると、根本の国家構造と歴史がすでに同じでない上に、立憲制のようにある程度まで彼我共通している政治制度も、それを現実に動かしている精神がまるでちがうために、そうした抽象的概論は現実の政治の動きを理解し分析するには殆ど役に立たない。（「科学としての政治学」）［丸山 1947b］

一九四七年、このように丸山が苦々しく述べてからすでに七〇余年がたったが、われわれのおかれている状況は本質的に変わっていない。むしろ、欧米とわが国の政治社会の「現実に動かしている精神がまるで違う」歴史性への無自覚が、いっそう進んだのではないだろうか（この、戦後啓蒙主義が「虚構」化し、またそれに対する無自覚が進んでいった歴史的経緯については、第六章で詳しくみていく）。「ネット右翼」現象が今、われわれに突きつけているものは、戦後啓蒙主義が社会を統合する力を失いつつあるという危機的な状況であり、近現代史の観点からすれば、そもそもわが国において近代的精神が真に獲得されたことは一度もなかったのではないか、という重大な疑念である。このような状況がどのようにして生じ、形成されてきたか。次章から、わが国に啓蒙が受容された明治のはじめにさかのぼり、歴史的な分析を試みる。

註

（1）新書全体でみると、購入者の平均年齢は五〇・〇九歳、最頻値は四九歳であるのに対して、『儒教』は平均年齢が五九・六九歳と約一〇歳高く、最頻値にいたっては六八歳と約二〇歳もの差が出た。五〇歳以上の購入者が占める比率は新書全体の五三・一％に対し、七八・六％であり、「『儒教』が圧倒的に高齢者に読まれていることが明らかとなった」。『儒教に支配された中国人と韓国人の悲劇』（講談社、二〇一七）の購買者のデータから高口が分析した結果より（TSUTAYAとTポイント提携書店のPOSデータ分析サービス「DB WATCH」より採取。対象期間は二〇一七年一月一日〜二〇一八年八月三一日）。

（2）ザクセン州クラウスニッツで発生した移民排斥に関するコメント。「クラウスニッツの人々も、難民を憎む理由を説明することができるだろう。だがそれは憎しみの本当の理由ではない。彼らは単に、バスのなかの難民のみならずあらゆる難民たちに、自分たちが『憎むべき』『危険な』『身の毛もよだつ』と考える特徴をあてはめているだけなのだ」［エムケ 2018: 55-56］。

（3）猪木は三島事件にさいしても、あのような愛国心の発露は断じて認めるべきではない、と防大生に訓示している［上村 2011: 252］。

（4）上村洋一は、「保守」に対して、この新しい動きを「右派」と呼んで区別するが、本書もそれを踏襲する［上村 2011: 173］。

（5）そしてこれは、日本においては常態としてみられる現象であるという［宮台 2006: 13-14］。なぜならば、啓蒙主義の伝統が存在し、知識人に対する尊敬があるヨーロッパと異なり、日本にはインテリジェンスに対する社会的リスペクトが希薄である。とするなら、「二流」が知的優越による上位者を認めず、権力闘争類似のゲームとして、別の手段でこれをひっくり返そうとすることは常態となる。

（6）二〇～七九歳の東京都市圏に居住する七七〇八四人を対象としたウェブ調査。
（7）「構造改革」という言葉自体、もともとは社会主義運動における一方法論の名称である。
（8）「日本における新右派的転換」は、「大きく捉えて『新自由主義（ネオリベラリズム）』と『国家主義（ナショナリズム）』の組み合わせによって形成されている」。その結合は、権力者や富裕層の支配を正当化するという「理念的な親和性」、パワーエリートとしての階級利益の合致という「利害上の適合性ないし一致」、そしてナショナリズムを焚きつけることによって広がる階級格差から目を逸らさせるという「政治的な補完性」によって成り立っている［同一九‐二二頁］。
（9）八月一六日のＮＨＫ「ニュース7」では、母子家庭で進学もままならない経済状況にある女子高校生の窮状が紹介されたが、放映直後からネット上では、映像に写り込んだ部屋の様子や、彼女のツイッター内容などを取り上げ、「アニメグッズが溢れている」「千円のランチを食べている。豪遊している」という誹謗中傷が溢れかえった。片山はこれに同調し、「チケットやグッズ、ランチ節約すれば中古のパソコンは十分買える」（原文ママ）とツイートし、ＮＨＫに説明を求めるなど、追及の姿勢をみせた。
（10）六五歳以上の高齢者がいる世帯の貧困率は、二〇〇九年の二四・七％から、一六年には二七・〇％に上昇し、五年間に一五六万世帯増加している（立命館大学唐鎌直義教授の分析。西日本新聞二〇一七年九月一五日「高齢世帯四分の一貧困『生活保護未満』立命館大教授分析　独居女性では二人に一人」）。
（11）「置き換え」とは、直視することが苦しくて耐えられないような現実が存在するとき、その不安や恐怖、怒りを代理となるものに向けて発散することで自我を守ろうとする反応である。たとえば、上司から受けているプレッシャーを、部下を虐めることで発散するが如き。
（12）早稲田大学文学学術院の田辺俊介教授によると、「嫌韓感情について田辺が分析したところ、二〇〇九年の調査では年齢が若く反権威主義的であることが特に強い嫌韓感情と関連していたが、二〇一三年の調査では反権威主義・低年齢との相関は消えてしまったという。若者から高齢者へ、嫌韓の担い手が変わったという可能性を示唆する結果だ」［高口 2018: 28］。
(13) また、彼ら自身にとっても、「ネット右翼」的なものは自らの利害的主体における、たんなる一局面的な関わりにすぎない。彼らが「ネット右翼」と呼ばれることに強い反発を示すのは、それが蔑称であるからだけでなく、実感としてそうなのだろう。
(14) それだけでなく、水島によると、現代のヨーロッパのポピュリズム政党はかつての右翼色、「反啓蒙」的傾向を弱め、むしろ西洋式リベラリズムの価値を援用して、イスラム系移民の排斥を主張しているという。つまり、欧米のポピュリズムの動きは、リベラル・デモクラシーの内実に対する急進的な問いかけではあるが、その否定ではない［水島 2016: 115, 128-129, 222］。

第二章

日本的啓蒙とは

「福沢的」啓蒙

富国強兵と『学問のすゝめ』　改めて、「啓蒙」とは何であろうか。『岩波社会思想辞典』によると、啓蒙とは「一八世紀に始まった理性に依拠した社会批判・文化批判の伝統」である。それはカントの言うところによれば、第一に、この世では理性によって幸福と平安が得られるとする「信念」、すなわち「理性への信頼」にもとづき、第二に、身分制社会など「現実には非理性的な支配がまかり通っていることへの批判」に向かい、かかる非合理性からの「『人間』の解放」をめざすものである［三島 2008: 65］。そして第三に、個々人一人一人が理性に従って思考することによって「知的精神的未熟状態」から抜け出し、自立した個としての「人間の自己完成」をめざすものである。

（自分の属している団体や組織の利害のための理性の使用ではなく）、そのような利害を離れて、たとえば教会の教えについて、国家が動かす軍隊の作戦について、あるいは徴税のあり方について、広く読者公衆の前で議論をするという「理性の公的使用」であり、それこそが未熟状態からの脱出の方途なのである、というのが啓蒙の骨子である。［ibid.: 65-66］

この第三の意味における啓蒙——自立した個としての「人間の自己完成」——こそ、カントが啓蒙的精神の最も重要な核と考えたものである。しかし、明治維新に始まる近代日本の啓蒙化は、後進国が列強に比する近代強国として成長するための方策であったから、この「国策」によって大きなバイアスを受けながら受容されていった。

近代強国の建設のために必要なのは、民間の商工業や貿易が産み出す経済的富である。大久保利通をはじめとする岩倉具視使節団の面々は、経済の自由な活動こそが列強の軍事力を支える国力の源泉であるという事実を、ヨーロッパでありありと見た。「おおよそ国の強弱は人民の貧富により、人民の貧富は物産の多寡《たか》に係る」（「殖産興業に関する建議書」、一八七四年）［石井 2012: 30-36］。

明治日本が掲げた第一の国策が「富国強兵」であり、それを実現するための第二の国策が「殖産興業」の推進である。政府は一八七三年（明治六年）に内務省を設置し、鉄道・通信・鉱山など基本インフラの整備を進め、富岡製糸場など官営工場が次々と設立された。

そして自由主義経済を基礎づける価値観こそ、個人の自立と自由な活動を謳うヨーロッパの啓蒙主義思想である。ここで、封建制のもと長く日本人を支配してきた身分制儒教道徳を否定し、啓蒙主義の考えを移植して広めることが急務とされた。

周知のとおり、民間でこの啓蒙活動を担った第一人者が福沢諭吉である。「封建的学問と道徳に対して大胆な挑戦を試みた『学問のすゝめ』の連続的刊行（一八七二－一八七六）は守旧派の憤激と攻撃を浴びながらも圧倒的な影響を与え、偽版を合わせると計三百万冊以上といわれるほど広汎に流布した」［丸山 1953］。同書は次のような平等主義と自由主義の宣言で始まる。

> 天は人の上に人を造らず人の下に人を造らずと云へり。されば天より人を生ずるには、萬人は萬人皆同じ位にして、生まれながら貴賤上下の差別なく、萬物の霊たる身と心との働を以て天地の間

にあるよろづの物を資《と》り、以て衣食住の用を達し、自由自在、互いに人の妨をなさずして各安楽に此世を渡らしめ給ふの趣意なり。［福沢 1872］

ここで強調されているのは、さきほどの啓蒙主義の意義における、第一の意味（この世では理性によって幸福と平安が得られるとする「信念」）と、第二の意味（身分制社会からの解放）である。これらは、国民の自由な経済活動を基礎づける価値観となるものであった。

第三の意味、すなわち自立した個としての「人間の自己完成」という意義については、経済的成功、あるいは「立身出世」の「手段」としての意義が、まず強調された。「人は生まれながらにして貴賤貧富の別なし。唯学問を勤て物事をよく知る者は貴人となり富人となり、無学なる者は貧人となり下人となるなり」［ibid.］。

成功を得るためには学問を修めなければならない。まことに単純明快なテーゼである。そしてその学問とは、「実学」でなければならない。これまでの儒学者、漢学者たちのように、「唯むづかしき字を知り、解し難き古文を読み、和歌を楽しみ、詩を作る」ものは、もはや「其功能は飯を喰う字引に異ならず。国のためには無用の長物、経済を妨る食客」である。待ったなしで近代化を遂げなければならない状況にある明治日本において、これからのエリートに求められるのは、国家の近代化、社会的富の増大に貢献するもの、つまり地理学、物理学、経済学など、西洋の実証的学問である［ibid.］。

実際には、福沢は「自分にて自分の身を支配し他に依りすがる心なき」ことの大切さ、すなわち個としての精神の自立の重要性も強く説いた啓蒙家であった［ibid.］。また、そのような自立心なき卑俗な「立身出世」については、次のように軽蔑を隠さなかった。「維新政府の基礎が定まると、日本国中の士族は無論、百姓の子も町人の弟も、少しばかり文字が分かる奴は皆役人になりたいと云ふ。仮令《たと》ひ役人にならぬでも、兎に角に政府に近づいて何か金儲でもしやうと云ふ熱心で、其《その》有様は臭い物に蝿のたかるやうだ」〔福沢 1898〕。

しかし、身分制を否定し、殖産興業の意欲へと国民を駆り立てようとする明治政府の政策は、国民を成功の希望へと奮い立たせ、富貴の欲求を解放するものだった。そこで『学問のすゝめ』は、まぎれもなく「立身出世の焚きつけ本」の役割を担わされた〔竹内 1997: 18〕。そして「福沢のこの〈実学についての〉文章が天下に喧伝され、『実学』が流行語になり、福沢学が実業学としてのみ普及していったこと」は、「福沢学全体を卑俗な現実的功利精神と見る俗見」を広めることとなる〔丸山 1947a〕。この「俗見」は、精神的に自由な個の確立という側面を軽視する一方で、西洋の啓蒙的「知」を、何よりもまず、国家や社会を発展させる「道具」として捉え、また個人の次元では成功と富の獲得の「手段」として捉える傾向を増長させた。

このように外来思想の受容が、真理探究や精神修養という面の尊重よりも、実利を生み出す「手段」として受け止められたのは、待ったなしで近代化を遂げなければならないという、後進国特有の切迫した事情があった。そしてこれが、日本の「福沢的」啓蒙主義の基本的な性格となった。

立身の制度としての留学と『舞姫』　また、近代化を急ぐ明治日本において、学問の習得は個々人の努力だけに委ねるのではなく、公定の教育システムの整備が急務とされた。

その国家的制度としての確立が、帝国大学という高等教育機関の創設であった（一八八六年）。そして一八八九年（明治二二年）の大日本帝国憲法の発布に始まり、高等文官制度による官僚エリートの国家統治のかたちが形成されるなか、帝国大学は事実上の官僚養成機関となる。それは、滞欧中の伊藤博文が目を見張った「宰相ビスマルクに率いられたプロイセン・ドイツの強固な官僚組織」を手本として、「法的知識と統治技術を身につけた行政官僚を育成し、そうした人材を政府部門によって独占する体制の構築がめざされた。伊藤が帝国大学に期待した役割は、まさにそれであった」。創立された帝国大学においては「憲法行政財政外交経済政理統計等国家学ニ属スル諸学科」の教育に力が注がれ、当初は帝大卒は無試験で各省に入ることができた［斉藤 2015: 158-159、立花 2005a: 134-135］。つまり帝大は最初から、日本におけるアカデミズムの権威であると同時に、出仕のための必須「課程」という性格を強く有していた。

これら帝国大学にはまず外国人教授が多く招聘された。しかし、「雇外国人のために莫大な額の出費をおこなってきた政府が、これを日本人に代えていけば、はるかに経済的であり、同時にまた文化の独立をも達成できる」という意図のもと、官費留学制度が定められ、大卒者のなかから成績優秀な者を選抜して国費で留学させ、国が命じた学科を習得させた［石附 1992: 252-253］。官費留学生は帰朝後、官に奉職することになっていたから、留学も西洋の「知」の習得であるとともに、やはり立身出世のための階梯にほかならなかった。

このような明治の留学生を描いた小説が、森鷗外の処女作『舞姫』（一八九〇年）である。

余は幼き比《ころ》より厳しき庭の訓《おしえ》を受けし甲斐《かい》に、父をば早く喪《うしな》ひつれど、学問の荒《すさ》み衰ふることなく、旧藩の学館にありし日も、東京に出でゝ予備校に通ひしときも、大学法学部に入りし後も、太田豊太郎という名はいつも一級の首《はじめ》にしるされたりしに、一人子の我を力になして世を渡る母の心は慰みけらし。［森 1890］

母の期待を一身に背負い、「我名を成さむも，我家を興さむも，今ぞとおもふ心の勇み立ちて」、太田豊太郎は法律を学ぶためドイツに官費留学する。しかし豊太郎はふとしたきっかけでビクトリア座のダンサー、エリスと出会い、恋に落ちる。それは醜聞として本国に伝わり、彼は官職を罷免されてしまう。新聞社の通信員に職を得た彼は、エリスと同棲しながら、無味乾燥な「法令条目の枯葉を紙上に掻き寄せし」勉学から離れ、活発なヨーロッパの政治思潮や運動に、また文学や美術の新現象に生き生きと触れるようになる。

幾百種の新聞雑誌に散見する議論には頗《すこぶ》る高尚なるも多きを、余は通信員となりし日より、曾《かつ》て大学に繁く通ひし折、養ひ得たる一隻の眼孔もて、読みては又読み、写しては又写す程に、今まで一筋の道をのみ走りし知識は、自《おのづか》ら綜括的になりて、同郷の留学生などの大かたは、夢にも知らぬ境地に到りぬ。彼等の仲間には独逸新聞の社説をだに善くはえ読まぬがあるに。（傍点筆者）［ibid.］

こうして豊太郎は、国家の命ずる学問を唯々諾々と習得する「器械的人間」から、個として独立した理性的自我に目覚める。だがしかし、学問によって国家に奉仕し、立身出世を果たすべしという明治社会のエートスから、完全に自由になることは容易なことではなかった。エリスが妊娠したことが発覚すると、彼は先の見えぬわが身の将来に激しく悩む。そこへ、親友の相沢が復職の途を開く。

若《も》しこの手にしも縋《すが》らずば、本国をも失ひ、名誉を挽《ひ》きかへさん道をも絶ち、身はこの広漠たる欧洲大都の人の海に葬られんかと思う念、心頭を衝《つ》いて起れり。嗚呼、何等の特操〈節操〉なき心ぞ、「承《うけたま》はり侍《はべ》り」と応《こた》へたるは。[ibid.]

彼は身重のエリスを捨てて帰国することを選択し、その結果エリスは発狂してしまう。帰国の船中で豊太郎はこう呟く。「嗚呼、相沢謙吉が如き良友は世にまた得がたかるべし。されどわが脳裏に一点の彼を憎むこゝろ今日まで残りけり」[ibid.]。

『舞姫』は、立身出世というエートスが当時のエリート青年たちにいかに深く内面化され、その心奥にいかに強く刻みつけられていたかをリアルに抉り出した作品である。エリスは、ヨーロッパの自由恋愛を通じた個人主義への憧れを表す存在であるとともに、けっして「実学」にとどまらないヨーロッパの文化、思想のスピリットの象徴でもあった。「エリスは、ウンテル・デン・リンデンに代表される国家制度としての西欧とは対極にある精神的自由としての西欧の象徴として登場するのであり、そのエリスと恋に落ちるということは、表にあらわれた国家制度としての西欧社会より、その背後に広がる精神風土としての西欧社会を豊太郎が選んだということにほかならない」[大久保 2008: 70]。西欧の「精神」の深淵に強く惹かれながら、それよりもまず国の命じた技術的「実学」を日本に持ち帰らなければならない、それが明治の留学生に課せられた使命であった。

なお、『舞姫』は鷗外自身の実体験をふまえた小説である。鷗外は陸軍省軍医としてドイツに留学したさい、エリーゼ・ヴィーゲルトという女性と恋仲になったが、悩んだあげく、彼女を残して帰朝したという(1)〔六草 2011: 61-63〕。

「部品」の輸入　それから七〇余年を経て、一九六四年に発表された遠藤周作の小説『爾《なんじ》も、また』も、ヨーロッパに留学した日本人の悩みを描く。主人公はマルキ・ド・サドを研究するフランス文学者であるが、ヨーロッパでサドの姿を追いかけていくにつれて、ギリシア、キリスト教から続く「長い世紀に亙《わた》るヨーロッパの大河」の存在、「巨大な溶岩」の重さを、否応なく感じざるをえなくなる。

「何時か、言ったでしょう。この国に来る日本人は三種類あるって。この石畳の重さを無視する奴とその重みを小器用に猿真似する者と、それから、そんな器用さがないために、ぼくみたいに轟沈してしまう人間と……」〔遠藤 1968: 147〕

『舞姫』の明治から、『爾も、また』の戦後日本にいたるまで、近代日本の学問と思想が、しょせん海外の「成果」的部品のみを切り取って「小器用に猿真似」したものであり、本来有していたはずの歴史的な連続性、「石畳の重さ」をとらえていないのではないか、という疑問は、その歴史のまっただ中に飛び込んだ留学生にこそ、もっとも切実に感じられたのだろう。

この問題点を、近代日本の思想における、「無時間性」からくる「無構造」の本質であると喝破したのは丸山眞男である。丸山は『日本の思想』（一九六一年）で次のようにいう。開国以来、外国の新旧の思想が無差別的に流入し、それらが「しばしば歴史的構造性を解体され、あるいは思想史的前提からきりはなされて部品としてドシドシ取り入れられる結果」［丸山 1957］、

一定の時間的順序で入って来たいろいろな思想が、ただ〈日本人の〉精神の内面における空間的配置をかえるだけでいわば無時間的に併存する傾向をもつことによって、却ってそれらは歴史的な構造性を失ってしまう。［ibid.］

次々と摂取される新旧の思想からは、「価値の歴史的蓄積という契機はすべりおちてしまう」［ibid.］。古いものも新しいものも、伝統も外来思想も、すべてが歴史的な必然性と文脈から切り離され、ただ「雑然と同居」しているだけである。それは無構造的な「思想の断片」の集積ではないかというのだ［ibid.］。

新しいものの席巻　「その際、進歩派のイデオロギーはヨーロッパ（あるいはアメリカ）でももう古いという論法が『伝統的』に用いられる。加藤弘之が進化論をひっさげて天賦人権論の『妄想』を攻撃したのは、その輝ける戦果であった」［ibid.］。

もともと加藤弘之は、自身が天賦人権説をひっさげ、民権派の論客として明治初期に世に出た人物である。だが「天賦人権論はその政治制度に西欧近代的政治理論の外皮を与えるために外発的に導入されたものであった。逆に言えば、天賦人権という原理から出発して、立憲政体へという道筋を辿ることはなかったのである。その意味で、天賦人権論は終に主体化・内面化されることはなかった」[戸田 2007: 25]。その結果数年後、加藤は一転してより最新の思想である社会進化論に乗り換え、優勝劣敗の法則が働く現実の世界では、生まれながら平等という考えは間違いだと説くようになる(2)。

明治の文明開化は、外国の新旧の思想が並列的に流入することを否応なくもたらしたが、そこでしばしばみられたのは、「旧」の思想が十分に理解され、定着したとはいえないにもかかわらず、「最新のものだからこっちの方が正しい」という「俗流歴史主義の幻想」によって、あっという間に「新」に取って代わられるという現象であった[丸山 1957]。ここには、思想を思想そのものとしてではなく、実用的「手段」として考える「福沢的」啓蒙のパラダイムが影を落としている。手段や道具は、新しい改良型のほうがおおむね「よい」からである。

加藤の例でいえば、中江兆民によってルソー『社会契約論』が翻訳出版されたのは一八八二年だが、そのときにはすでに、世界的に大流行していたハーバード・スペンサーの社会進化論が同時に流入していた。社会進化論は、帝国主義の進展のもと、国際間の優勝劣敗を正当化する当時の最新理論だった[鹿野 1999: 214-215]。

そう、「日本が『国を開』いた十九世紀後半の国際社会が、まさに政治上経済上の動向でも、また思想文化のあり方の上でも、ヨーロッパ的近代の大きな転換期」にあり、その結果、それらを一挙に受容しようとした日本人は、すでに明治の初めにおいて、西洋の啓蒙思想、すなわち近代主義を学び始めるとともに、同じ口で近代への懐疑を語り、「超近代」について論じ始めるという、奇妙な状況のなかにいたのである［丸山 1957］。

だがこのような倒錯は、明治初期だけのものではなかった。その半世紀後、戦前日本においてみられたのは、明治期の最新思想であった社会進化論もすぐさま次の最新思想、マルクス主義に取って代わられ、マルキシズムにかぶれた知識人たちがブルジョワ・デモクラシーの乗り越えを標榜するという光景だった。さらにそのマルクス主義が集団転向によって急速に自壊すると、今度は西洋的近代の「超克」が声高に叫ばれたのである。

天皇という「機軸」

キリスト教の代替物としての「天皇制」

話を明治初期に戻そう。ところで、この欧化日本の無構造性、つまり「機軸」のなさに国家統治の観点から誰よりも早く気づき、強い危機感を抱いた人物がいた。伊藤博文である。伊藤は憲法制定の前年、枢密院帝国憲法草案審議において、以下のように所信を述べた。

欧州においては憲法政治の萌せること千年余、ひとり人民のこの制度に習熟せるのみならず、また宗教なるものありてこれが機軸をなし、深く人心に浸潤して、人心これに帰一せり。しかるに我

が国にありては宗教なるものその力微弱にして、一も国家の機軸たるべきものなし。（傍点筆者）

欧州における憲法政治が、ローマ法以来の立憲主義の歴史的蓄積にもとづくものであるのに対し、日本において立憲政治は「まったく新面目」に属する。それは仕方のないことだとしても、そもそもヨーロッパの国民国家がキリスト教という宗教を社会統合の「機軸」として成り立っているのに対し、日本にはそのような機軸が存しない。ゆえに、日本で憲法を制定するには、まず国家が国家として統合しうるところの条件、すなわち「まず我が国の機軸を求め、我が国の機軸は何なりやという事を確定」しなければならない、と伊藤はいう。すなわち、

我が国にありて機軸とすべきは、ひとり皇室あるのみ。これをもってこの憲法草案においてはもっぱら意をこの点に用い、君権を尊重してなるべくこれを束縛せさらんことを勉《つと》めり。

重要なのは、伊藤が述べていることは、仏教や儒教だけでなく、神道も含め、この国には国民国家が成立すべき一元的な機軸となるものが「もともとない」という、あけすけな認識である。そして、「ない」では困るので、新たに機軸をつくらなければならない。それが「ヨーロッパ文化千年にわたる『機軸』をなして来たキリスト教の精神的代用物」としてつくられた、「非宗教的宗教」たる天皇制というアイデアであった［ibid.］。ようするに、伝統的右翼や、また現代にはびこる自称「保守派」が口にする、「連綿と続く万世一系の天皇制こそ、日本という国の歴史的・文化的伝統だ」という決まり文

句の裏に隠されたカラクリを、この明治国家の設計者は率直に告白しているのだ。

このようにして、一八八九年発布の大日本帝国憲法によって、そして翌年の教育勅語によって、統治権の源泉としてだけでなく、国民個々人の信仰・倫理・良心の内面をも規律する「神」として、天皇は大日本帝国の臣民に与えられた。久野収の有名な表現を用いれば、統治の実際のカラクリを「密教」とする、「顕教」天皇制の制定である［久野 1956: 126-132］。

政治的擬制としての天皇

そう、確かに天皇は、伊藤によって誂《あつら》えられた政治的擬制《フィクション》に違いない。しかしこのフィクションには、当時の日本の社会構造を反映したそれなりの必然性があった。近代日本は、急激な欧化、工業化が進められる一方で、とくに地主支配の農村においては、いまだに封建的身分制の残滓が濃厚に存していた。マルクス主義講座派がいうところの、「半封建的」性格である。

> 天皇制国家は共同体の解体から生まれた市民 citoyen を基礎としてではなく、共同体秩序に属しめられた農民その他を「臣民」（大日本帝国憲法）として支配する形で成立する……天皇制国家は、共同体的秩序の維持・温存をはかりつつ上からの資本主義化＝機械制大工業化を強力に推進するという特殊型絶対王政であり、一八八九年はその成立の画期であった。［石井 1991: 173-174］

前近代的下部構造がいまだ強固に残存している以上、家父長的天皇神話は、社会に強い「需要」を有していたのである。

さて、政府の天皇制信仰の染み込ませ政策を横目でみながら、それと啓蒙主義的学問との緊張関係について、明治末の鷗外が論考をめぐらせた異色の社会科学小説が『かのやうに』（一九一二年）である。五条子爵家の嫡男、秀麿は大学で歴史学を学び、卒業するとともにドイツに留学した。しかし秀麿は帰国後、家で無聊《ぶりょう》をかこち、ただ本を読むだけの生活を送っていた。彼が逡巡していたのは、「兼ねて生涯の事業にしようと企てた本国の歴史を書くことは、どうも神話と歴史との限界をはつきりさせずには手が著けられない」という悩みゆえであった［森 1912］。「今の教育を受けて神話と歴史とを一つにして考へてゐることは出来まい」。科学的実証の立場に立てば、皇室の神話は批判的に扱わざるをえない。

その一方で秀麿は、天皇の政治的、社会的有用性について、けっして無視することはできないのであった。

> 神が事実でない。義務が事実でない。これはどうしても今日になつて認めずにはゐられないが、それを認めたのを手柄にして、神を瀆《けが》す。義務を蹂躙《じゅうりん》する。そこに危険は始《はじめ》て生じる。［ibid.］

どういうことか。そもそも政治的擬制とは、不完全な人間と人間社会において必要とされる、一種の嘘、決めごとである。だが、ルソーをはじめとする「近代政治哲学は、共同体の〈外部〉に位置する神という虚構に頼ることなく、社会秩序を合理的に根拠づけようとした」［小坂井 2011: 207］。その結果、そこでむき出しにさらけ出されたのは、支配－被支配の権力関係、すなわち人民が直截に権利を要求し、統治者の強権がこれと対峙する社会だった。およそ、このような社会が社会として成り立つには、高度に合理的な契約社会として成熟していなければならない。しかしそうでなければ、「各個人の生命・財産をお互いの横暴から守り、平和共存を図るための唯一可能な手段として、警察権力を始めとする、あからさまな暴力しか残らない」[ibid.]。そう、フランス革命後に吹き荒れた、血なまぐさいテロとギロチンの恐怖が支配する政治社会のように。鷗外がこの作品を書いたのも、前年に起こった大逆事件から、そのような「万人の万人に対する闘争」の危険性を感じとったからである。

およそ前近代的な社会構造をそこかしこに残した日本において、天皇の家父長的権威により服従を調達するシステムは、民衆の統治のために、まさに必要であった。だから「神であるかのように」天皇を受け入れることが、安寧秩序を保ちながら、漸進的な進歩を実現するために必要なのだと鷗外はいっている。

> 僕は人間の前途に光明を見て進んで行く。祖先の霊があるかのやうに背後《うしろ》を顧みて、祖先崇拝をして、義務があるかのやうに、徳義の道を踏んで、前途に光明を見て進んで行く。そうして見れば、僕は事実上極蒙昧《ごくもうまい》な、極従順な、山の中の百姓と、なんの択《えら》ぶ所もない。只頭がぼんやりしてゐない丈《だけ》だ。極頑固な、極篤実な、敬神家や道学先生と、なんの択ぶところもない。只頭がごつごつしてゐない丈だ。ねえ、君、この位安全な、危険でない思想はないぢやないか。[森 1912]

統治エリートの一翼を担う穏健な保守主義者として、鷗外はこのような思考操作を受け入れながら、一方で、学問との関係においては一抹の不安を抱いていた。「人に君のやうな考になれと云つたつて、誰がなるものか。百姓はシの字を書いた三角の物を額へ当てゝ、先祖の幽霊が盆にのこのこ歩いて来ると思つてゐる」[ibid.: 76]。つまり庶民は、「顕教」である天皇神話を、歴史事実として信じ込んでいる。啓蒙主義エリートである鷗外は、この無知蒙昧な大衆の信念に、やはり嫌悪感と一種の居心地の悪さを抱かざるをえない。そしてこの愚昧な信念によって、将来、啓蒙主義アカデミズムが脅かされるのではないか、という嫌な予感を感じとっているのである。

天皇主義と学問

そう、「天皇信仰が科学はもちろん、常識とさえ明白に衝突する側面をもちながら、しかもその信仰が、上から国民をとらえる圧力を強めれば強めるだけ、天皇信仰は『たてまえ』化し、『たてまえ』と『ほんね』とを表裏二様に使いわける偽善的態度が国民を支配しないわけにゆかない」[久野 1956: 136]。そこで突きつめれば、歴史学者の卵であった秀麿が悩んだように、欧米輸入の近代的啓蒙思想である学問と、国家の機軸たるべく「神聖ニシテ侵スヘカラス」(帝国憲法第三条)と真・善・美の絶対規範とされた天皇は、矛盾し衝突せざるをえない。

明治初期はまだ天皇制も確固とした形をなしておらず、そこでは天賦人権説を唱えていたころの加藤弘之が「天皇と人民とはけっして異類のものにあらず、天皇も人なり、人民も人なれば」と著すなど、かなり自由な議論も行われていた。しかし、「秩序としての天皇制ができ上っていくにつれ、時代の流れは一変して、天皇について自由に語り、自由に論じることができないようになっていった」

〔立花 2005a: 218〕。技術的知の性質が強い自然科学ではまだしも問題は少なかったが、人文科学や社会科学においては、より慎重な対応が求められるようになった。

たとえば刑法研究において、瀧川幸辰《ゆきとき》は実定法主義に立ち、国体がいかなるものであるべきかは論証の対象ではない、と慎重に述べていた。さらにナイーブな取り扱いが要される政治思想においても、大正期の吉野作造は、天皇とそれを取り巻く閥族から議会制デモクラシーに政治的イニシアティブを移そうと目論みつつ、以下のような論理で天皇主義との衝突を回避しようとした。

> いわゆる民本主義とは、法律の理論上主権の何人に在りやといふことは措いてこれを問はず、ただその主権を行用するに当たつて、主権者は須《すべか》らく一般民衆の利福並びに意向を重んずるを方針とす可《べ》しといふ主義である。即ち国権の運用に関してその指導的標準となるべき政治主義であつて、主権の君主に在りや人民に在りやはこれを問ふところでない。（傍点筆者）〔吉野 1916〕

「この注釈は、現在からみれば、たしかに妥協であり、限界である。しかし当時の情況に身をおくとき、まず可能な条件から確実に実現しようとする深い配慮を意味したといえないだろうか」〔久野 1956: 154〕。このように、近代日本の社会科学は、おおむね天皇制を「括弧」に入れ、自らの論究対象とは別次元のものとしてやり過ごそうとしたのである。

ただそのなかでも、『かのやうに』の秀麿が懸念したとおり、国史を扱う日本歴史学はもっとも困難を極めた。一八八八年、帝国大学に設置された臨時編年史編纂掛（後に史誌編纂掛）は史料批判を重んずる実証主義史学の礎を築いたが、一八九一年、実証的に神道の淵源を解析した久米邦武教授の論文が不敬不忠との攻撃を受けると、文部省は「史誌編纂掛」を廃止し、純粋に史料のみを扱う「史料編纂掛」に取って代えた。これは帝大において、以降国史に関して公然たる論説公証が許せられなくなったことを意味した。「生まれたばかりの史学は、ここにほとんど扼殺されるがごとき憂き目をみたといってよい」[立花 2005a: 207-210]。

しかしなかには、天皇の神話的位置づけを否定し、これを正面からより合理的に位置づけようとする者も少数ながらいた。

統治そのものの原理を扱う憲法学では、美濃部達吉が天皇を神話から解放し、ヨーロッパ近代的国家観から再規定して、国家の「最高機関」と表現した。その最もラディカルな徹底が、「顕教」的復古主義天皇観を「土人部落の土偶」と斥け[北 1906]、「維新革命」以降の天皇を、「国家の特権ある一分子として国家の目的と利益との下に活動する国家機関の一」、また「民主々義の大首領」と解釈しなおした北一輝である[ibid.]。その著作『国体論及び純正社会主義』は、一九〇六年に発行されるや否や発禁となった。

また歴史学においても、秀麿がやりたいと思いながら果たせなかった「神話の結成を学問上に綺麗に洗い上げ」ることを行ったのが早稲田大学の津田左右吉である。津田は記紀神話を実証的に分析・解体し、「それは皇室及び国家の起源を説くために構成せられたもの」であり、「朝廷の知識人が為政者の地位に立つての作であり、その主なるものが政治的意義をもつてゐるといふこと」と主張した[津田 1916]。帝大ではできない研究も、私学の早稲田大学のなかなら辛うじて可能であった。

またそれとはまったく逆に、神話的天皇観をまさに機軸に据え、それにあわせて日本の近代的学問を強引に再構成しようとするものも存在した。憲法学者・穂積八束《やつか》の、国家の統治を家族の「慈愛—忠孝」関係に読み替える「家秩序的国家観」、また筧克彦《かけい》の「神ながらの道」を根底におく独自の国家論などはその試みである。筧の書斎には大国主命《おおくにぬしのみこと》、観音、モーゼ、ソクラテス、キリスト、カントといった東西の聖人・哲人の像と写像が、ずらずらと掲げられていたというが［立花 2005b: 81-82］、その光景のとおり、彼らの学説は天皇教国体に沿うように、西洋学問の「部品」を苦心して用い、こね合わせたものであった。

この最後のパターンの系譜の最後に連なる、最も極端に排他的な例が、次の章でみる「原理日本」の蓑田胸喜である。そして昭和になると、前二者は、すなわち「天皇を啓蒙主義により合理的に解釈する者」はもちろん、「天皇を保留状態におく者」でさえも、蓑田らの熾烈な攻撃にさらされることになる。

しかし、東京帝国大学教授の穂積が車夫馬丁とは直接口をきかず、書生を通じて行き先を伝えたというエピソードに表れているように［斬馬 1902］、明治期において、インテリが棲息する学問の世界と、民衆の世界とは激しい隔絶があり、それぞれでいってみれば違う言語を用いていたようなものだった。その「国民大衆とインテリとのさけめのはげしさ」は社会の半封建的な二重構造にもとづくものであったから、断絶しながらも安定しており、学問における「密教」的天皇解釈と、民衆の「顕教」的天皇教は出会うこともなく、したがって衝突することもなかったのである［久野 1956: 132-133］。問題はその後、大正期に入り、大衆社会が形成され、そのような社会構造が崩れていく過程にあった。

近代精神から生じる懐疑

さて、外来文化の受容、欧化政策に対し、当然のことながら当初は大きな抵抗があった。それはまず、たとえば廃刀令に反対して蹶起した神風連の乱など、「前近代」からの抵抗、すなわち反動であった。しかし明治中期となると、森鷗外に続き、きわめて近代的な精神の持ち主からの批判も生じるようになる。

詩人・評論家の北村透谷は、明治の近代化はそもそも日本社会の内から発した改革ではなく、欧米からの圧力など「外部の刺激に動かされて」受動的に強いられた、「革命にあらず、移動」にすぎないものではないかと問いかける。人々は無自覚的に欧化の波に流されるのみであり、波のように流入する新思想や学問はただ表層的な技術的成果の輸入にとどまって、「その新来の道義は根帯《こんたい》〈根っこ〉を生ずるに至らず」［北村 1893b］。福沢は確かに、国民の「物質的知識の進達を助け」、「実用経済の道」を開いただろうが、「彼の改革はむしろ外部の改革にして、国民の理想を嚮導《きょうどう》したるものにあらず」と指弾する［北村 1893a］。

夏目漱石が明治も終わりの一九一一年に、やはり、西洋の開化は内発的であるのに対して、日本の現代の開化は「外発的」であり、その結果「皮相上滑りの開化」となっていると論じたのも、同じ問題意識にのっとっている。

　所が日本の現代の開化を支配してゐる波は西洋の潮流で其波を渡る日本人は西洋人でないのだから、新らしい波が寄せる度《たび》に自分が其中で食客《いそうろう》をして気兼《きがね》をしてゐるやうな気持になる。新らしい波は兎に角今しがた漸《ようや》くの思《おもい》で脱却した旧《ふる》い波の特質やら真相やらも弁《わきま》へるひまのないうちにもう棄てなければならなくなつて仕舞つた。食膳に向つて皿の数を味はひ尽す所《どころ》か元来どんな御馳走が出たかはつきりと眼に映じない前にもう膳を引いて新らしいのを並べられたと同じ事であります。斯う云ふ開化の影響を受ける国民はどこかに空虚の感がなければなりません。またどこかに不満と不安の念を懐《いだ》かなければなりません……［夏目 1911］

耽美的な作風で知られる永井荷風も、近代日本に対する辛辣な批判精神を有していた。彼は私費でアメリカ、そしてパリに留学したが、帰国した荷風の目に映った明治日本は、西洋の外見的な猿真似の安普請にしか見えなかった。洋行帰りの音楽家を主人公とした『帰朝者の日記』（一九〇九年）では、彼にその浅薄さに対する嫌悪と軽侮を語らせている。

「まア君、そんなに悲観しないでもいゝでせう。日本も最《も》う直《ぢ》き西洋の通りになつちまひます。丸の内に国立劇場が出来るぢやありませんか。」と云《い》つた。

自分はいつも、高佐君が深刻な風刺を喜ぶ人《ひと》である事《こと》を知つて居るので、其《そ》れに対して真面目に答へた。

「劇場は石と材木さへあれば何時《いつ》でも出来《でき》ます。然し日本の国民が一体に演劇、演劇に限らず凡ての藝術を民族の真正《まこと》の声であると思ふやうな時代は、今日の教育政治の方針で進んで行《い》つたら何百年たつても来るべき望みはないだらうと思ふのです。日本人が今日新しい劇場を建《た》てやうと云ふのは、僕の考えぢや、丁度二十年前に帝国議会を興したのも同様で、つまり国民一般が内心から政治的自由を要求した結果からではなくて、一部の為政者が国際上外国に対する浅薄な虚栄心、無智な模倣から作つたものだ。だから政府は今もつて、言論集会の自由を妨《さまた》げ学問藝術の独立を喜ばないぢや有《あ》りませんか。つまり明治の文明全体は虚栄心の上に体裁よく建設されたもので、若し国民が個々に自覚して社会の根本思想を改革しない限りには、百の議会、百の劇場も、会堂も学校も、其れ等はようするに新形輸入の西洋小間物に過ぎない。直ぐと色《いろ》のさめる贋物《いかもの》同様《どうよう》でしょう。」［永井 1909］

国民が個々に自覚して社会の根本思想を改革しないかぎりには、百の議会、百の劇場を建て、何百年たっても望みはない！　荷風の近代日本に対する絶望はそれほど深かったのである。

彼が「戯作者」を任ずるようになったのも、世上いわれているような、たんなる趣味性への耽溺ではなかった。「まどろんだまま、従順に、自由も自立もなく、『封建時代のむかしと異なることなき』生を営んで」いる日本人と、「相手が国家であろうがなかろうが、自由な人間性が明確に侵害されたとき、それに抵抗しなかった」己に対する絶望にもとづくものだった［鈴木 2015: 214-215］。

明治四十四年慶応義塾に通勤する頃、わたしはその道すがら、折々市ケ谷の通で囚人馬車が五六台も引続いて日比谷の裁判所の方へ走つて行くのを見た。わたしはこれ迄見聞した世上の事件の中で、この折程云ふに云はれない厭《いや》な心持のした事はなかつた。わたしは文学者たる以上この思想問題について黙してゐてはならない。小説家ゾラはドレフュー事件について正義を叫んだ為め国外に亡命したではないか。然《しか》しわたしは世の文学者と共に何も言はなかつた。わたしは何となく良心の苦痛に堪へられぬやうな気がした。わたしは自ら文学者たる事について甚しき羞恥《しうち》を感じた。以来わたしは自分の藝術の品位を江戸作者のなした程度まで引下げるに如《し》くはないと思案した。その頃からわたしは煙草入をさげ浮世絵を集め三味線をひきはじめた。［永井 1922］

欧米仕込みの個人主義者であった荷風は、文学においてもその赴くところが日本の「天皇教」に抵触することを予感し、それを書けないのならば己《おのれ》の文学を戯作という趣味性に閉じ込めるしかない、と、自らの文学を断罪したのである。「これ以前の真の荷風、フランスに学んだ荷風はここで死んだのだ」［鈴木 2015: 216］。

耽美と趣味性に遊んでいるかのようにみえる荷風の精神の底にあったのは、北村透谷の精神を受け継ぐ批評精神、すなわち安普請の西洋と天皇教をこね合わせてつくられた、「近代日本」に対する深いペシミズムにほかならなかった。

註

（1）ただ小説とは異なり、エリーゼは日本に帰国した鷗外をドイツから追いかけてきた。六草いちかは、これは鷗外が呼び寄せたもので、しかし息子の立身出世を願う母をはじめ森家の人々から説得され、追い返されたのだろうと推測している［六草 2011: 67-70, 301-307］。

（2）つまり、「原理」が内面化されていない状況では、思想は容易に「現実」によって覆されてしまう。その結果加藤は「為政者的現実主義」として、強権的な国家主義へとシフトしていき、また後に帝国大学総長、帝国学士院長を務めることになる［戸田 2007: 26］。

第三章

「憎悪」の精神の形成

大衆社会の成立

大衆社会の成立　明治後期、伊藤ら元老が亡き後、国政は軍、貴族院や枢密院の重臣、官僚といった政治勢力（閥族）に牛耳られていた［坂野 2012: 284-285］。しかし大正へと移る時期、これに対する国民の批判の声が高まっていく。そして一九一三年（大正二年）「閥族打破、憲政擁護」を掲げた護憲運動が巻き起こり、とうとう桂太郎の閥族内閣を倒した（大正政変）。この国民的運動は、大衆が高踏的な支配層に対し、われらも国政に参加させよと要求したものにほかならなかった。事実、これ以降政治の中心は政党に移り、参政権資格も広げられ、政治の大衆化が進む［筒井 2018: 43-63］。

大正期における大衆化の進行は、政治の次元だけの話ではなかった。第一次世界大戦需要によって、日本社会は工業化と都市化が急速に進んだ。東京の人口の推移をみると、大正のなかごろから、まさに爆発的といっていい勢いで増加したことがわかる。

一九一〇年（明治四三年）　二七〇万人

一九一五年（大正四年）　二八四万人（四・七％増）

一九二〇年（大正九年）　三七〇万人（三〇・四％増）

一九二五年（大正一四年）　四四九万人（二一・二％増）

一九三〇年（昭和五年）　五四一万人（二〇・六％増）［東京都 2019］

都会の人々の暮らしにも大きな変化が生じる。大衆文化の成立である。「銀ブラ」という言葉が流行し、都市部中間層の人々は娯楽として、享楽的な消費文化を享受するようになった。活動写真が大衆向け娯楽として定着し、宝塚少女歌劇や浅草オペラが人気を集めた。蓄音機の普及とともに、《ゴンドラの唄》《宵待草》など歌謡曲が流行し、都会のカフェーに集う人々を酔わせた。

また、全国の日刊新聞の発行部数は、明治末の一九一〇年に一七九万部であったものが、一九二〇年（大正五年）には三五三万部、一九三〇年（昭和五年）には一千万部以上に達した［加瀬 2011: 3］。『中央公論』『新青年』『改造』『キング』といった大衆向け雑誌が刊行され、ここにわが国における最初のマスメディアが形成された。これにより、都会のモダンな消費文化は全国に拡散されるようになった。

大正時代は、明治の悲願であった一等国への仲間入りを実現し、植民地化の恐怖からようやく解放された時代だった。国民はそこで国内に目を向けて、自分たちの生活と娯楽の充実を求め、享楽、消費する傾向が強まったのである。

その一方で第一次大戦後の日本には、工業化と都市化の進展に伴う社会矛盾が顕在化していた。ロシア革命の余波は日本にも及び、戦後に襲来した恐慌のなか一九一八年には米騒動が勃発、各地で同盟罷業が活発化した。一九二二年には、堺利彦らによって日本共産党が非合法ながら結成され、またその翌年には昭和維新運動のバイブル、北一輝の『日本改造法案大綱』が出版されている。

広がる社会不安を背景として、モダンで享楽的な大正ロマンには、神経症的《ニューロチック》で頽廃的なムードが付きまとっていた。竹久夢二の物憂げな美人画や、佐藤春夫の『田園の憂鬱』、萩原朔太郎の『青猫』

といった作品が、この時代の憂愁を帯びた雰囲気を象徴するものである。

反啓蒙の表現者《パフォーマー》、江戸川乱歩　一九二三年、大正ロマンを謳歌する東京市を関東大震災が襲う。余燼くすぶるなか、永井荷風は愛宕山に登り「一望ただ渺々《びょうびょう》たる焦土」を見下ろし、しかしこの稀代の反骨精神の持ち主はこう言い放つ。

されどつらつら明治以降大正現代の帝都を見れば、所謂《いわゆる》山師の玄関に異らず。愚民を欺くいかさま物に過ぎざれば、灰燼になりしとてさして惜しむには及ばず。近年世間一般奢侈驕慢、貪欲飽くことを知らざりし有様を顧れば、この度の災禍は実に天罰なりと謂ふ可《べ》し。（「断腸亭日乗」一〇月三日）

［永井 1993b: 245］

物質的なものの破壊は精神の虚無を招き、震災以降、世相には刹那的でニヒリスティックな風潮が強まった。大正末から昭和にかけて、都会の消費文化はエロ・グロ・ナンセンスに傾斜していく［筒井 2011: 206］。そこで時代の寵児として登場したのが江戸川乱歩である。彼は荷風より直接的かつラディカルな、反啓蒙の表現者《パフォーマー》であった。

その作品にしばしば登場するのは、「屋根裏の散歩者」の主人公のような異様なキャラクターである。

多分それは一種の精神病ででもあったのでしょう。郷田三郎《ごうださぶろう》は、どんな遊びも、どんな職業も、何をやって見ても、一向この世が面白くないのでした。
学校を出てから——その学校とても、一年に何日と勘定できるほどしか出席しなかったのですが——かれにできそうな職業は、片ッ端からやってみたのです。けれど、これこそ一生をささげるに足りると思うようなものには、まだ一つもでくわさないのです。おそらく、かれを満足させる職業などは、この世には存在しないのかもしれません。［江戸川 1925］

そしてある日、ふとしたことから下宿の屋根裏に足を踏み入れた彼は、屋根裏の散歩と下宿人たちの窃視に惑溺する。さらに、三郎は奇怪な思いつきに取り憑かれてしまう。天井の節穴から毒薬を垂らして、人を殺害するという計画である。

では、なぜその遠藤を殺そうなどと考えたかといいますと、今もいうように、かれのようぼうや言動がなぐりつけたいほどムシが好かぬということも多少てつだっていましたけれど、三郎のこの考えの主たる動機は、相手の人物にあるのではなくてただ殺人行為そのものの興味にあったのです。［ibid.］

これは、かつて福沢諭吉が掲げた明治の成功青年像とは、なんとかけ離れた精神であろうか。実社会の栄誉や実利の追求にはまったく興味を抱かず、ただ犯罪そのものがもつ猟奇性に魅了されている存在。彼は、近代的啓蒙主義のタテマエにおける、合理的理性ないし功利的動機によって行動する人間像から、まったく逸脱した存在である。いうならば、自ら疑うように「一種の精神病」であり、その異常な心理こそが乱歩作品のテーマである。

私はむろん戦争は嫌いだが、そんなことよりも、もっと強いレジスタンスが私の心中にはウヨウヨしている。「なぜ神は人間を作ったか」というレジスタンスの方が、戦争や平和や左翼よりも、百倍も根本的で、百倍も強烈だ。（「『芋虫』のこと」）［江戸川 1953］

この言に表れているように、乱歩の心奥に巣食っていたのは、近代の合理主義的人間性《ヒューマニティー》に対する強烈なアンチである。明治以来の日本の近代化に対する懐疑は、透谷や「上滑りの開化」批判をした夏目漱石など、あくまでも日本の浅薄な欧化に向けられた批判であって、西洋合理主義そのものの否定《アンチ》ではなかった。これに対し乱歩が抱いていたのは、近代ないし啓蒙の精神そのものに対する根源的な懐疑であり、彼は「正真正銘のニヒリスト」［筒井 2011: 178］にほかならなかった。

このようなニヒリズムが、マスメディアの発達により大衆に拡散されるようになったのである［ibid.: 202］。大正末から生じたエロ・グロ・ナンセンスの世相は、欧化日本への懐疑から、反啓蒙のニヒリズムへと進みゆく日本人の意識の表れであったといってよい。

これ以降も乱歩は、その妖しい魅力を有する作品によって、一寸法師や怪人二十面相など、都会の闇に蠢《うごめ》く異形のイメージとともに、反啓蒙の甘美な毒を大衆社会にまき散らした。そう、「パノラマ島奇談」において、人工楽園をつくった主人公が、花火とともにわれとわが身を夜空に打ち上げて、己の楽園に血と肉片の雨を降り注がせたように。

懐疑し煩悶する精神

悪名高き「狂人」

この大正期に、もやもやとした懐疑からいち早く「啓蒙に対する憎悪」の精神を結晶化し、社会に対して強烈に主張し始めたのが、かの悪名高い蓑田胸喜《みのだむねき》である。戦前の昭和期において、瀧川事件や天皇機関説事件を引き起こしたこの特異な反知性主義者、「日本版マッカーシー」は、戦後は忌むべき存在とされ、ほぼ忘れ去られていた。ところが最近になって佐藤優や立花隆によって取り上げられ、また竹内洋や植村和秀によって本格的な研究の対象とされるようになった。[1]

後年蓑田について語られるとき、必ずつけられる言葉が「狂信的」、あるいは「気違い」という表現である。実際に立花隆などは、『天皇と東大』で蓑田を精神障害者と断定している［立花 2005b: 72］（著書のなかでは伏字）。たしかに後述する数々のエピソードをみれば、彼が偏執的なキャラクターであったことは間違いのないところだ。

ただ私は、「蓑田胸喜」という戦前の「現象」について、これをたんに一個人の精神疾患または心理学的な事象として還元できるものではないと考える。立花のいかにも「戦後的」な割り切り方については、現に竹内洋など、ほかの研究者からも批判のあるところである［竹内、佐藤 2007: 132-133］。たしかに彼は一人のドン・キホーテ的「狂人」であったかもしれないが、しかしそのことだけで、彼の極端な言動が戦前の日本を激しく揺り動かしたことを説明できるわけではないだろう。

つまり、日本の「近代」が孕んでいた何らかの根本的な問題点が、この蓑田胸喜という、「原理日本」に凝り固まったエキセントリックな精神のありようとして顕現したとは考えられないだろうか。「彼らの論理は近代人の論理ではないにせよ、彼らの心理は近代人の一面の心理であろう」［植村 2006: 56］。たとえそれが狂気に近いものであったとしても、私は蓑田が展開した「反知性主義」は、明治以来のわが国の精神がそのうちに育ててしまった、痼疾のようなものではなかったかと思うのである。

蓑田の生い立ち

いずれにせよ、現代においてはほとんど知られていない人物なので、まずはその生い立ちから紹介することにしよう。

蓑田は熊本県八代郡の出身である。一八九四年（明治二七年）に四人姉弟の末っ子として生まれた。父と母は材木商を兼ねた旅館を営んでいたが、経済的にはあまり豊かではなかったようである［竹内 2006: 13］。

なお、同じ年に生まれた人物には、徳田球一、赤松克麿、松下幸之助、西脇順三郎、江戸川乱歩、葉山嘉樹などがいる。いうまでもなく徳田は戦前戦後を通じての共産党の大幹部であり、また葉山はプロレタリア文学の代表的作家である。赤松は、蓑田が帝大時代に敵視した左翼学生組織「新人会」を結成したその人である。先回りしていうと、明治末から大正期に青年期を送ったこの世代の知識人にとって、マルクス主義の思想的衝撃は、影響を受けるにせよ反発するにせよ、やはり決定的なものであった。

蓑田はおそらくは経済的事情により、他より二、三年遅れて熊本県立八代中学校に入学した。中学校三年までは学業も振るわず、一年留年している。しかしそこから一念発起して猛勉強をし、四、五年生では首席で通した［ibid.］。特待生となった蓑田は無試験で地元の第五高等学校に入学するが、当時の五高教師の回想によると、蓑田は「至って真黒で、また至って短軀で、五高生らしくない五高生だった」。当時のナンバースクール、すなわち高等学校は、卒業生のほとんどが帝国大学に進学する超エリート校であったが、蓑田はそのような世知に長けたスマートさとは無縁であったようである。その不器用さは「極めて潔癖」な思想的態度にも表れ、同意できない教授に対しては「まる一時間対決論難、徹底的に排撃して完膚なきに至らしめた」[2]［竹内 2005: 70-71］。

その「極めて潔癖」な思想がいかなるものであったかは、校友会誌に掲載された論文「等質療法《ホメオパセズム》」にうかがい知ることができる。個人主義が流行する大正初期、二二歳の蓑田は「若《も》し主観といふならば、個々たる小我を脱却してむしろ全宇宙を呑吐《どんと》する大我に徹せよ！　若しそれ放欲〈欲望の解放〉といふならば片々たる小欲を放下して折角のこと大千世界を掩有《えんゆう》する大欲に徹せよ！」と主張する［蓑田 1916］。世にはびこる個人主義が追い求める価値、つまり財産、栄誉、享楽など「小欲」は、卑小なものであるという。では「大我」「大欲」の理想とは何か。

> そこには絶対の自律的ゾルレン——自己の倫理道徳が厳存する。而《しか》して又汝等の現実肯定的大満足があり、生命の有頂天の大歓喜があるであらう。［ibid.］

生硬にして難解な文章であるが、これは「大我」という大乗仏教的な理想に、当時大流行していたベルクソンの生命主義的哲学をつなぎ合わせたものであろう。蓑田によると、「大我」とは、「国家を包み、人類を包み、さらに大宇宙」をも包摂する倫理的自我であり、それは究極的には宇宙的な生命の活動と「絶対的な最後の調和」を果たす。宇宙的生命と一体となる「大我」の実現こそ、人が真に希求すべき道であって、そこにこそ「生命の有頂天の大歓喜」があるという。

青年らしい、形而上学的な理想主義ともいえるが、「小欲」、つまり個人主義に懐疑の目を向け、国家や人類を包み込む全体性への没入を説くこの考えは、明らかに後の蓑田の思想の出発点となるものである。

蓑田思想の原点　しかし、ここではっきりと確認しておきたいのは、戦前日本の「反知性主義」の代表のようにいわれるこの人物は、けっして無教養な人間ではなかったということである。

蓑田はドイツの哲学書を原書で読む、当時の日本社会におけるまぎれもないインテリであり、「理知以上だといつて考察を退けるといふが如きは絶対ではない」［ibid.］と述べるこの青年は、むしろすぐれて近代的な知性の持主であった。その知性ゆえに、彼は「若し禁断の知識の木の実を食つたことが我々の原罪であるならば、知識を以て知識を研究するが如きは更に一層大なる罪悪であらう。しかし我々は既に二つの足に立つた。立つた以上は歩まねばならぬ……」という哲学者、紀平正美《ただよし》の文章を引き、「これはあらゆる方面に於ける近代人の態度でなければならぬ」と断言せざるをえないのである［ibid.］。

その一方で、ここには「絶対」を強く希求する彼の求道者的な性質がはっきりと表れている。「現在の私は勿論矛盾に満ちた争闘だらけの存在である。奇麗な女も好きであるし、名誉、富貴、権勢其他世間が好くもの何でも好きである。しかしそれと同時にまた根本的な絶対的な最後の調和へのやみがたき強烈な要求がある」。

しかしながら、絶対的なものは現実の生活のなかに容易に見いだされるものではない。青年蓑田は、求めても得られない自我の悩みを、次のように率直に吐露している。

私が未だ今迄述べてきたやうな絶対への要求を自覚して居なかつた時には、何処へ行つても、何をしてゐても、何時も『お前はかうして居つてゐゝのか』といふ低くはあるがどうしても耳辺を去らない或る声を、聞かないわけにはいかなかつたのを記憶して居る。……私は何時も充たされない、寂しい堪へられないやうな遣る瀬ない不安な気分で、オドオドながら私の生活を続けて来た。友達等が大勢よつて、とりとめもない話に笑ひ興じて居る様子が不審でならなかつた。[ibid.]

「寂しい堪へられないやうな遣る瀬ない不安な気分」「オドオド」——後年の国粋主義的怪物・蓑田を知る人にとっては、まことに意外な心情告白であろう。「原理日本」運動以降の彼は、一方的な言いがかりの論理と、おどろおどろしい形容句の羅列で論敵を罵倒攻撃するという、おそろしくパターン化された言論によって人々を辟易とさせた。しかし、そのような「蓑田スタイル」を確立する前の文章には、人生に悩む若者の懸命な思考の跡がみてとれる。独創的なものとは認められないにしても、真摯に自分の哲学を紡ごうとする姿勢には好感を抱かせるものがある。

そう、実際このころの文章は端的に面白い。というのも、後の彼からは完全に失われてしまう、自由な知性の働きがはっきりとみられるからだ。

煩悶する青年　一九一七年、蓑田は東京帝国大学に入学する。彼の言によると、当初は法学部に入ったが「その索漠理論と頽廃学風とに堪へず」、文学部宗教学に転じたという(3)［蓑田 1933］。文学部では著名な宗教学者の姉崎正治に師事したが、柿崎は蓑田を評価せず、彼の熱望する宗教学専攻への途を閉ざしたらしい。失意の蓑田は、学士課程に進むにあたって、またまた法学部政治学科に転じている。

この、法学部から宗教学へ、そして政治学へというややこしい学歴の軌跡は、何を表しているのだろう。法律から宗教への転回は、まずは蓑田が、官僚や法曹となって立身出世をめざすことでは充たされない、魂の問題とでもいうべきものを抱えていたことを示しているだろう。「絶対」を求める彼の理想主義は、振りかえって当時の日本をみたとき、ただ小我的な利得だけに目を眩まされている資本主義社会のありさまに、幻滅を感じていた(4)［蓑田 1916］。

しかしそこからまた一転して、政治という世俗的領域への回帰は、蓑田が抱えていた自我的課題が、彼個人の純粋に内面的な問題としては解消することができないものであったことも、また表している。何か強烈な「絶対」を志向しながら、同時に外界に向けて突出せざるをえない、そのような生き方でなければ、彼の自我は満足しなかったのである。

一方で、蓑田が大学生となった大正中期は、それまでの政治思想をリードしていた民本主義デモクラシーに取って代わり、マルクス主義が最新の西洋進歩思想として、日本の知識層に急激に浸透し始めた時期であった。蓑田入学の翌年、東京帝国大学においても法学部学生有志によって「新人会」が結成される。これに対抗して、天皇主権説の上杉慎吉教授の指導のもと、右派学生を糾合して結成されたのが「興国同志会」である。「人生の大疑に迷へりし」［蓑田 1933］煩悶青年・蓑田は、すぐさま同志会に入会した。「近代人は近眼人」と懐疑する彼にとって［蓑田 1916］、マルクス主義というこの外来の最新進歩思想は、なにか本能的に敵愾心を抱かせるものであった［竹内 2006: 20］。

一九二〇年、森戸辰男経済学部助教授が発表した論文「クロポトキンの社会思想の研究」に対し、興国同志会はこれを危険思想だとして糾弾する運動を行った。蓑田も文学部代表として熱心に活動し、ほかの有志とともに文部省や大審院検事総長のもとに訴えに行っている。その結果、森戸は休職処分となり、また起訴された。いわゆる森戸事件である。

ただ、学内の問題を外部に注進し、自校の学問の自由を危殆にさらす彼らに対し、学生からは強い批判が沸き起こった。同志会には、謝罪せよ、会を解散せよ、さらには「自決せよ」という声まで浴びせかけられ、このため脱会するものが続出し、会は自然消滅してしまう［ibid.: 20-21、立花 2005a: 470-472］。

帝大アカデミズムに対する怒り

このような「狂的変質」の蓑田を、指導教授の柿崎が疎んじたのは前述のとおりである。

「行く行くは姉崎博士の研究室に居残って東大教授をと志したのであったが、姉崎教授は彼が自負していた程彼を買わず、寧《むし》ろ博士は彼を好まず彼の素志は潰え、彼は内心少なからず不満で些《いささ》かねじけ心を抱いたようであった」［細川 1954: 15］。蓑田自身も後年こう苦々しく振り返る。「大学院にも在籍した東大法学部の学風よりは原理的に殆ど何物をも得るところなく、それは在学中より著者にとつては既に批判の対象であつたことをこゝに告白する」［蓑田 1933］。

西洋啓蒙主義的学問の牙城であった東京帝国大学は、彼の欲しているもの、つまり絶対的なるものを与えなかった。むしろ彼の眼には、「中古以来の仏教儒教に対する受動的態度より訓致せられし拝外自卑の奴隷学風」のもと、「明治以来英米の功利主義唯物論より延《ひ》いて特に欧州大戦前後より独露の哲学社会文芸思想の鵜呑み無批判紹介」に終始する機関と映っていた［ibid.］。

マルクス主義はその外来輸入思想の最新版であり、左翼思想にかぶれている帝大生は、最新流行の知識受容に長けただけの「能才」である。この軽薄な能才たちが帝大アカデミズムの勝者となる一方で、そのような風潮に批判的な蓑田は教授から疎まれ、アカデミズムの本流から排除されようとしていた。象徴的なエピソードとして、帝大卒業後も蓑田は「帝国大学新聞」に再々原稿を持ち込んだが、新人会の影響の強い編集部はこれをろくに読みもせず、「われわれはその原稿をみなストオブに投げ込んでしまつた」という［鈴木 1948: 71］。

蓑田の内面で、近代日本の「拝外自卑の奴隷」的な学問に対する懐疑は膨れ上がっていた。そこに、大学学究の世界において、おのれが不公正、不正義な扱いを受けているという怨恨《ルサンチマン》が結びつく。もちろんここには、最新の流行に乗る都会のスマートなほかの学生に対して、風采のあがらない田舎者で、同級生よりも数歳年かさの蓑田が抱かざるをえなかった劣等感も加味されていたであろう［竹内 2006: 22-23］。

三井甲之との運命的出会い　彼は師を大学の外に求めた。それが、興国同志会の指導者の一人であった三井甲之《こうし》である。

三井は正岡子規に私淑した歌人であったが、ベルクソン流の「直接経験」を重んじるヴィルヘルム・ヴントの心理学に影響を受けた、独自の日本主義を唱えていた。主知主義を徹底的に退け、「直接経験」によってあるがままの日本の自然生命＝原理日本（シキシマノミチ）に一体化することによって、これにひたすら無批判的に帰依することを説く。その実践としては、『明治天皇御集』（歌集）をシキシマノミチの絶対の経典とみて、朗唱することを奨励していた［竹内 2006: 24］。

その著書に激しく共鳴した蓑田は、甲州に住む三井のもとを訪れ、二か月あまりその薫陶を受けた。自然的生命に一体化することを唱える三井の思想は、蓑田が五高時代から抱いていた考えと似通っていた。しかし三井思想は、「理知以上だといつて考察を退けるというが如きは絶対ではない」という、蓑田が当初は持っていた合理的批判性を、全的に放棄することを求めるものである［細川 1954: 20］。これが蓑田の思想における、決定的な転回点となった。

それはある意味、自分を「殺す」ことによって、返す刀で「敵」も殺すという、およそ極端な方法であった。しかし同時に、己のなかではちきれんばかりに膨れ上がっていた懐疑と劣等感の、彼なりの唯一の克服の方法であり、自殺さえも考えた煩悶からの救済にほかならなかった。(5) 蓑田は自らが率先して主知主義的思考を放擲することによって、まさに主知主義的啓蒙の牙城、帝大アカデミズムに対し、正面から批判・攻撃する正当な権利を得た（と、少なくとも自分では考えた）のである。

「シキシマノミチ」帰依により危機を脱した若き日の体験について、蓑田は後にこう振り返っている。

> 中学卒業以来今日までの殆ど十年に近い間の学生生活は、表面からは砥《といし》の如きもの〈すべらかである状態〉であつたやうに見えるかも知れぬけれども、今こゝに生きてゐるといふことは全く偶然であると思はれる程の危なき道であつたのである。そして僕は今僕の生きてゐるといふことは全く自分の力ではないと感じてゐる。それは第一には血縁につながる同胞の力によつてではあるけれども、また思想信仰上の友にあひ得たといふことによつてである。［蓑田 1923］

結局、蓑田イデオロギーは三井イデオロギーの借り物で、独創的なものではなかった。しかしこの思想的水路を得て、彼の言論は以降、外界に向けて突出する怒りと攻撃に形を変えていく。その突出する精神の形こそが、彼のつくり出したオリジナリティである。

「原理日本」——徹底した否定運動

「永久思想戦」の始まり

一九二二年、蓑田は慶應義塾大学予科の教授となり、論理学と心理学を担当する。しかし彼にとって、学究の道をめざしながら帝国大学の研究室に残れなかったことは、やはり大きな意味をもっていただろう。慶應の講義ではほとんどの時間をマルクス主義への攻撃と国体明徴の論に費やし、うんざりした慶應ボーイたちは教室の黒板に「蓑田狂気」と落書したという［細川 1954: 23］。

蓑田は一九二五年（大正一四年）、三井らとともに原理日本社を結成、雑誌『原理日本』を創刊した。「宣言」にいわく、

われら日本国民にとつて「日本」は「世界」であり「人生」そのものであり、われらの内心にいくるところの「宇宙」である。

故に「日本」はわれらの人生価値批判の総合的基準――「原理日本」であり、宗教的礼拝の現実的対象――「永久生命」である。そは祖国日本を防護せむとする実行意志であり、「日本は滅びず」と信ずる一向恵念の信仰である。

故にわれらの学術的研究の知的作業をしてこの祖国防護の任務につかしめよ！［蓑田 1925b］

「原理日本」は「宗教的礼拝の現実的対象」であるとともに、「人生価値批判の総合基準」として絶対である。したがって、「われらの学術的研究の知的作業」たる任務とは、彼ら以外の「原理日本を信ぜず認めざる内外一切の思想運動」、すなわち「迷信」を攻撃することにほかならない。

こゝにわれらは、旧来の神仏といふ如き実体概念に固執する東西の神話・神学的宗教、その近代

的変形としての旧式形而上学乃至冥想理知主義哲学、またそれに脈をひくところの地上天国を夢想する喜劇的人生観を以てして狂暴残忍の過激突発革命を宣伝実行せんとする無政府共産主義、其の他空漠世界・人道・国際・平和主義、また一般思想態度として個人主義、それを基礎とする限り資本主義・党派主義・名目だけの偽善的国家主義乃至外来思想に原理を仰ぐ日本主義など……即ち「原理日本」を信ぜず認めざる内外の一切の思想運動に対して不断連続の永久思想戦を宣言する。(「綱領」、傍点筆者)〔蓑田 1925a〕

偏執的な形容句の羅列に目眩《めまい》がしてきそうであるが、つまり、キリスト教からヘーゲルにいたるまでの形而上学的宗教から思想、また啓蒙主義からマルクス主義、さらには国家主義にいたるまで、ヨーロッパ近代主義とその発展形、またそれらのもととなった思想学問のいっさいが攻撃の対象となった。蓑田はこの「永久思想戦」を「祖国防護の任務」と信じ、『原理日本』に毎号欠かさず論文を書いた。それも当初はマルクス主義などの思想批判が中心であったが、攻撃の対象は徐々に大学批判、とくに帝大アカデミズム批判へと偏っていく〔竹内 2006: 27〕。蓑田にとっては「不忠『民政』主義」デモクラシーや、「国家・人類・人道の死敵としての組織的国基破壊凶逆『共産』主義思想」の「温床発源地」こそ、「根城本丸としての『大学』」、なかでも帝国大学法学部にほかならなかったからである〔蓑田 1933〕。ここでやり玉にあげられたのが、美濃部達吉や田中耕太郎などの帝大有名教授であった。

帝大アカデミズムへの攻撃

ただ当初、『原理日本』の発行部数は数百部ほどにすぎず、仲間うちで読まれている程度であった。したがって、批判されている学者たちも、最初のうちはこれを黙殺していればよかった。しかし一九三三年（昭和八年）、蓑田は京都大学法学部教授の瀧川幸辰を糾弾して、辞職に追い込むことに成功する。いわゆる「瀧川事件」である。この事件を境として、蓑田と『原理日本』は帝大アカデミズムに対する恐るべき脅威として、一躍その勇名ないし悪名を轟かせることとなった。

『原理日本』は部数を伸ばし、社には陸軍の機密費も流れてくるようになった。時流の勢いに乗る蓑田らは、さらに大内兵衛や津田左右吉、西田幾多郎、吉野作造、牧野英一など、斯界の代表的学者を次々と、「容共主義者」という一方的な決めつけをして攻撃した。そのやり方は、誌面で批判するだけでなく、本人や学校に辞任を迫り、大学がとり合わないとなると著書の発禁や起訴を求めて当局に押しかけるという、執拗なものだった。

しかし労農派経済学者の大内はともかく、たとえば東洋的「無」の哲学者、西田幾多郎をつかまえて赤化容共思想呼ばわりするのは、西田本人にとっても無茶苦茶な言いがかりとしか思えなかっただろう。だが蓑田の論理によれば、およそ彼らが日本固有の思想や哲学を積極的に称揚することなく、またマルクス主義に対して明確な排撃の意思を示していないかぎり、それはもうマルキストかその同類なのであった。

ところで、このような論法は無茶な言いがかりのようにみえて、明治以降の日本の学問に対して、案外そのデリケートな弱点を突くものであった。というのは、前章でみたとおり、天皇制国体との関係において、これを学問とは別次元のものとして、いわばあいまいな保留状態にしていたという事情がアカデミズムの側にはあったからである。この日本的アカデミズムにおける、天皇制国体と、啓蒙主義的学問の不整合的な併存関係を、蓑田は前者の論理を言い立てることによって暴き立てたのだ。そして「極度に形式化」された「たてまえ」としての「天皇信仰」を振りかざし、「反対派や他人をこの『たてまえ』でやっつける凶器に悪用」することで、並みいる学者たちを追い詰めていったのである［久野 1956: 136］。

独自の「否定神学」

このように、原理日本によってからの蓑田の言論は、ただただ他者に対する不毛ともみえる否定攻撃のみに注がれるようになった。若き日にみられた真摯な思索の跡はまったく姿を消し、論文は対象を「凶逆思想」「売国的邪宗門」あるいは「人権蹂躙・国政破壊・日本万悪の癌腫禍根」と決めつけ、国体破壊の不敬思想であることを糾弾することに延々と紙数が費やされる。そして末尾の数行において、「明治天皇御集」と三井の歌を唱え、「シキシマノミチ」を言祝《ことほ》ぐのが、彼の書く文章のお決まりのパターンとなっていた。

蓑田の言によると、「シキシマノミチ」はすでに所与として日本および日本人に「在る」ものなのだから、われわれはそれを「概念遊戯」によって言挙げする必要はなく、またするべきでもない。彼は宗教学者らしく、旧約聖書が神（YHWH《ヤハウェー》）を絶対にして神聖なるものがゆえに呼びならわしてはならぬと禁じたように、「原理を積極的に言えば、それは〈相対的な〉主張に堕する」と論じる。蓑田にとって、「日本は説明できないものであり、説明してはならないものであり、それゆえ誰も語ってはならず、誰にも語らせてはならないもの」なのである［植村 2010: 118］。

我等は原理を抽象的に主張しやうとは思はぬ。原理ならぬものゝ原理らしく粧はんとするものをその個々について一々批判するより外に道はないからである。原理を積極的にいへばそれは主張に堕する。そは絶対なるが故に相対を相対と批判する時にそのまゝ常に消去的に暗示せらるゝより外に道はないからである。我等は更にこの批判戦を続けやう。［蓑田 1920］

絶対なる「原理日本」を示すには、ほかの「原理ならざるものゝ原理らしく粧はんとする」思想の相対性をいちいち明らかにし、批判し尽くすことによって、「暗示」させるしか方法がないという。したがって、蓑田の使命は、本居宣長いうところの「漢意《からごころ》」、つまり西洋の主知主義的ロゴスと、その典型であるマルクス主義に対する「批判戦」を、ただただ徹底して継続することのほかにはない。「叩くんだ、たゞ叩くんだ、悪いものを叩けば必ずいゝものほんたうのものが生まれるにきまつてゐる」［細川 1954: 19］。これが、蓑田を神官とする原理日本社の「否定神学」であり、「反知性主義」の徹底化であった。

ここには、何か非常に硬直した、己の内部に委縮し閉じこもっていくような精神のありようが感じられる。この極度にネガティブな方向に凝固した思想のベクトルは、同時代の神憑り国体論者としてひとくくりにされることも多い筧克彦とは、まったく対照的であった。東京帝大法学部の名物教授であった筧は、講義の最中に柏手を打ち「天皇《すめらみこと》、弥栄《いやさか》、弥栄、いいやさかああ」と高唱するというエピソードに表れているように、もっぱら日本人と同心一体たる現人神、すなわち天皇のめでたさを表現し、「蓑田に見られたようなファナティスト的要素がなく、〈その人柄は〉いつも自然体で、素直に何ごとも神様にまかせきり」という人物だった［立花 2005b: 82］。
つまり蓑田の精神は、筧など、当時の国粋主義学壇の主流とも大きく異なったものであった。

「反知性主義」の徹底

非政治的、無私な「魂」　この狂的に否定的な精神の持ち主は、しかし一方では子煩悩な家庭人でもあった。五男三女の子らにはよく本やおもちゃを買って帰り、休日に家族と出かけるときは、行き先は決まって明治神宮だった。「気持は女みたいにやさしい人でした。女のあいだに育ったためでしょう（夫人談）」［阿南 1976: 72］。

家人にたいし、しばしば「妻は病床に伏し児は飢えに泣く……」という梅田雲浜の詩を引いて、自分も国事のためには妻子をかえりみず挺身するものだから、いつもその覚悟をしているように言いきかせていた。時に夫人が「それなら何のために家庭をもたれるのですか、妻子をもたねばよかったのに」と逆襲するようなことがあると、ただ黙っていたということである。［ibid.: 72］

別に私は、蓑田が実は「いい人」だった、と主張したいわけではない。そうではなく、このエピソードにもみられる、彼の心持《こころもち》の純粋さ、その活動が無私の情熱にもとづくものであったことについて、注意を促したいのである。

事実、奇妙なことに、蓑田の活動は本質的に「非政治的」であった。彼の言動が、政治的イニシアティブの獲得や、また何らかの取引に向けられることはいっさいなかった。これは大川周明や北一輝など、同時代の革新右翼たちともまったく異質である。大川や北は、陸海軍の革新勢力と結び、財閥資本主義とブルジョワ政党政府の打倒を志向していた。

しかし蓑田は、そのような現実の社会改革や国家改造には、端的に興味を持たなかった。天皇機関説事件のころ、朝日新聞に勤めていた細川隆元が問いかける政治問題のあれこれに対し、彼がうるさそうに答えた言は、「そんな実際政治の内幕などどうでもいゝですよ、原理日本に徹しなければ何事も駄目ですネ」というものであった［細川 1954: 26］。

政治的権勢の獲得に無関心であっただけでなく、蓑田は金銭に関しても潔白で、生活は一貫して清貧そのものであった(6)。これはたとえば北一輝が、財閥へのテロ勃発に乗じ企業恐喝で大金をせしめ、待合遊びを好み、大邸宅で贅沢な生活を送っていたこととは対照的であろう。非政治的にして無私、まったく見返りを求めず、また取引にも応じないからこそ、蓑田は敵対者にとってはまことに厄介な存在であったのである。

このような、彼の非政治的で見返りを求めない姿勢は、一見不毛ともみえる否定の「批判戦」こそが、自身の「魂」を生かすための方法そのものであったことを示している。彼には帝大アカデミズムから疎外されたルサンチマンがあり、並みいる大学教授たちに対する攻撃の底には、たしかに劣等感と歪んだ憎悪があった［竹内 2006: 22-23］。しかし蓑田は、ジョン・マッカーシーのような政治的策動家などとは異なる、ひたむきな求道者だった。その魂は、そもそもは日本近代への懐疑にとらわれ、煩悶する近代的自我そのものであったが、絶対なるものを求める彼の志向性は、ただひたすらに己の身にまとわりつく「近代」を自己否定し尽くす、「反知性主義」の徹底という「行」に向かったのである。それは「独我論的な主我主義の陰画として、近代知性の迷い込む一つの病理」［植村 2006: 62-63］に違いなかったが、しかしそれこそが、ほかの国粋主義者とはまったく異なった、蓑田という精神の独自性であった。

日本浪漫派の旗手であった保田與重郎《やすだよじゅうろう》が次のように蓑田にシンパシーを寄せるのも、やはりその求道的で、実利を求めぬひたむきさである。いうまでもなく日本浪漫派とは、近代の進歩主義に対する懐疑を募らせたところに生じた、戦前昭和の文学上の一大潮流である。

> 蓑田氏については私はよく知らないが、戦後にこの人を批難罵倒することによつて、自己弁護をしたやうな多数の進歩主義者の便乗家とはちがつて、私の印象では清潔な人物だつた。極めて頑迷固陋といはれたが、筋が通つてゐた。勿論日本浪曼派とは無関係な人である。ずひ分困らされたといふ人がゐるときいたが、世間栄達に無関心なものなら、何も困る必要はない。世渡りの妥協を自他に顧ない人で、世間の思惑を無視する人があるものだ。……教授の職より学を愛することの出来る人なら、蓑田氏を怖れる必要がなかつた筈だ。［保田 1969］

共感する社会　そして蓑田のこのひたむきな「批判戦」は、当時の日本社会に強い共鳴作用を及ぼした。そのもっとも大きな「戦果」が、美濃部達吉の首を取った天皇機関説事件であることは周知のとおりである。偉そうな帝大教授を軒並み引きずり下ろすその攻撃に対し、大衆はよくわからないままに共感し、溜飲を下げるところが確かにあった。

私は、ここまでみてきたところの、彼の無私にしてひたむきな姿勢が、社会を動かした要因の一つになったのだろうと考える。後にみるように、当時の社会には、財閥や欧米派重臣などブルジョワ支配層に対して、国家や国民をないがしろにし、ただ利得を貪る国賊とみなすような反感が蔓延していた。現に、彼らに対してテロを起こした五・一五事件の青年将校たちには、「純真なる青年たちがかくの如き挙措に出でたその心情」(荒木貞夫陸相)に世論の熱烈な同情が集まり、山のように減刑嘆願書が送られていた。それが一九三〇年代、日本の社会全体に蔓延していた空気であった。

同じように、アカデミズムにおける「世間栄達」の頂点、帝国大学教授に挑みかかる蓑田のドン・キホーテ的な「批判戦」は、そのひたむきな純粋性のゆえに大衆の共感を集めた。なぜならそれは、実利主義の啓蒙エリートとは、方向においても、姿勢においても正反対のものだったからである。

註

(1) 竹内洋編(二〇〇四)『蓑田胸喜全集一〜七』柏書房、立花隆(二〇〇五)『天皇と東大』文藝春秋、竹内洋編著(二〇〇六)『日本主義的教養の時代　大学批判の古層』柏書房、植村和秀(二〇〇七)『「日本」への問いをめぐる闘争——京都学派と原理日本社』柏書房、竹内洋、佐藤優対談(二〇〇七)「いまなぜ蓑田胸喜なのか

――封印された昭和思想」『諸君!』二〇〇七年七月号一三〇‐一四三頁など。
(2)高木市之助(一九四二)「その頃の彼等」『日本談義』第五巻第一一号。竹内洋『丸山眞男の時代』の引用より参照。
(3)ただ竹内洋によると、『東京帝国大学一覧』には法科大学入学の記録はなく、大正九年(一九一七年)文科大学哲学科宗教学宗教史学学科に入学と記載されているといい、この蓑田の言が事実であるかは確認されていない[竹内 2006: 17-18]。
(4)「自然主義は現実主義となり、さらに刹那主義となり、ついには肉欲主義、半獣主義という名さえ聞くにいたった。さらに挙げ来れば功利主義、快楽主義、実利主義など到底その煩(はん)に堪えられないのである。『近代人は近眼人である』」。
(5)蓑田と同郷の後輩であった政治評論家の細川隆元は、やはり五高から東大に進み、学生寄宿舎で蓑田と知り合った。そこで法学部に転じたころの蓑田から、「悪友に誘われて浅草の十二階下で生まれて始めて女を買った。ところがたった一ぺんでトリッペル〈淋病〉にかかってしまった。僕は恥ずかしさと自己嫌悪に陥り、北海道に渡って一週間死地を探して歩き回った」ことを告白されている[細川 1954: 15-16]。
(6)「経済的にも極めて質素な暮しで、夕食なども文字通り一汁一菜で、時には一菜だけということも多く、来客があって酒が出る時も肴はするめだけしか出ないことなどが多かった。蓑田自身はあまり飲まなかったが、一、二本の酒は楽しみであったという」[阿南 1976: 72]。

第四章

昭和期の解体

――天皇機関説事件

が続く。

西洋式エスタブリッシュメントに対する反乱

民本主義からマルクス主義へ　政党政治、議会中心主義を標榜する大正デモクラシーは、一九二四年（大正一三年）の護憲三派による加藤高明内閣の成立と、翌年の普通選挙法成立によって、その頂点に達したといえよう。そして以降六代にわたって、「憲政の常道」として定着した政党内閣が続く。

これら大正デモクラシーを主導したのは、吉野作造の民本主義であった。しかしロシア革命の激震は日本にも及び、吉野の穏健な議会主義に取って代わり、大正時代の後期から、マルクス主義がインテリ層や学生を中心に猛烈な勢いで流行し始める。

そのころ日本マルクス主義を席巻したのは、「福本イズム」であった。福本和夫は文部省派遣の留学生としてドイツとフランスに留学し、一九二四年（大正一三年）に帰国後、山川均、河上肇など、既存のマルクス主義学者を批判する論文を次々と発表する。

福本の論文は、当時まだ翻訳のなかったマルクスの『ヘーゲル法哲学批判序説』『ドイツ・イデオロギー』やエンゲルス『反デューリング論』、またレーニン、スターリン、ブハーリン、ルカーチらの著書を福本自身が訳し、これらからの引用をふんだんにちりばめたものであった。福本はその博識を武器に、河上肇、福田徳三、吉野作造といった著名な学者を「撫で切り」にし、日本左翼界を席捲したのである［桶谷 1999: 92-93］。その主張は、無産者階級のなかで徹底した理論闘争を行い、「革命の前衛」たる共産党エリートを、これまでの大衆へのズルズルべったりの日和見主義的運動から「分離」

し、純化させて「結合」させるべきだという、「分離結合論」なるものであった。

マルクス主義――マルキシストを、いかし、深め、浸透せしめ展開せしめうるがためには、諸主義――諸要素との間の結合は、いかなる原理に従ふべきかの問題である。

マルクス主義の理論と経験は答へていふ――「一旦自らを強く結晶するために、結合する前に、先づ、きれいに分離しなければならない。」

……この原則を戦ひとるがための闘争は当分理論的闘争の範囲に制限せられざるをえぬであらう。

［福本 1925］

この「分離結合論」＝「福本イズム」は、しんどそうな大衆運動よりも、まず理論闘争による前衛党の「純化」を優先させるものである。西洋の最新思想の担い手というだけではなく、ここにも、当時の学生運動、とくに新人会などに先導される日本のインテリ青年たちから、彼らのプライドをくすぐる革命エリート主義の理論として好まれる側面があった［立花 1983: 112］。

福本和夫は左翼青年たちのカリスマとなり、執筆中の福本が滞在していた本郷菊富士ホテルには、この教祖のお言葉を賜るために女子学生たちが引きも切らず訪れた。隣室を仕事場にしていた作家の広津和郎は、「共産党がこんなに女性にモテるなら、ぼくも入ろうかな」と宇野浩二にぼやいたという［ibid.: 116］。

おりしも一時解党していた日本共産党の再建が図られていた。福本は一九二六年、第二次共産党が発足するとともに常任委員として指導部に入り、彼の起草によって運動方針がつくられた。まさに、福本イズムはまたたく間に日本共産主義運動の指導理論となったのである。

しかし翌年、福本は徳田球一委員長らとモスクワに乗り込み、党の指導方針をコミンテルン（共産主義インターナショナル）に説明するが、コミンテルンはこれを極左冒険主義と一蹴した。当時の国際共産主義運動のなかで、コミンテルンの意思は絶対である。彼は中央委員から解任され、福本イズムはあっさりと日本の左翼運動から全消去されてしまう［ibid.: 148］。

福本イズムは外来直輸入の最新学説という特徴をもち、その特徴ゆえに席捲した。そのあっというまの席捲と、国際的権威であるコミンテルンの否認によるこれまたあっというまの霧消は、日本の外来左翼思想とその運動の底の浅さをはしなくも露呈するものであった。

昭和恐慌（一九三一年）　以降、昭和期一九三〇年代前半の、天皇機関説にいたるまでの軌跡をたどる。それは、大正期都会に出現した大衆が、彼らを政治化したデモクラシーとは逆の方向に反動化していく過程であった。

一九二九年（昭和四年）、リベラリズムと国際協調を標榜する民政党の浜口雄幸内閣が成立した。そして井上準之助蔵相は翌年一月に金本位制復帰を断行する。しかしこれに先立ってニューヨークではウォール街の株価が大暴落しており、結果的に日本の金解禁は、よりによってそれが世界に波及していくタイミングで実施された。それは日本経済に「荒れ狂う暴風雨に向かって雨戸を開け放つ」(1)ような事態、つまり昭和恐慌を招く。

世界恐慌の波及によって日本経済はたちまちデフレ・スパイラルに陥り、株価や物価の下落はとどまることを知らなかった。中小企業の倒産が相次ぎ、失業者は六%に近づいた。とくに悲惨だったのは農村で、主要生産物である生糸と米の価格が大暴落し、そこに東北と北海道の大凶作が追い打ちをかけた［坂野 2012: 373］。これにより、東北を中心として農村の生産者は壊滅的な打撃を受け、泣く泣く娘を身売りする家も多く出た。

しかし、ブルジョワ・リベラリズムの民政党は、恐慌下に塗炭の苦しみを嘗めている庶民の窮状などには、端的に無関心だった［坂野 2014: 113-115］。井上蔵相はこのような事態になっても金解禁にこだわり続け、財政健全化のために緊縮財政を行う以上、失業者が発生するのは必然的な経済現象にすぎないと、雑誌の「失業問題討論会」で平然と述べていた。(2) ようするに、戦前の政治指導者は、今日の政治家と比べればはるかに高踏的であり、とくに大衆からの経済的平等の要求、所得再分配を求める声に対しては、一貫して冷淡であった。

まがりなりにも男子普通選挙が実施されていたのだから、政治家も労働者や小農からの再分配の要求を無視しえないのではないかと思われるかもしれない。

しかし、一九三六年の衆議院選挙を例にとると、民政党と政友会の二大政党が四六六議席中三八〇を占めるなか、無産者政党の社会大衆党が獲得した議席は、わずか一八議席にすぎなかった。「小作農の数は一五〇万前後と変わりはないが、大恐慌からの経済回復のなかで、労働者は三二〇万から四三〇万に増えていた。両者合わせて五八〇万近いのに、社会大衆党はその一〇パーセント程度の六二万強しか獲得できなかったのである」［ibid.: 159］。これは治安維持法下において、無産者運動に強い制約が課せられていたためもあるが、労働組合など、議会へ政治的勢力を結集していく中間団体がまだまだ未成熟であったことが大きい［ibid.: 146, 171］。このように、労農の経済的要求を議会に届け、国政に反映する回路は、事実上閉ざされていたのである。

満州事変（一九三一年）　そして、民政党政権の息の根を止めたのは満州事変である。軍人たちは政党政治のもとで冷や飯を食わされていた鬱憤を晴らす機会をうかがっており、民政党政権から民心が離れるのをみてとるや否や、勝手に兵を動かし、一挙にヘゲモニー奪還に走るのである。それはクーデターに等しい行動であった。

一九三一年九月、板垣征四郎と石原莞爾に率いられた関東軍は柳条湖の南満洲鉄道を謀略により爆破、この自作自演を口実に満州の軍事行動を開始する。浜口から民政党政権を引き継いだ若槻礼次郎内閣は、この事態に驚き「事変不拡大」の方針を決め、幣原外相も米国に不拡大方針を約束した。しかし関東軍はこれを無視して戦線を拡大し、満州を占領してしまう。国際的な面子をつぶされた若槻内閣は総辞職した［坂野 2012: 377-381］。

陸軍内の統制も効かず、内閣による命令も聞かず、ただ現場の尉官級の将校の独断専行がまかり通る。問題は、板垣も石原も誰も処罰されることなく、このような無理筋の行為がゴリ押しの末に既成事実化されたということである。その理由として、関東軍の軍事行動について、国内世論がこれを圧倒的に支持していた事実を無視するわけにはいかない。「戦争と、マスメディアによるその大々的報道という最大の『劇場型政治』が展開され、世論は急速にその支持に傾いていった。政党人はほとんどそれを追認するばかりで、適切に対処できなかった」〔筒井 2018: 148〕。

本来賑かなもの好きの民衆はこれまでメーデーの行進にさへ、ただ何となく喝采をおくつてゐたが、この時クルリと背中をめぐらして、満州問題の成行に熱狂した。驚破《すわ》こそ、帝国主義的侵略戦争といふやうな紋切型の批難や、インテリゲンチャの冷静傍観などはその民衆の熱狂の声に消されてその圧力を失つていつた。〔杉山 1942: 413〕

このように、軍の行動は明らかに無理筋のものだったか、大衆世論の圧倒的な支持を集めていたがゆえに、政府も議会もこれに対してストップをかけることができなかったのである。

ここで大衆が満州事変に熱狂的な支持を送ったのは、従来からいわれてきたように、閉塞的な国内経済状況に喘ぐなかで、満州侵攻がそれらを一気に打破するかのような期待を集めたことがまずある。しかしそれだけではない。

前述のとおり、明治末二七〇万人程度だった東京の人口はこのころには五四〇万人を超え、現代のわれわれの社会の原型となる大衆社会を形成していた。大正期から、この大衆社会の求心力となっていたのが、資本主義による享楽的な消費文化であり、大衆の政治参加の道を開くデモクラシーの要求だった。

しかし失業者や窮乏する農民に対する政党の冷淡な姿勢、またその一方で財閥がドル買いを進め巨利を得た行為に対して、国民は強い怨嗟の念を抱くようになっていた。ここで大衆のなかから噴き出してきたのが、これまでの日本を牽引してきた、井上蔵相に代表される欧米式のブルジョワ・エリートに対する激烈な反発心である。

大正後期以降は知識人的国際協調主義の強くなっていた時代であっただけに、大衆的ナショナリズムは強い力で抑制されマグマのように溜め込まれており、満州事変以降爆発的に表に現れたものと見られる。……急進的軍人の背後にはそれ〈大衆デモクラシー時代の大衆ナショナリズム〉が存在する時代を日本はこの時期に迎えたのだ。［筒井 2015: 186-187］

大衆が満州事変を支持したことにも、このような、自分たちの生活向上には一向に目を向けようとしない、高踏的な重臣ブロックと政党政治への反感が根底にあった。彼らは、ブルジョワ・エリートたちの国際協調主義をあからさまにこけにした関東軍の暴走に、ざまを見ろと快哉を叫んだのである。このあたりで、ブルジョワ支配層の鼻面を引きずり回す戦略が確立されたといっていいだろう。それは、もともと欧米流の啓蒙主義と不整合の関係にあった天皇制「国体」を前面に押し出すことであった。戦前ポピュリズム政治を論じる筒井清忠の表現を借りれば、「天皇シンボルのポピュリズム的・政治的利用」である［筒井 2018: 282］。

この戦略は、一九三〇年のロンドン軍縮会議における民政党政府に対する批判として、「統帥権干犯」という魔術的な言葉が生み出されたのをその嚆矢とする。軍部、民間右翼、野党政友会は、この魔術的な論理で大衆を扇動し、ブルジョワ政党と重臣ブロックに攻撃を加える術《すべ》を覚えたのだ。そして、経済的再分配の要求については超然たる姿勢を崩さないブルジョワ・エリートたちも、「国体」を盾にとったこの攻撃に対しては、まさに為す術を有さなかった。

なお、統帥権干犯という名目を考えつき、これを政友会に授けたのは、かの謀略の天才、北一輝だともいわれている［寺田 1971: 288-299］。

右翼テロへの共感（一九三二年）　翌一九三二年（昭和七年）には、血盟団事件、そして海軍青年将校らによる犬養毅首相らの暗殺事件（五・一五事件）が勃発する。五・一五事件の直後、当初は新聞も「暴挙」と批判的なトーンで報道していた。しかしそこに、荒木貞夫陸相が、「これら純真なる青年たちがかくの如き挙措に出でたその心情について考へれば、涙なきを得ない。名誉のためとか私欲のためとかまたは売国的行為ではない」、また大角岑生《おおすみみねお》海相が「罪とか刑罰の問題を離れ、ただ彼等青年の心事に想到する時涙なきを得ぬのである」などという談話を発表する［保阪 1974: 316］。

国務大臣が内閣総理大臣を殺したテロリストをこのように弁護するなど、およそ法治国家ではありえないことである。にもかかわらず世論はこれを批判するどころか、むしろ被告たちへの同情に向かった。翌年報道規制が解かれ、裁判の様子が連日報道されるようになると、被告らの減刑を嘆願する動きは一大国民的運動となる。嘆願書が血判状などとともに山のように裁判所に送りつけられ、その数は百万通を超した［ibid.: 344］。当初は批判的だった新聞紙面の記事も、徐々に被告に同情を寄せるような書きぶりに変わり、新聞社にも、たとえば「凶作地出身の一女工」から次のような投書が送られてきている。

妾《わたし》は日給八十銭の女工の身で御座いますが、この間中までは、犬養総理大臣を暗殺した軍人方に対して妾共は非常に反感を有つて居りましたが、今回新聞やラジオのニュースで暗殺せねばならなかつた事情とか、皆さんの社会に対する立派な御考、殊に皇室に対する御気持をお伺ひしまして、私共の今迄考へて居つた事がまことに恥かしく感じられました。私共世の中から捨てられた様な貧乏人達の為にどれだけ頼母《たのも》しいお働きであったか。私共は新聞を読んだりラジオのニュースを聞く毎に涙ぐましくなりました。殊に東北地方の凶作地への御心遣りなぞは、妾の如き凶作地出身の不幸な女にどんなにか嬉しく感じた事でせう。……国家の将来の発展のために、私共プロ階級同胞のために身命を御堵し下さいました麗はしい御精神には、ほんとに泣かされるのでございました。(3)(傍点筆者)［勾坂 1989: 19］

かつて、軍人に対して反感を抱いていた大衆、なかでもこの投書の主のように左翼運動に期待していたプロレタリアートが、資本家への対抗者として、突如右翼のテロと軍のクーデターに共感を寄せるようになったのである。

いづれにせよ昭和六年以降に世間の様相は一変した。曾《か》つて改革とか改造とかいふのは左翼的用語とのみ思ひ込んでいた民衆は、いつの間にか改革とか革新とかいふ言葉は、右翼を意味するといふ形成の逆転を目撃せねばならなかつた［杉山 1942: 448］。

「転向」という自壊　事実、このブルジョワ支配層に対する大衆の怒りを、戦前の左翼運動はすくい上げることができなかった。それどころか、一九三〇年代前半、資本主義大恐慌という党勢拡大の絶好の機会のはずが、共産党はほぼ壊滅状態となってしまう。一九三三年、共産党幹部の佐野学と鍋島貞親が獄中から発した「共同被告同志に告ぐる書」、いわゆる転向声明は、党の失敗を率直に認めている。

党は近年の恐慌及びそれに関連して暴露された資本主義機構の腐敗に対する大衆の憤激を指導し得なかった。……事実上、日本共産党は我が労働階級の解放を目指す党たるよりも、日本におけるソ連邦防衛隊又はその輿論機関たることにヨリ多くの意義がおかれているかに見える。

そう、資本主義とブルジョワ・エリートに対する「大衆の憤激」は、反西洋・反啓蒙の陣営に回収されつつあった。これに対し、最新の西洋啓蒙思想である共産主義は、共産党が国内の民主よりもソ連コミンテルンのほうを向いていたことも相まって、むしろ大衆の反感を買うものとなっていた。そして佐野と鍋島の転向声明に続き、マルクス主義者たちの大量「転向」現象が雪崩のように発生した。その一因が、治安維持法下における官憲の苛烈な弾圧であったことは確かである。しかしそれは、彼らインテリ左翼人たちの内面的精神上の問題の一帰結でもあった。

吉本隆明の「転向論」によれば、佐野たちは結局「西欧の政治思想や知識にとびつくにつれて、日本的小情況を侮り、モデルニスムスぶっている、田舎インテリ」にすぎず［吉本 1958］、彼らは「見くびった日本的情況（たとえば天皇制を、家族制度を）絶対に回避できない形で眼のまえにつきつけられたとき、本格的な思考の対象として一度も対決されなかったことに気付く」［ibid.］。
実際、転向者たちは、これまで「古いもの」と侮っていた東洋思想や国体思想に獄中で初めてまともに触れ、日本人としての歴史的民族的心性の尊さ、有り難さに「思い当たり」、あっさりと天皇主義者に豹変してしまう者が多かった。「佐野は獄中で『大乗起信論義起講集』をよんで、『その深遠さに一驚した』」［ibid.］。左翼文学者たちも、その多くは日本的なものへの回帰へと向かい、日本浪漫派へと流れ込んでいった。保田與重郎は当時の思想状況を次のように振り返っている。

昭和初年にはヂヤーナリズムを風靡し、天下の青少年を傘下にした〈マルクス主義〉運動も昭和七八年ごろ青年の生活が最悪の失業状態を経験したとき、この青年のヒユマニズムに立つた運動はじつに極端に頽廃化し、デスパレート〈自暴自棄〉となり、そのデスパレートなものを、真向に権力に向つてたゝきつけるすべを見失つていたのである。［保田 1941］

つまり昭和期の大量転向現象は、本質的には、権力による弾圧や大衆の支持の喪失といった、外的なものによって引き起こされたものではなかった。そうではなくて、西洋的啓蒙の最先端にあった者たちの、それがゆえに極限化されていた「無構造」的（丸山）であるがゆえに脆弱な思想性が、自《おのず》からもたらした「デスパレートな頽廃化」、つまり自壊現象であった。

事件の顚末

明治末の憲法論争　このように、大衆の中に「啓蒙」ブルジョワ・エリートたちへの反感が鬱積し、進歩的インテリたちが地滑り的に転向していく状況のなか、天皇機関説事件は起きた。以下、宮沢俊義『天皇機関説事件――資料は語る――』によって経緯をみていきたい。だがまずその前史として、およそ二五年前、すでに明治末年に上杉慎吉と美濃部達吉の憲法論争が戦わされていたことに触れなければならない。

天皇機関説とは、国家を法律上一つの法人とみて、君主や議会、裁判所をその機関とみなすものである。たとえば、会社という「法人」において、代表取締役社長がその「機関」であることと同様である。美濃部は、天皇は「国家の最高意思決定権者」たる国家の最高機関であるが、主権すなわち「統治権の所在」は法人たる国家にあるものとした［宮沢 1970: 26-27］。

一方の天皇主権説は、明治前期より穂積八束が唱えていたものを弟子の上杉が引き継いだものである。上杉の主張の根拠は、帝国憲法が「大日本帝国ハ万世一系ノ天皇之ヲ統治ス」と定めている以上、「主権天皇に在り」というテーゼは絶対的であり、「漫《みだり》に言辞を加えて、之を布衍するの余地あるなく、又別に論理を操りて、之を証明するの必要あるなし」というものであった［ibid.: 29］。

明治中期ごろまでは天皇主権説が通説的な立場を占めていたが、天皇機関説が登場すると、学会の見解は学問的論証を斥ける主権説より、より実証主義的な機関説へと傾いていった。上杉・美濃部論争が起こった明治末には、すでに穂積八束が「〈自説は〉世の風潮と合わず。後進の熱誠を以て之を継続する者なし。今は孤城落日の歎あるなり」と嘆くような情勢となっており［ibid.: 34］、両者の論争に関しても、学者たちの評価は「〈上杉の説は〉日本の国体に向かっては最早や科学上の研究を為す可からずというのと同じ事、即ち日本の国体は唯だ崇敬すべく討議す可からずという事になる。是は全く非科学的精神になって居る」（浮田和民）というものが多かった（4）［ibid.: 44］。

この論争の後、デモクラシーが伸長していった大正期には、機関説の優勢はゆるぎないものとなる。天皇機関説事件が起きた昭和一〇年当時、美濃部の学説はアカデミズムにおける通説であるとともに、支配エリートの公定思想となっていた。「高文試験（文官高等試験）も、外交官試験もその説に従う記述が正しいとされた。天皇自身も『天皇は国家の最高機関である。機関説でいいではないか』といったという」［立花 2005a: 91］。

鷗外の不安　にもかかわらず、天皇機関説事件は発生した。通説とされていた学問が、その学問的正しさの如何を問われることなく、丸ごと葬り去られてしまったのである。

そういえば、上杉・美濃部論争と同時期に書かれていた鷗外の『かのやうに』には、このような一節もあった。

> 天国を信ずる昔に戻さう、地球が動かずにゐて、太陽が巡回してゐると思ふ昔に戻さうとしたつて、それは不可能だ。さうするには大学も何も潰《つぶ》してしまつて、世間をくら闇にしなくてはならない。黔首《けんしゅ》〈人民、庶民〉を愚《ぐ》にしなくてはならない。それは不可能だ。（傍点筆者）［森 1912］

天皇制顕教と学問的真理の矛盾に悩み、民衆の愚昧さに頼りなさを感じながらも、しかしあくまで明治啓蒙主義の使徒であった鷗外は、神話が科学を押さえつける反動など、もはや近代日本においては「不可能だ」と考えていた。だが、この作品が書かれてから四半世紀後、「それ」は現実のものとなってしまう。学者や知識人が天皇をいちおう神である「かのやうに」奉りつつ、その存在を「括弧」に入れて、別次元で学問の領域を確保していたことに対し、「大学も何も潰《つぶ》してしまおう」とする蓑田胸喜のような「反知性主義者」が、「天国を信ずる昔に戻さう、地球が動かずにゐて、太陽が巡回してゐると思ふ昔に戻さう」とする大キャンペーンをくり広げたのである。

そして、あろうことに、「大学も何も潰してしまって、世間をくら闇にしてしまう」事態が、鷗外の楽観に反し、現実のものとなってしまう。国会で、次のような論説が堂々とまかり通る事態となったのだから。

私は単《ひと》り斯《こ》の如き思想方面の学問のみならず、科学の立場に於きましても、其科学の発見が或は人心に動揺を来すが如きものがあると云うようなことであるならば、政府は其学説の発表を、或は取り締る必要があるとも考えて居る。（国体明徴の建議案に対する、貴族院議員井田磐楠の発言）〔宮沢 1970: 144〕

なぜ、このようなことになってしまったのだろうか。

そう、鷗外が、一抹の不安を感じながらも、いや、そんな馬鹿馬鹿しいことがもうこれからこの国で起こるわけがない、「不可能だ」と考えたことが、なぜ、「可能」になってしまったのだろうか。本論の問題意識はそこにある。

事件の始まり　一九三三年、京都帝国大学の瀧川教授の首を飛ばすことに成功した蓑田胸喜は、次のターゲットとして、東京帝国大学法学部の美濃部に攻撃を集中させるようになった。彼は『原理日本』一九三四年三月号をまるまる一冊、「美濃部憲法抹殺号」にあて、また、全国の国粋団体を糾合して「国体擁護連合会」を結成、パンフレット『美濃部達吉博士・末弘末弘厳太郎博士の国憲紊乱思想に就いて』を発行して、各方面に大量に送りつけた［宮沢 1970: 184］。

言論での批判にとどまらず、これまでも蓑田は内務省や文部省に押しかけ、美濃部の著書の発禁を訴えたり、また司法省に不敬罪で告発したりしていた［ibid.: 180, 183-189］。しかし、美濃部の学説は学界のみならず法行政における公定思想と扱われており、これに対し蓑田ごときがいくら噛みつこうがどうなるものではなかった。当時文部大臣を務めていた鳩山一郎は、「まっさおな顔をして」食ってかかる蓑田に対し、「ぼくだって美濃部さんの説と同じなんだ、美濃部さんを葬るならぼくを先に葬ったらいいじゃないか」といって取り合わなかった［ibid.: 576-578］。

そこで蓑田が次にとった作戦は、国体擁護連合会のメンバーである貴族院議員を使って、議会で問題化させることであった［ibid. 73, 183-184］。この議員は菊池武夫という予備役の陸軍中将で、この前年にもかつて商工大臣が雑誌に書いた足利尊氏についての文章をやり玉にあげ、逆賊を礼賛していると騒ぎ立て、辞職に追い込んだ曰くつきの狂信的右翼であった［ibid.: 71］。そして美濃部もそのとき、菊池と同じく貴族院議員を務めていた。

一九三五年（昭和一〇年）二月一八日、菊池は貴族院本会議の質問において、美濃部の天皇機関説を取り上げて批判した。

是はようするに憲法上、統治の主体が天皇にあらずして国家にありとか民にありとか云う、独逸にそんなのが起ってからのことでございますが、其真似の本に過ぎないのでございます。我国で憲法上、統治の主体が天皇にある（のでない）と云うことを断然公言するようなる学者著者と云うものが、一体司法上から許さるべきものでございましょうか。是は緩慢なる謀叛になり、明かなる叛逆になるのです。……私は名づけて学匪と申す。支那にも土匪は沢山ございますが、日本の学匪でございます。一体「ドイツ」は「ドイツ」でございます。共和国は共和国、各々学理を作っている。日本は日本です。［ibid.: 76-87］

菊池に続いて、やはり蓑田の息のかかった国粋派議員が次々と質問に立ち、このような「不敬」なる学説に対する政府の見解を強く求めた［ibid.: 83-77, 82］。

美濃部は自らに向けられた讒訴に反論すべく、二月二五日、貴族院において「一身上の弁明」を行う。この二時間に及ぶ弁明は、理路整然と天皇機関説の法学的な説明をし、それがけっして不敬なものではないことを、縷々説明し尽くしたものであった［ibid.: 88-100］。

事件の拡大　しかし強硬派は収まらなかった。結局、彼らは法学的な理論などに興味はなく、その批難はただただ、天皇を「機関」などと呼ばわるのはけしからん、不敬だという一点張りだった。引き続き菊池をはじめとする強硬派の議員たちは、政府や大臣に機関説の是非を執拗に糺した［ibid.: 122-134］。

新聞は連日機関説についての論戦で埋まり、在野右翼の活動も活発化した。蓑田の国体擁護連合会は、三月八日から「機関説を唱うる者は貴族院議員美濃部達吉一派なり／之を実行した者が逆賊足利高氏なり」というポスターを東京市中に貼り出すという大キャンペーンを展開した［ibid.: 191］。日々カフェーに散策していた永井荷風の目にも、数日後このような光景が飛び込んでくる。「芝口ガードの壁に美濃部博士糾弾排斥のビラ多く貼りてあり」（「断腸亭日乗」三月一〇日）［永井 1935］。

これに呼応して、在郷軍人会は機関説排撃の声明を決議し、全国の支部ネットワークを通じて、演説会の開催やパンフレット配布など、機関説反対の運動を全面的に開始した。全国の在郷軍人たちはしばしば上京し、機関説の大逆思想を根絶せよと大書した旗を押し立てて東京市中を行進し、関係省庁に押しかけた［宮沢 1970: 203-206, 302-304］。

このような世論の高まりにあって、当初は学問の問題として深く立ち入らない態度を示していた民政党政府も、次第に追い詰められていく。

野党政友会は衆議院においても美濃部問題を取り上げ、岡田啓介内閣を追及した［ibid.: 151-156］。また、平沼騏一郎らの国本会、陸軍皇道派などファッショ勢力は、美濃部だけでなく、枢密院議長である一木喜徳郎、また金森徳次郎法制局局長などの重臣を本丸として攻め立てるべく、問題を拡大させた［ibid.: 195-199］。

当初は「世論にまどわず政治にまどわず」（軍人勅諭）の姿勢をとっていた軍部も、政府に対し機関説の一掃と国体に対する意思表明を強く迫るようになった［ibid.: 199-203］。結局、政府は二度にわたり国体明徴声明を出さざるをえなくなり、そこで機関説を国体違反の学説と認定し、「芟除《せんじょ》〈刈り除くこと〉」することを宣明する。

抑々《そもそも》我国に於ける統治権の主体が天皇にましますことは我国体の本義にして帝国臣民の絶対不動の信念なり、帝国憲法の上諭並《ならび》条章の精神亦茲《またここ》に存するものと拝察す。然るに漫《みだり》に外国の事例・学説を援《ひ》いて我国体に擬し、統治権の主体は天皇にましまさずして国家なりとし、天皇は国家の機関なりとなすが如き所謂《いわゆる》天皇機関説は、神聖なる我国体に戻り其本義を愆《あやま》るの甚しきものにして厳にこれを芟除《せんじょ》せざるべからず。（一〇月一五日）［ibid.: 376］

美濃部の著書は発禁処分となり、不敬罪の疑いで取り調べを受け、九月にはとうとう議員の辞職に追い込まれた［ibid.: 307-328］。彼の受難はそれにとどまらず、翌年自宅に押しかけた右翼に銃撃され、重傷を負っている［ibid.: 424-429］。

文部省は全国の大学に国体明徴の訓示を通達し、さらには、とくにマークした「危険思想」の学者に、機関説の修正に応じない場合は講義を担当させないなどの報復措置を警告することによって、転向を事実上強要した。これにより、天皇機関説は全国のいっさいの大学から「芟除」された［ibid.:

224-234, 444-445］。

政治的な背景　事件の一連は、蓑田一派の狂信的愛国行動により引き起こされた。しかし少なくとも途中からは、さまざまな政治勢力がこの事件に乗っかり、自分たちの敵対勢力を叩くために最大限に利用したのは間違いない。なかでも明らかなのは、平沼騏一郎と皇道派の真崎教育総監、荒木前陸相が結託して、天皇の側近中の側近、一木喜徳郎を枢密院議長の座から追いやることにより、それに連なる牧野顕伸、西園寺公望など、欧米派の重臣支配を切り崩そうとしたことであった［ibid.: 481-482, 519-521、山崎 2017: 134-137］。

平沼は、検事総長、枢密院副議長などを歴任した大物政治家であり、官僚、政治家、軍人を集め、国粋主義団体「国本社」を結成し、自らの支持母体としていた。(5) 周知のとおり、のち一九三九年に首相となる平沼だが、彼のもつファッショ的傾向が西園寺と昭和天皇に嫌われ、なかなか首相になれずにいた。

一方陸軍内部では、陸軍大学校卒のエリート将校を中心とした、合法的な革新を志向する統制派と、士官学校卒の尉官級の青年将校を中心とした、クーデターも辞さないとする皇道派が対立していた。しかし皇道派の指導者と目された荒木貞夫大将が昭和九年に陸相を辞任した後、皇道派は劣勢となっていた。そのもう一人の巨頭、真崎甚三郎教育総監は、全軍に機関説排斥の訓示を出し、軍全体を国体明徴運動に向かわせようと図る。つまり皇道派は、軍内の政治的劣勢を巻き返す好機として、機関説問題をことさらに重大視し、強硬な姿勢をとったのである［山崎 2017: 182-186］。

荒木も真崎も、そして菊池武夫も国本社会員であった［ibid.: 135］。つまり、平沼の国本社と軍の皇道派という「現状打破派」が結びついて、蓑田一派が引き起こした機関説問題に乗じ、政党と重臣ブロックという「現状維持派」から政治的ヘゲモニーを奪取しようとしたのが、この事件の大きな政治的な背景であった［宮沢 1970: 178-180, 565-566］。

これに一枚加わったのが政友会である。政友会は多数派ながら野党で、この問題を取り上げることによって岡田内閣を追い詰め、倒閣に持ち込みたいと考えていた。しかし、学問の自由、思想・信条の自由の保障は議会制デモクラシーの前提条件である。この政友会の行いは、今日からみれば、議会政党としての己の存在意義を否定する愚挙としかいいようがない［ibid.: 485］。

新聞と知識人の「いくじなさ」　とはいえ、政府も軍部の圧力に屈し、天皇機関説を「芟除」するべきものと宣明しており、与党民政党も「政府の国体明徴に関する声明はわが国体の本義にかんがみ適切なる措置と思う」などと腰砕けの声明を出していた［ibid.: 294］。つまり、政友会だけが無原則な行動をとっていたわけではない。それは新聞をはじめとするジャーナリズムも同じであった。

輿論の指導権は全く右翼論壇の占むる処となり、往年の政党政治隆盛期にあって輿論の指導に華かな活躍をみせた自由主義的な新聞雑誌は、何等かの影に怯えた如く美濃部説を擁護するものとてはなく完全に回避的態度を取り沈黙を守っていたことは社会思潮の変遷を如実に物語るものであった。（昭和一四年度思想特別研究員、玉沢光三郎検事の報告書）［ibid.: 247］

実際、新聞も、その社説においてはまず、「国体明徴に対して、何人も異論のないことは、いうまでもないことである」と述べたうえで（東京日日新聞、一〇月一五日）、この問題を政争の具にしてはならないとか、美濃部弾劾に対して貴族院としての品位を保持すべきではないか、などと周辺的な問題について苦言を呈するにとどまった［ibid.: 295, 375］。

これについては学者やほかのメディアも同様であった。ほとんどの知識人、学者はただ沈黙を守り、美濃部を積極的に擁護しようという動きはほとんどみられなかった［ibid.: 107-115］。宮沢は次のように振り返る。

> 今、この事件をふり返る人は、そこで表明された気ちがいじみた機関説排撃ぶりと、それに対する政府や政党の指導者たちのいくじなさにおどろくに違いない。さらに、学界や言論界の抵抗があまりに弱かったのをふしぎに思うかもしれない。［ibid.: 567］

それは軍部や右翼など、暴力の行使も辞さない対抗勢力の威圧が存在していたせいも確かにある。しかし、「他方において、『自由』への愛着が、当時の日本社会でそれほど根強いものではなかったことを意味するのでもあろうか」［ibid. 567］。

事実、そうであったのだろう。表現の自由、学問の自由が危殆に瀕することは、新聞などメディアや学者にとっては、己の首に匕首が突きつけられているのに等しい。にもかかわらず、まるで及び腰で論評し、正面から抗議することなくただ他人事のように看過していたのは、わが国の啓蒙主義インテリたちに「自由への愛着」、つまりカントが述べたところの真の啓蒙精神が、そもそも希薄だったからだというほかないだろう。

天皇機関説事件とは何であったのか

大衆の感情　一方で大衆は、この事件に関してどう感じていたのだろうか。

衆議院で質問に立った政友会の山本悌二郎元農林大臣が「実は斯く申す私初め世間の多数は、此問題に関しまして全く多くを知らず」と正直に述べているように［ibid.: 156］、憲法学上の論点である天皇機関説など、国会議員でもどれだけがまともに理解していたか。まして、文官高等試験をめざすのでもなければ、一般大衆が知っているはずもなかった。彼ら大衆は、一九三五年二月に議会で問題視され、新聞記事になって初めて、機関説の存在を知ったのである。

したがって、主権は法人たる国家に存し、天皇はその国家の最高機関である、などという説明を聞かされても、国民の多くはただ鼻をつままれたような思いであったろう。しかし、「機関」という言葉や、「国家は法人」という表現には、何かうろんな印象を感じたはずである。

そして、彼ら大衆を先導する旗振り役を担ったのが、帝国在郷軍人会である。当時、在郷軍人会は全国に会員およそ二六〇万人を有し、予備戦力の充実という軍事上の目的にとどまらず、「地方良民の模範」として地方社会を指導・強化する役割も担う、特殊な性質の団体だった［戸部 2008: 59-60］。

このような団体は今日においては想像しにくいが、彼らは軍の意向を民衆に浸透させる強力な装置として、地域共同体のなかで強い影響力と指導力を有する存在であった［ibid.: 75-76］。その一方で、在郷軍人会は、「大体元来早く罷《や》められて不平を持っている者が多い」と当時の陸軍次官がこぼすように、陸軍中央でも統制が効かなくなるほどに、攻撃的な論調で世論を引っ張っていく傾向がしばしばみられた［宮沢 1970: 481］。

前述のとおり、在郷軍人団は機関説事件で、非常に活発に排撃運動を展開した。地域社会の内側から在郷軍人たちが声高に、これは神聖不可侵の天皇に対する「不敬」であり、怪しからぬ学説である、と叫びたてれば、その意見は大衆のなかに一気に拡散されただろう。

フランス文学者の中島健蔵は、当時の社会の「雰囲気」を省みて、蓑田のような狂信的右翼、またファッショ勢力や軍がこの事件を主導した事実は認めつつ、「少数の狂信者の力でもなく、軍の一部のむり押しだけでもなく」、国民大衆の支持が背景にあったことを指摘している。

それらの人たち（蓑田など）の主張を支えたものは、幼稚な思考力しかなく、単純にこの騒ぎに乗った大衆である。この人たちは、ようするにそういう時代的な雰囲気をつくりながら、みずからその雰囲気に酔っていた人たちで、社会のあらゆる階層の中に存在した。この雰囲気が、この主張の一番大きな支えになった。それがなければ、軍の力を以てしてもむりは通せない。［中島 1957: 104-105］

徳富蘇峰の扇動

そのような「雰囲気」、つまり大衆の感情を代弁したのが、戦前のオピニオンリーダー、徳富蘇峰である。

記者は未だ美濃部博士の法政に対する著作を読まない。故に今茲《ここ》に其の所説に付いては語らない。……其の解釈は姑《しば》らく措《お》き、第一天皇機関説などと云う、其の言葉さえも、読者は之を口にすることを、日本臣民として、謹慎す可きものと信じている。……日本の国民として九十九人迄は、恐らくは記者と同感であろう。（東京日日新聞、一九三五年二月二七日）［宮沢 1970: 104］

実に、「読んでいない」と公言しつつ、「機関」という言葉の印象だけで批判するとは、まさに「反知性主義」そのものである。しかしこれこそが、民衆の気持ちにぴったり沿った、蘇峰なりのジャーナリスティックな物言いだった。

蘇峰はわが国のジャーナリスト第一号といわれた人物であり、それぞれの時代のナショナリスティックな課題に「便宜主義」的に対応した結果、自由民権派支持の「平民主義」から日本膨張論へ、また政府に接近し桂閥族内閣支持、そして皇室中心主義から超国家主義へと、時勢に即して思想を変化（「変節」とも呼ばれた）させていった［米原 2003: 71, 199］。彼はここでもジャーナリストとしての嗅覚を働かせ、大衆がもやもやと抱いていた啓蒙エリートに対する反感を見事に抉りとり、これを代弁したのである。

蘇峰は、「今日の所謂《いわゆ》る大家先生達の中には、今少しく自国の歴史を研究し、自国の国性を検討する必要を感ずる者無き耶《や》、否耶。返す返すも看脚下〈自分の足元を見ろ〉の三字に気を付けたら如何」などという嫌味な書きぶりもしており、宮沢はそこに彼のアカデミズムに対する「反感ないし敵意」

「一種の劣等感」を見いだしている［宮沢 1970: 106］。おそらくそのとおりだろう。しかし、だからこそ蘇峰の言葉は大衆の感情にシンクロしたのであり、「徳富蘇峰が、その一流ジャーナリストとしての名声をもって、しかも『東京日日新聞』という一流の新聞紙上で、悪達者な文章で、機関説弾圧論を書きまくったことは、機関説征伐十字軍において、殊勲甲に値する効果をもったと見ていいだろう」［ibid.: 107］。

政友会の山本も、この蘇峰の論に乗っかり、衆議院で大見得を切っている。「日本の国家は法制的に成立せずして、倫理的に成立している。……実にわれわれ幾千万国民は、これ少数の機関論者を除いては、ことごとく蘇峰君と観念を同じうするのであります」。そしてこう論ずる。

> こんにちは我が帝国は、ようやく欧米心酔の迷夢から覚めまして、初めて帝国固有の大精神に蘇らんとする秋であります。……天皇機関説は西洋の学説をもって我が国の憲法を解釈せんとしたために生じた誤りである。［ibid.: 159］

欧米式啓蒙主義の擁護者　すでにみた菊池武夫の弾劾演説もそうだが、機関説事件においてしばしば出てくる論調は、機関説は外国の学説を輸入したものにすぎず、このようなもので日本の国柄を解釈するのは適当でない、というものである。

ここに顔をのぞかせているのは、西洋式啓蒙主義は浅薄で皮相的なものであり、日本に生きるわれわれの魂と生活を善導するものではないという感情であろう［西村 2016: 16］。そう、かつては蓑田のような、疎外されたインテリのなかに燻《くすぶ》っていた西洋啓蒙主義に対する反感は、いつのまにか社会の基調的な空気となっていた。そして、日本の政治や思想について論じるときに誰もが口にする、まるで枕詞のようになったのである。

このような「反西洋」の姿勢を政治的マニフェストとしてはっきりと打ち出したのが、事件の前年に陸軍が出したパンフレット『国防の本義と其《その》強化の提唱』である。このパンフレットは総力戦を戦い抜く「高度国防国家」の構築に向けられた提言であるが、「国民の一部のみが経済上の利益特に不労所得を享有し、国民の大部が塗炭の苦しみを嘗め、ひいては階級的対立を生ずる」状況を生み出しているると、まるで左翼のような論調で始まり、しかしそのような状況を生じせしめている原因は、外来の啓蒙主義的価値観、すなわち個人主義と自由主義であると決めつける。

> 国家および全体の為め、自己滅却の崇高なる犠牲的精神を涵養し、国家を無視し、国家の必要とする統制を忌避し、国家の利益に反する如き行動に出でんとする極端なる国際主義、利己主義、個人主義的思想を芟除すること。（傍点筆者）

これに対して、『中央公論』誌上にて「明治維新以来世界の驚異となった我が国の急速なる進歩は、主としてはこの個人主義、自由主義の賜物に外ならない。……個人的な自由こそ、実に創造の父であり、文化の母である」と、パンフレットの書き出し「たたかいは創造の父、文化の母である」をもじって、真っ向から反論したのが美濃部達吉その人である［山崎 2017: 110-113］。つまり美濃部は明治来の西欧式啓蒙の全面的な擁護者であり、その代表者であった。しかし大衆は美濃部の側につかなかった。筒井清忠によると、「菊池武夫はこのとき、二大政党の腐敗と地方農村の窮状を訴えており、弱者＝庶民の側から『貴族院勅選議員美濃部達吉東京帝国大学名誉教授』を攻撃するというスタンスは鮮明であった」。その背景として、前年に生じた帝人事件において、美濃部が捜査の行きすぎを議会で批判したということも伏線にあったという。「美濃部は『財閥・特権階級』を擁護する側の存在であり、弱者に冷たい人だとして批判されやすくなっていた」〔筒井 2018: 226-227〕。

しかしより根本的には、西洋式知識人に対するリスペクトが、わが国の社会においては十分に醸成されていなかったということがあるだろう。そこでは、知識人エリートは、「アイツがあの位置にいるのは偶然なんだ」という反感を下位者から向けられがちとなる。つまり、自分たちを睥睨する彼ら成功者を、胡散臭い「成り上がり者」とみる反感である(6)〔高田 2010: 206、西村 2016: 17〕。

このような大衆の反感がわだかまっていたからこそ、これまで蓑田がどれだけ美濃部を当局に告発してもどうにもならなかったものを、議会で争点化し、否応なく世論大衆の眼前に引きずり出すことで、事態は大きく動いたのである。つまりこれは、満州事変や五・一五事件を支持した大衆を観客とする、啓蒙主義アカデミズムを代表する人物に加えられた劇場型の公開リンチであった。

啓蒙に対する憎悪　さて、天皇機関説事件とは何であったのか。

一般的には、蓑田ら狂信的天皇主義者がひき起こした美濃部憲法学への攻撃に、軍部などファッショ勢力が乗っかったもので、これら国粋主義のゴロツキたちのゴリ押しによって、学問の自由が圧殺させられた事件として捉えられてきた。このような捉え方は、およそ敗戦にいたる戦前日本の破局への経緯を、ただ、ならずものの右翼や軍国主義ファシストという歴史上の「悪者《わるもの》」のせいにする、俗流左翼的な思考に顕著である。

この事件の特異さ、あるいは異様さは、これまで国家において通説扱いされていた美濃部憲法学が、およそ「暴論」といっていい極端な言論によってただ一方的に攻撃され、さしたる反論もなく潰されてしまったところにある。そこにはもちろん、軍や右翼の暴力を裏に秘めた威嚇の効果はあったろう。しかし、先の中島健蔵の言のとおり「軍の力を以てしてもむりは通せない」。つまり大衆がこれを支持していたからこそ、可能となったのである。

とはいえ、大衆はそもそも憲法学説など知らず、興味もなかった。であるのに、なぜ彼らは美濃部抹殺に賛同の拍手を送ったのか。一部の政治的策動者によるたきつけという従来の論では、十分にその理由が説明できないだろう。

このようにいえると思う。

日本にはヨーロッパとは違い、啓蒙主義を支える歴史的な蓄積も伝統もなかった。そのため、啓蒙主義エリートに対する社会的なリスペクトが存せず、ただ実利的成功者に向けられる懐疑と不信の念が、明治以来社会のなかにわだかまっていた。

そして一九三〇年代、昭和恐慌に始まる経済的行き詰まりが日本社会を襲う。階級間の経済的格差が深刻化し、とくに悲惨な状況におかれた農民、労働者のなかからは怨嗟の声が高まった。しかし、支配層に富の再分配を求め、実現していく社会的回路は事実上存在していなかったため、大衆の怒りのマグマはせき止められ、膨れ上がっていたのである。
そこに、蓑田胸喜という攻撃的「反知性主義者」が登場してきた。

思へ！　事実に於いて国家的統一、「独立」「自由」を失ひまたは失はんとしつゝ民族国民の惨憺たる冷厳生活事実のうちに、「研究の自由」「大学の独立」なる言葉に何の意味、否響だにありやを！　現日本の大学教授らこそ日本国民の膏血に寄食しつゝ、国民生活を残害荼毒《ざんがいとどく》しつゝある、無学、無信、無節操、無慚《むざん》放逸の「知的資本家閥」であり「特権階級」である。（傍点筆者）〔蓑田 1933〕

蓑田のこのような言いがかりは、しかし大衆のなかに蔓延していた外来思想への不信感と、富を独占する特権階級への憤懣を結合させる働きをしたのである。その土台は、『国防の本義と其強化の提唱』などにより、ある程度でき上がっていた。

この、「啓蒙主義エリート」、すなわち「不当な利益を独占している者」という観念連合の水路へ、せき止められていた大衆の怒りが一気に流れ込んだのだ。美濃部の天皇機関説が「自由主義的」「外国の思想」、つまり西洋的啓蒙の代表とみなされ、それがゆえに「『財閥・特権階級』を擁護する側の存在」（筒井）とみなされたことこそが、大衆の反感を集め、執拗な攻撃が加えられた理由である。

そして、このような大衆の情念を背景としていたからこそ、美濃部に対する攻撃はまったく一方的なものとなり、誰もこれに反対の声を上げることができなかった。「まず二大政党の腐敗と地方農村の窮状を訴え、弱者＝庶民の側から『貴族院勅選議員美濃部達吉東京帝国大学名誉教授』を攻撃する、

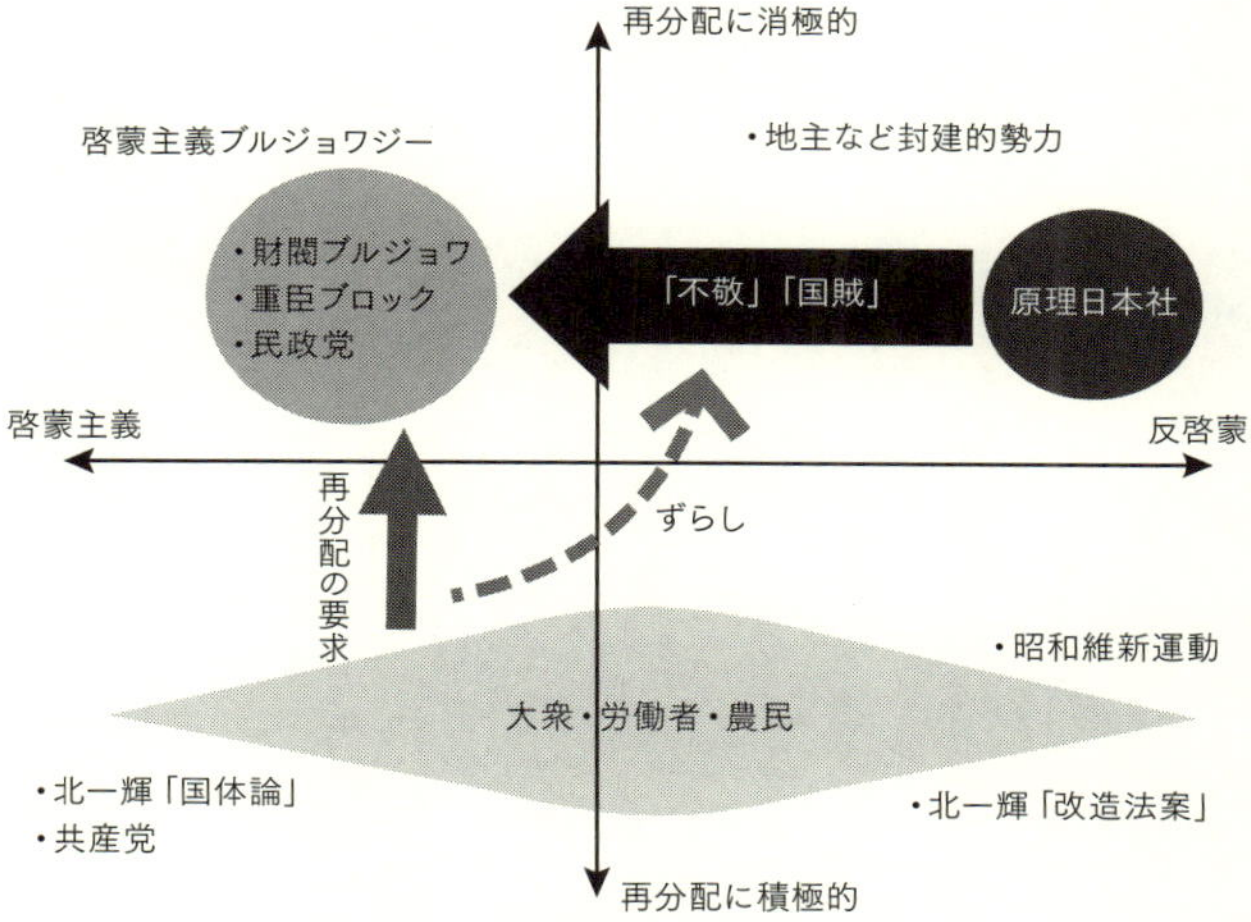

〈図5〉

という手法は見事なまでの大衆動員上の成功を収めたのだった」［筒井 2018: 237］。

　図示すると図5のようになる。縦軸の「再分配反対－再分配肯定」における経済的要求が、横軸の「啓蒙－反啓蒙」における啓蒙主義への攻撃にずらされ、置き換えられた。そのほうが、敵である資本主義エスタブリッシュメントを叩くにはより有効だったからである。

「攻撃のためのイデオロギー」に変質した天皇国体

　ところで、この縦軸から横軸への置き換え・ずらしを先駆的に行ったイデオローグが、かの北一輝である。彼は、国民運動による社会主義革命の実現を説いた明治末の『国体論及び純正社会主義』から、大正後期の『日本改造法案大綱』において、大きく戦略の転換を行った。詳しくは拙著『北一輝と萩原朔太郎――「近代日本」に対する異議申し立て者』をご参照いただきたいが、ブルジョワ支配層を攻撃するより有効な手段として、国民運動方式から天皇を盾にとった軍事クーデター方式へと「転向」したのである。いわば、社会主義者から「偽装右翼」への転身である〔芝 2016: 298-300〕。

この北が、皇室に対して本心ではどのような感情を抱いていたかについては、昭和天皇のことを「クラゲの研究者」と呼んでいたことなどから明らかであろう〔寺田 1971: 290〕。経済的特権階級への攻撃を、「国体への不敬」という攻撃のベクトルに置き換えるこの方法において、「天皇」はあくまで攻撃の方便のために引っ張り出された「道具」でしかなかった。

ここには、大正・昭和期において、天皇制が明治とは異なるものに変質していったことが背景としてある。明治期における家長父的天皇は、近代化が急激に推し進められるなか、おもに農村共同体に根ざしていた日本社会を、なんとか宥《なだ》めながら統合させるのに必要にして有効なフィクションであった。つまり、半封建的な社会構造を反映し、啓蒙主義と天皇主義は原理としては矛盾しながらも、お互い手を携える補完関係にあったといえる。

しかし昭和初期、前章でみたように、工業化の進行とマス・コミュニケーションの発達は、農村から人口が流入した都市を中心に、現代の元型となる大衆社会を生み出していた。近代化の進行はまず啓蒙主義の優位として表れたが、国内外の状況が逼迫してくると、政治勢力の対立が尖鋭化し、啓蒙と天皇はそれぞれの勢力のイデオロギーとして分断されていく。

農村においても、「官僚層が一方で依拠する国家財政と国家資本が産業資本確立＝帝国主義転化の過程で急激に膨張した結果、しわよせを受けた地方財政の窮乏が深刻化するとともに村落共同体秩序が外部から——たとえば国有鉄道の普及によって——徐々に掘り崩されていき、官僚層が他方で依拠する名望家支配と村落共同体が動揺せざるをえないという事態」が進行し、天皇制はその基盤となる実体を喪失しつつあった。そこで天皇制国家は、その自然的実体の欠如を埋め合わせようと、「解体しつつある共同体秩序を家族主義的イデオロギーを用い寄生地主層より下の社会層にも依拠して再編」しようとした［石井 1991: 263］。

ここで天皇主義は、たんに封建的なものの残滓ではなく、昭和期において「コミュニケーションの発達によって、否応なく『大衆』の動向が政治的にものをいうようになった」大衆社会化と結びつき［丸山 1998b: 267］、超国家主義への道を切り拓くイデオロギー・シンボル、すなわち「伝統のシンボルよりも、変革のシンボル」に変質していった［久野 1956: 123］。

その帰結が天皇機関説事件であり、この事件を日本近代政治思想史上に位置づけるならば、明治の伊藤博文がなんとか苦心してつくりあげた啓蒙主義と天皇制国体のデリケートな連携関係を、決定的にぶち壊したことを意味していた［ibid.: 133］。

そして、伊藤国家のフィクションが崩れ去った後に露わとなったのは、日本の思想構造が孕んでいた問題点そのものだった。攻撃の「手段」と変質した天皇イデオロギーには、皮肉なことに、わが国における啓蒙主義の偏頗な性格が増幅された形で反映されていた。それは、北が天皇をただの「道具」とみなしたように、およそ思想そのものの価値に対するリスペクトを欠き、イデオロギーをただの「手段」として扱う態度である。

事実すでにみたように、天皇自身は「機関説でよい」という考えをもち、事件当時も美濃部に同情的な口吻を側近に漏らしていた［宮沢 1970: 502-519］。しかし、敵を叩くためのたんなる「道具・手段」

として天皇を利用する勢力にとっては、天皇本人の意思などまったく余計なことであった。

「近代の超克」

「前近代」と「超近代」の野合　ファシズム勢力とブルジョワ・重臣ブロックとの抗争が尖鋭化するなかで、一九三〇年代後半の日本の政治状況は混迷を深めていく。そのなかで、独自の国家社会主義構想を有していた北一輝は、創造的な構想力という点では抜きん出ていたといってよい。しかし彼は一九三六年の二・二六事件に連座させられ、翌年銃殺刑に処せられてしまう。

最終的に事態を収束したのは、軍部を掌握した統制派と、岸信介を中心とする革新官僚が結びついた「総力戦体制」派であった。これは、将来のソ連ないし米英との戦争は国力を総動員して戦う総力戦にならざるをえないとの認識のもと、総力戦を戦い抜くために、政治、経済、社会から非合理的モーメントを一掃し、一元的に再組織しようとする勢力である。

一九三七年に日中戦争が勃発、翌年国民総動員法が施行される。国策に沿った統制経済体制の推進、政党の解散と大政翼賛会への一元化、労働組合や各種団体の一元化などが、「新体制運動」や「東亜新秩序」という掛け声のもとに推し進められた。一見奇妙なことに、この体制のなかにはかつて左翼だった者が多く入り込んでいた。たとえば、岸のもとで実務的中核を担った企画院の若手官僚たちの多くは、学生時代にマルクス主義経済学の洗礼を受けた者たちだった。彼らはその知識を動員し、ソ連の五か年計画方式を手本とした日本型統制経済を設計する［筒井 1996: 96-97］。彼ら元左翼からすれば、資本主義近代を超克しようとする総力戦体制の理念は、新たな設計主義的進歩思想として、マルキシズムからそれほど遠いものではなかったのである。

そう、総力戦体制は、一九三〇年代に前景化した大衆の「反近代」の情念を結集するために、ウルトラ的に亢進させた天皇絶対の「国体」を掲げつつ、同時に新秩序《ニューオーダー》による「超・近代」を標榜したところに「新しさ」があった。丸山いうところの、「『超進歩的』思想が政治的超反動と結びつくというイロニイ」である〔丸山 1946a〕。

ここでめでたく「近代」は、国家によって時代遅れのレッテルを貼られて、乗り越えられるべきものとされたのである。

蓑田一派の末路　蓑田と原理日本社の活動は、学問の自由を圧殺するキャンペーンにほかならなかったが、それは政治的な効果においては、オピニオンリーダーに対する徹底した言論テロによって、リベラル・デモクラシー派の政治勢力を弱体化させることにあったといってよい。実際、蓑田がどう意図していたかにかかわらず、彼らの「批判戦」によってリベラル派重臣、政党の政治力は確実に弱まり、その結果として、総力戦体制派がヘゲモニーを握ることに大いに貢献したことは間違いのないことである。

さて日中戦争が長期化し、大政翼賛会、産業報国会などの結成によって総力戦体制がいちおうの完成をみると、もはや学問の自由は圧殺され、少なくとも表面上は、大学も学者も国家の命ずるとおりに「右にならえ」という状態となった。全国の憲法学者は皆いっせいに足並みをそろえ天皇主権説に

「改宗」し、東京帝国大学においても、機関説の宮沢俊義教授は、天皇の地位について定める憲法第一条から四条までを飛ばして講義せざるをえなかった［宮沢 1970: 234、丸山 2016: 194］。蓑田らの「学術維新」は達成されたのである。

しかしそれは同時に、「批判戦」がもはや意義を喪ったことを意味していた。国家革新のヘゲモニーを掌握した総力戦体制派にとっても、政党を壊滅させた以上、すでに蓑田一派には政治的な利用価値がなくなっていた［竹内 2006: 40］。

つまりここには、少なくとも結果論として、蓑田らの活動が、ほかの政治勢力によって巧妙に利用され、回収されたという構図が見いだせる。「反知性主義」の運動は、それ自体としては対象をやっつけるだけの否定的な運動にすぎないから、創造的な構想力をもたない。そこで、よりクレバーな総力戦体制派が、蓑田という「啓蒙への攻撃者」を「敵」にけしかけ、そして用済みになったとき捨て去ったのである。

しかも設計主義的な総力戦体制は、天皇制国体の絶対を標榜しながら、実のところ、蓑田がひたすらに排斥、否定していた主知的合理主義そのものであった。つまり蓑田は、自分が攻撃し続けたものとは別タイプの啓蒙主義に、「利用され横領」（竹内洋）されたのである［ibid.: 41］。

一九四一年、蓑田は学内の内紛にからみ、国士舘大学からの退職を余儀なくされる。太平洋戦争が始まった後、蓑田には目立った活動がみられない。大政翼賛会からも外されていたという事実からもうかがわれるように、むしろ、当局からは厄介者扱いされていたようである［ibid.: 41］。実際、蓑田シンパの一部は、その「原理」の赴くところ「反東条」を主張するようになり、憲兵隊に検挙されてしまう。長期間の勾留から釈放された彼らに対し、蓑田はこのように悲痛な思いを述べた。

> 君たちが捕へられるやうになつた日本は必ず負ける。自分は間違つてゐた。決して東大の学者たちをやつつけたことが間違ひだつたと言ふのではない。あれは何処迄も正しかつたのだ。しかしその誤れる思想を取締るべき軍人、官僚、即ち権力の所持者の根底を匡《ただ》さなかつたのは全く片手落ちであり、自分の失策であった。結局自分のなしたことは中途半端なものであり、これは逆にマイナスに作用するものであつた。すまなかつた。［細川 1954: 28-29］

その後彼は体調を崩し、『原理日本』も一九四四年一月号をもって途絶した。蓑田は郷里の熊本八代に疎開し、そこでポツダム宣言受諾を聞いた。一〇月ごろに会った人には、「私がたたかってきた共産主義が、実際におこなわれているのを見て、何もいうことはありません」と言ったきり、ただ黙り込んでいた［永松 1973: 459］。そして一九四六年元旦に、天皇裕仁の人間宣言を聞いた。一月三〇日早朝、蓑田が首を吊って死亡しているのが家族によって発見された。「亡くなる少し前、蓑田は自身の手で殆どの自己の蔵書、著作、手稿、メモの類を焼き捨てたということである」［阿南 1976: 80］。

「近代の超克」

さて事ここにいたり、知識人たちから、この一連の現象を「近代の超克」として総括しようとする動きが起こった。

太平洋戦争開戦後の一九四二年七月、『文学界』特別企画として行われたシンポジウムは、この未曽有の対世界戦争のさなか、明治以来受容してきた西洋式「近代」についての総括と超克について議論したものである。河上徹太郎を司会として、鈴木成高、西谷啓治など京都学派の学者、小林秀雄、亀井勝一郎、林房雄、三好達治、中村光夫といった『文学界』同人の文学者、文芸評論家たちが参加した。

議論そのものはあまりまとまったものにはならなかったが、全体の論調を代表するのは、「『大東亜共栄圏』なるものを哲学的に理屈づけた京都学派の論理構制」であった［廣松 1980: 79］。すなわち、「そういう所〈フランス革命〉から系譜を引いて来ている『近代』、それは政治上ではデモクラシーとなりますし、思想上ではリベラリズム、経済上では資本主義」（鈴木成高）となって［ibid.: 17］、これまでは世界的な価値観とされてきた。しかし、「わが国が唯一の非欧羅巴的な強国にまで成長し、亜細亜に於けるアングロサクソンの支配に対して対決を迫られた」結果、「世界新秩序の樹立と大亜細亜の建設という課題」が、世界史的な必然として、「わが国に使命として荷われてゐる」という［西谷 1942］。まさに、日本主義的「超・近代」である。

この座談会は、「知的協力会議」と銘打たれているように、米英との総力戦のもと、文化思想もこれに対応しなければならないという、多分に時局的な姿勢から企画されたものである。そのため戦後においては、軍国主義に対する知識人の迎合と受けとめられることが多い。

しかしこの「近代の超克」という問題意識は、「いわば日本近代史のアポリア（難関）の凝縮であった」［竹内 1959］。すなわち、明治以来の啓蒙主義の受容に関する根本的な総括になりえたかもしれない、戦前におけるおそらく唯一の機会だった。

たとえば中村光夫は次のように論じる。

すなはち当時の社会を支配した西洋崇拝といふよりはむしろ西洋恐怖の風潮のお蔭で、そこに輸入された外国の文学または思想は単なる生硬の形ですら社会から過大な流通価値を与へられたため、却《かえ》つて我国の土壌に根を下す余裕を与へられなかつた。或る思想が輸入され、一渡り流行して消化される暇もなく忘れられて行くと、これと代つて別の思想が更にまた「新知識」として輸入された。そしてこの思想もまた単に目新しい知識である間だけ歓迎され、やがて忘れられるのは前の思想と同じであつた。

その結果、文学は絶へず新式の機械でも輸入するやうに、海外の新意匠を求めて転々し、哲学は自分の思想を持たぬ多くの「哲学者」を生んだだけであつた。［中村 1942］

中村は、日本の近代が外国列強からのプレッシャーのもと、急激な移植によって形成されてきた結果、無自覚のうちに「精神の畸形」を来しているのではないかと述べる。それは思想・文化の本質にいたることなく、ただ目先の「新しいもの」に次々と飛びつかざるをえない、強迫神経症的な精神のありようである。またそのような病理は、明治以来の西洋追従はもとより、「最近数年来、国民の文化的自覚を促す声」においてもなお、いや、さらに倒錯的な形で表れているのではないかと指摘する。

> 古典復活を説き、歴史と伝統を説く人々の間にもかういふ精神の不具者は数多く見出されるのである。いはゞ彼等はかつて西洋を担いだと同じやうな調子で我国の古典を担いでゐる。少くも一国民の文化的自覚といふやうな真剣な事業がかうしたお手軽な精神の作業によつて成しとげられるとは僕には信じられないのである。おそらくあらゆる点で現代社会の母胎であつた明治の文明開化政策は、今その盾の反面で僕等の身に報いて来てゐるのである。（傍点筆者）［ibid.］

これは、日本における「近代」の根本的問題点を突きながら、その「超克」論の欺瞞性をも鋭く問い質すものだった［廣松 1980: 20-21］。「近代の超克」シンポジウムは、時局的な迎合だけでなく、このような根本的な問題提起もなされていたのである。

しかし戦後、「近代の超克」は「反動」と決めつけられ、一顧だにされなくなった。つまり、日本的啓蒙主義の問題点はそれ以上掘り下げられることなく、敗戦によって議論そのものが切断されてしまう。

圧殺ではなく自己解体

このように、福沢から始まった日本の啓蒙主義は、一九三〇年代、満州事変や五・一五事件を経て、共産党の大量転向で自壊作用を起こし、天皇機関説事件で決定的な打撃を蒙った。そして、東亜新秩序と「近代の超克」という、超・近代の掛け声が高まると、これまで議会主義デモクラシーやマルクス主義を唱えていた人々も、そこに向けてなだれ込んでいったのである。

ここに露呈しているのは、戦前のわが国の知識人やブルジョワ政党人たちにとって、自由主義や個人主義という西洋の啓蒙的価値観が、結局のところ自分たちの心情に根づかない、借り物のままであったという事実である。極言すれば、それは成り上がり近代日本のなかで、実利や栄誉を得るための手段として以上の意味をもちえなかった。

したがって、これら諸価値に対する信頼や尊重の念が、社会的に醸成されることもなかった。大衆においては当然のこと、実は知識人の内面においても、啓蒙主義への不信感は深く根を張りめぐらせていたのである。その結果、一九三〇年代に進行していった国内外の危機的状況のなか、機関説事件のころには、啓蒙の論理は彼らのなかで、もはやぐずぐずに自己解体を引き起こしていた。その顕在化が集団転向であり、自壊の「完成」が「近代の超克」であった。

そう、戦前日本において、啓蒙主義は右翼や軍など、敵対勢力の攻撃によって圧殺されたのではない。自らの抱えていた問題点により、自ずと解体したのである。

そして敗戦により、自壊したはずの大正デモクラシーが何事もなかったかのように復活させられ、自由と民主主義の戦後が始まる。だがそこには、「敗戦によるアポリアの解消によって、思想の荒廃状態がそのまま凍結されて」いた［竹内 1959］。

註

（1）鐘紡社長であり衆議院議員であった武藤山治の言。

（2）「極く簡単に言ひますと、大正九年の財界反動後に、日本の仕事といふものは段々と縮小されて来て、……そればかりでも当然に失業者といふものは出てきたのであるが、現政府は、これ迄の放漫なる財政計画を更えやうと斯ういふことで、昭和四年度に四億円、昭和五年度に五億円、といふ金を中央地方を通じて使ふのを止めた。その結果、即ち仕事が減った結果、又当然失業者が出て来て居る」（「失業問題討論会」『改造』昭和五年七月号三頁。傍点筆者）。なお坂野二〇一四、一一四頁。

（3）東京日日新聞に送られてきた投書。新聞社が「心を打たれたものとして」タイプで打ち直し、五・一五事件軍法会議の主席検察官であった匂坂春平に送ってきたもの。

（4）たとえば、京都大学教授の市村光恵は、上杉説は領土と人民が封建的君主の私的財産にすぎなかった中世の「家産国家」観にほかならず、「〈上杉〉氏と吾人とはその思想において五六百年の遅速あるなり」と批判した［宮沢 1970: 42］。

（5）「国本」とは「民本」に反対するという意であり、反共、反デモクラシー、反欧米、反既存政党を標榜する「日本ファシズムの総本山」であった。

（6）イギリスのように階級差が明確な（と感じさせる）社会では、知識人は伝統的に社会的尊重を受ける。しかしそのような伝統のない日本においては、学歴エリートは「アイツがあの高い位置にいるのは偶然なんだ」という反感と、ときには復讐心を下位者から向けられがちとなる［高田 2010: 206］。また知識人も自らの内面において、ある種の「後ろめたさ」をつねに抱かざるをえない［ibid.: 174-178］。

第五章

三島由紀夫
——戦後日本に対する呪い

『鏡子の家』という挑戦

戦前日本の「残骸」　戦争が終わった。日本は負け、東京は焼け野原となった。ところで、真夏の日差しの下、その焼け野原を「生であり活力であり、健康」と、「頽廃であり腐敗であり、死」の奇妙な結びつきを感じながら、不思議な充実感をもって歩き出した青年がいた［三島 1955c］。平岡公威《きみたけ》、二〇歳。ペンネーム三島由紀夫である（三島は大正一四年一月生まれなので、彼の満年齢は昭和の年号とほぼ同一である）。

三島由紀夫はその後、戦後日本を代表する小説家となる。しかしあるときから彼はまた、戦後啓蒙主義に対する仮借のない批判者となった。その彼が「戦後」なるものに初めて真正面から対峙したのが、敗戦から一四年後、『経済白書』に「もはや戦後ではない」と書かれてほどない一九五九年（昭和三四年）に刊行された長編小説、『鏡子の家』だった。

　この小説は、いはゆる戦後文学ではなく、『戦後は終わつた』文学だとも云へるだらう。『戦後は終わつた』と信じた時代の、感情と心理の典型的な例を書かうとしたのである。［三島 1959b］

資産家の令嬢、鏡子は夫と別居中で、小さな娘と信濃町の洋館で気ままな暮らしを送っている。その家をサロンとして、四人の青年たち、世界崩壊を信じるエリート商社マン、大学生の拳闘選手、美貌の売れない役者、才能に恵まれた日本画家が集まってくる。

しかし四人が四人とも、言わず語らずのうちに感じてゐた。われわれは壁の前に立つてゐる四人なんだと。

それが時代の壁であるか、社会の壁であるかわからない。いづれにしろ、彼らの少年期にはこんな壁はすつかり瓦解して、明るい外光のうちに、どこまでも瓦礫がつづいてゐたのである。……この世界が瓦礫と断片から成立つてゐると信じられたあの無限に快活な、無限に自由な少年期は消えてしまつた。今ただひとつたしかなことは、巨《おお》きな壁があり、その壁に鼻を突きつけて、四人が立つてゐるといふことなのである。[三島 1959a]

敗戦直後は混沌であり、無秩序、つまり「瓦礫」がどこまでも広がっている時代だった。東京の焼け野原にバラックと闇市が雨後の筍のように建てられ、革命前夜のようにゼネストと公職追放が吹き荒れていた。三島にとってそれは、「忘れがたい異様な時代」であった。「破壊の後の頽廃、死ととなり合わせになったグロテスクな生、あれはまさに夏であった」[三島 1955b]。

瓦礫の続く「廃墟」は、いうまでもなく、太平洋戦争の完膚なき敗戦によってもたらされたものである。しかしそれはたんに軍事力による敗北だけではない。日本の近代的精神が敗北した結果としての、「残骸」でもあった。しかも前章で述べたように、その敗北は日米開戦より前に、自らが引き起こした崩壊によってもたらされたものである。そこに露わとなったのは、日本的啓蒙主義のどうしようもない無構造性、根無し草的性格であった。

三島が「廃墟」にみていたのも、戦前日本の精神の本質、つまりニヒリズムそのものである。彼はそのニヒリズムが、まさに「残骸」として、白日の下にさらされていることに偽悪的な爽快さを感じながら、「新生」と「若々しい鼓動」の希望をも感じ取っていた。それが、三島が「兇暴きわまる抒情の一時期」と呼んだ敗戦直後の光景だった［ibid.］。

不毛の欺瞞の始まり　しかし一九五〇年、講和条約が結ばれ、占領期にいちおうの終止符が打たれる。敗戦の無秩序が収まっていくなかで、政治体制としても与党・自由民主党、野党第一党・日本社会党の五五年体制が固まる。ここに日本の「戦後」は、はっきりとその姿を現し始めた。

壊滅したはずのオールドリベラリストや、岸信介に代表される戦前ファッショ勢力が、反共親米の保守勢力としてそっくり生き返り、また、集団転向した左翼人たちの多くもいつのまにか復活して、革命と進歩を声高に主張していた。このように、まるで何事もなかったように「戦後」が再開された。

時たま鏡子は大袈裟に、一つの時代が終わつたと考へることがある。終はる筈のない一つの時代が。……再び真面目な時代が来る。大真面目の、優等生たちの、点取虫たちの陰惨な時代。再び世界に対する全幅的な同意。人間だの、愛だの、希望だの、理想だの、……これらのがらくたな諸々の価値の復活。徹底的な改宗。そして何よりも辛いのは、あれほど愛して来た廃墟を完全に否認すること。目に見える廃墟ばかりか、目に見えない廃墟までも！［三島 1959a］

物質的復興が進み、ビルと高級車で焼け野原が覆い隠されていくと、「目に見えない廃墟」、つまり近代日本のニヒリズム的本質もまた、忘れ去られていった。「兇暴きわまる抒情の一時期」は、終わりを迎えたのである。

その代わりに戦後を覆ったのは、三島にとってなにか薄っぺらに感じられる、進歩的価値観の復活だった。「再び世界に対する全幅的な同意。人間だの、愛だの、希望だの、理想だの、……これらのがらくたな諸々の価値の復活」。それも、ついこの間までファッショに協力していた政治家たちが、リベラル・デモクラシーと平和についてのうのうと語っていた。

そう、戦後という時代が、敗戦によって明らかにされたはずの近代日本の精神の不毛さを覆い隠したうえに、今まさに始まろうとしていた。到来する時代に対する三島の嫌悪感は、ラストシーンに如実に表されている。

玄関の扉があいた。ついでに客間のドアが、おそろしい勢いで開け放たれた。その勢いにおどろいて、思はず鏡子はドアのはうへ振向いた。
七疋《ひき》のシェパアドとグレートデンが、一どきに鎖を解かれて、ドアから一せいに駈け入つて来た。あたりは犬の咆哮《ほうこう》にとどろき、ひろい客間はたちまち犬の匂ひに充たされた。［ibid.］

戦後日本は、「不毛の欺瞞」である。それが「壁」であり、鏡子の家に集まる四人の男たちはそれぞれのやり方で壁と対する。ある者はいったん成功をつかんだ後失墜し、ある者は死に、ある者は危機を脱出して生き残る。

このように、『鏡子の家』は、敗戦後の混乱期の終わりと、その後に現出しつつあった「戦後日本」に対する、三島の激しい不信の念を表現したものであった。この後生涯を通じ、そして最後は命を賭して戦後日本に対する苛烈な批判者となった三島の、重要なターニングポイントとなった作品である。

捨てられた赤ん坊　興味深いことに、ほぼ同時期にフェリーニの『甘い生活』が封切られ、三島もそれを観ている。彼は、『鏡子の家』にあまり似ているので盗作されたかと思った、などと書いているが［三島 1960b］、なるほど、ローマ、東京と舞台は異なっていても、戦後の享楽的な資本主義社会とその底に横たわるニヒリズムを、社会風俗の側面から抉り出した両者のテーマとアプローチはよく似ている。

ところがカンヌでパルム・ドールを受賞した『甘い生活』と違い、『鏡子の家』に対する評論家の評判は芳しくなかった。作中人物は結局、作者の内面におけるいろいろな要素を代表する観念的モデルにすぎず、人物間のぶつかり合いのドラマが展開されていないと評され（佐伯彰一）、なかには「この作品で三島ははじめて失敗した」とまで述べる評者（山本健吉）さえいた［佐藤 2006: 106-107］。

三島はその結果に非常に絶望し、苛立った。たんに作品を貶されたからではない。これら数々の批判の底に、評者たちの、戦後における「不毛の欺瞞」に対する、まったくの無感覚が顔をのぞかせていたからである。「なによりも、『鏡子の家』が発表された昭和三四年は岩戸景気（昭和三三年六月～三六年一二月）と呼ばれる好景気の只中《ただなか》にあった。そういう時期にあって、焼跡時代に郷愁を覚え深いニヒリズムに囚《とら》われる人物を描くのは、あまりに時代の空気にそぐわぬことである」［井上 2009: 157］。そう、世間は平和な日常にとりあえず安心し、あるいは進歩と復興の夢に目を輝かせていた。そうでなかったのは、「戦争も、その『廃墟』も消失し、不在化したこの平和の時期には、どこか『異常』でうろんなところがあるという感覚は、ぼくには痛切な共感をさそう」と吐露した、三島と同世代の評論家、橋川文三ほぼただ一人といってよかった［橋川 1959］。

三島の絶望がいかに深刻なものであったかは、それから約一〇年後の発言に赤裸々に表されている。

> 『鏡子の家』でね、僕そんなことというと恥だけど、あれで皆に非常に解ってほしかったんですよ。それで、自分はいま川の中に赤ん坊を捨てようとしていると、皆とめないのかというんで橋の上に立ってるんですよ。誰もとめに来てくれなかった。それで絶望して川の中に赤ん坊投げこんでそれでもうおしまいですよ、僕はもう。……しかし、その時の文壇の冷たさってなかったんですよ。僕が赤ん坊捨てようとしてるのに誰もふり向きもしなかった。（傍点筆者）［三島 1968d］

続けて彼は、このようにほのめかしている。「それで絶望して川の中に赤ん坊投げこんでそれでもうおしまいですよ、僕はもう。あれはすんだことだ。まだ、逮捕されない。だから今度は逮捕されるようにいろいろやってるんですよ」。

この謎めいた発言は、その二年後に彼が遂げた最期からみると、とんでもない意味だったことに気づく。「赤ん坊」とは、三島がニヒリズムと対峙し戦後を生きようとする、その意思であり、希望のことにほかならない。つまり『鏡子の家』は、三島にとってたんなる一作品にとどまらず、己が戦後を「生きねばならぬ」ための、手がかりないし挑戦だったというのである。

しかし誰にもそういう思いは理解されなかったために、赤ん坊、すなわち「生きる」という希望を放擲せざるをえなかったという。「逮捕」とはその罰として、彼を捕まえにくる「何か」であるらしい。しかも奇怪なことに、三島はあえて「逮捕」されるために、「いろいろやっている」という。

三島由紀夫は、戦前から引き継いだ日本の近代精神の問題点を、まったく独自のアプローチで乗り越えようと試みた。しかしこの発言にみられるように、その試みは失敗した。本章では、「三島由紀夫」という特異な精神の軌跡をたどりながら、その試みと挫折について考察するものである。

戦争から戦後へ

「幸福」な少年時代

三島由紀夫は一六の歳で小説『花ざかりの森』を国文学雑誌『文芸文化』に発表した、早熟の天才であった。戦争中の一九四四年には同名の短編集を刊行している。その文学的出発点は、ラディゲなどのフランス心理小説とともに、伊藤静雄、保田與重郎など、日本浪漫派の影響を色濃く受けたものであった。

三島の生は物心ついたときより戦争のただ中にあったが、それは彼に特異な感受性を育ませた。すでに一五歳のころの詩にはこうある。

わたしは夕な夕な
窓に立ち椿事を待つた、
凶変のだう悪〈獰悪〉な砂塵が
夜の虹のやうに街並みの
むかうからおしよせてくるのを（「凶ごと」）［三島 1940］

少年期の三島が生きていたのは、若くして死ぬということを当然のこととして受け入れなければならなかった時代である。「私の十代は、戦争にはじまり、戦争にをわつた。一年一年徴兵検査の年に近づく気味の悪さといふものは、今の十代にはわかるまい」［三島 1955d］。戦況が逼迫し、東京の空襲が始まると、「死」はますます現実的かつ身近なものとなった。一九歳の三島は、いつ赤紙が来るかわからない状況で、遺書のつもりで小説『中世』をせっせと書いていた。警報が鳴るたびに、書きかけの原稿を抱えて防空壕に逃げ込む日々［三島 1963］。

しかし、「その穴から首をもたげてながめる、遠い大都市の空襲は美しかつた。炎はさまざまな色に照り映え、高座郡の夜の平野の彼方、それはぜいたくな死と破滅の大宴会の、遠い篝《かがり》のあかりを望み見るかのやうであつた」とあるように、彼の心情は戦争がもたらす現実の惨禍とは、どこかかけ離れたものだった。

『中世』は、三島が、若くして夭逝した主人公の足利義尚将軍に自分を「同一化」して書いた小説である［ibid.］。そこで彼は古典美に惑溺し、死と滅亡の美学のなかに己を没入させていた。そう、「戦争から現実から完全に遮断」されて［三島 1956b］、少年三島は「反現実的な豪奢《ごうしゃ》と華麗」の一種の末世思想の夢想に浸っていた［三島 1954a］。そのため奇妙なことに、彼は「幸福」であった。

かういふ日々に、私が幸福だつたことは多分確かである。就職の心配もなければ、試験の心配さへなく、わづかながら食物も与へられ、未来に関して自分の責任の及ぶ範囲が皆無であるから、生活的に幸福であつたことはもちろん、文学的にも幸福であった。批評家もゐなければ競争者もゐない、自分一人だけの文学的快楽。……こんな状態をいまになつて幸福だといふのは、過去の美化のそしりを免かれまいが、それでもできるだけ正確に思ひ出してみても、あれだけ私が自分というものを負担に感じなかつた時期は他にない。［三島 1963］

「私たちは死なねばならぬ！」

三島は単純な右翼でもなければ愛国少年でもなかったが、浪漫派の国文学者、蓮田善明から「この年少の作者は、併《しか》し悠久な日本の歴史の請《うけ》し子である」と褒め上げられていたように、自分が日本の文化伝統を受け継ぐ嫡子であるという自負心を抱いていた。そして今や、その日本とともに自分も滅びようとしているという観念を、自然に受け入れていた。

彼はそのころ、天才詩人はラディゲのように二〇歳で夭折しなければならない、という夢想を抱いていた。彼に夭折をもたらすものは「椿事」であり、「恩寵」である。そして、日本浪漫派の文学観は、そのような観念を抱かせるのに都合のよいイデオロギーであった。橋川文三の言を借りれば、「ナチズムのニヒリズムは、『我々は闘わねばならぬ《ヴィア・ミュッセン・ケンペン》！』という呪われた無窮動にあらわれるが、しかし、私たちの感じとった日本浪漫派は、まさに『私たちは死なねばならぬ！《ヴィア・ミュッセン・シュテルベン》』という以外のものではなかった」［橋川 1960］。

その一方で三島は、「浪漫主義からは、様式上の影響しか受けなかつた。私には、悲劇的な勇敢さや、挫折をものともせぬ突進の意欲や、幻滅をおそれぬ情熱や、時代と共に生き時代と共に死なうとする心意気や、さういうものがまるきり欠けている」とそっけなく振り返っている［三島 1955a］。つまり彼は、少年らしいぼんやりした詩的夢想に浸りながら、ただ自分の美的観念をまっとうすることにしか興味がなく、皇国が滅びるのも、そのための道具立てにすぎなかった。

> 私一人の生死が占ひがたいばかりか、日本の明日の運命が占ひがたいその一時期は、自分一個の終末観と、時代と社会全部の終末観とが、完全に一致した、稀に見る時代であつたと云へる。……少年期と青年期のナルシシズムは、自分のために何をでも利用する。世界の滅亡をでも利用する。鏡は大きければ大きいほどいい。二十歳の私は、自分を何とでも夢想することができた。薄明の天才とも。日本の美的伝統の最後の若者とも。デカダン中のデカダン、頽唐《たいとう》期の最後の皇帝とも。それから美の特攻隊とも。［三島 1963］

平たくいえば、ここにあるのは、「どうせ死んじゃうんだからいいや」という、無責任で少年らしいナルシシズムである。しかしそのような態度を彼にもたらしたのは、戦争という国家的大災厄によって、次のような人生的な問題に向かわずに済み、そして二〇歳で死ぬだろうという、たまたまの「僥倖」にすぎなかった。

私は自分の気質に苦しめられてきた。はじめ少年時代に、私はこんな苦しみを少しも知らず、気質とぴつたり一つになって、気質のなかにぼんやり浮身をして幸福であつた。私はにせものの詩人であり、物語の書き手であつた。(傍点筆者)［三島 1959c］

『中世』を完成した直後、終戦の年の二月に三島は入営通知を受け取った。彼は二〇歳となっていた。とうとう死ぬべきときが来たのである。ところが入営時、風邪で高熱を発していた三島は、肺湿潤の誤診を受け、即日帰郷を命じられる。『仮面の告白』の記述によると、このとき彼は微熱が半年続いているとか、血痰が出るなどと嘘をつき、誤診を誘導したらしい。

営門をあとにすると私は駆け出した。荒涼とした冬の坂が村のはうへ降りてゐた。あの飛行機工場でのやうに、ともかくも「死」ではないもの、何にまれ「死」ではないもののはうへと、私の足が駆けた。［三島 1949a］

そして彼は生き残った。いや、生き残ってしまった。

終戦とともに襲ってきた不幸

敗戦は「私たちは死なねばならぬ！」という命令から、三島を生まれて初めて解き放った。死の重圧から逃れたという解放感は、彼にも当然あっただろう。しかし、「死なねばならぬ」という、民族共同体からの命令が失われた今、「自分というものを負担に感じなかった」幸福は失われ、三島は自分自身の問題と向き合わなければならなくなる。「そして不幸は、終戦と共に、突然私を襲ってきた」［三島 1963］。

生活上の変化としては、終戦直後に可愛がっていた妹が病死し、また交際していた女性が他者と結婚するということがあった。昭和二二年、東京大学法学部を卒業した三島は大蔵省に勤める。夜執筆するという生活を続けながら、「せっせと短編小説を書き散らしながら、私は本当のところ、生きていても仕様がない気がしていた。ひどい無力感が私をとらえていた。……私は自分の若さには一体意味があるのか、いや、一体自分は本当に若いのか。というような疑問にさいなまれた」。

> その後の数年の、私の生活の荒涼たる空白感は、今思ひ出しても、ゾッとせずにはゐられない。年齢的に最も溌剌としている筈の、昭和二十一年から二、三年の間といふもの、私は最も死の近くにゐた。未来の希望もなく、過去の喚起はすべて醜かつた。私は何とかして、自分、及び、自分の人生を、まるごと肯定してしまはなければならぬと思つた。［三島 1955b］

敗戦の廃墟に「かがやかしい腐敗と新生の季節」［ibid.］を感じながら、三島にとって戦後の日本とは、その一方で実にやっかいな、生きにくい時代だった。おそらく、自殺という選択肢もありえたと思われる。それぐらい、彼は自身の実存的な問題に追い詰められていた。

このとき三島が直面していた、負担このうえない「自分、及び、自分の人生」とは、いったい何であったのだろうか。彼はまた別のところで、「私が小説を書く最初のころの動機も、自分から逃げまわろう、自分の中のそういう恐ろしいものからのがれようということで文学を始めたように思われる」と書いている［三島 1956a］。逃げなければならない、恐ろしい自分自身の問題とは何か。

それは、「悪いことと美しいことがいつも結びついて」感じられていた、彼の美的感受性の問題である［ibid.］。そしてそこでは、彼の性的指向《セクシュアリティ》の問題にも触れないわけにはいかない。

観念・美的感受性・セクシュアリティ

まず、彼が物心ついたときから、日本は絶え間なくどこかの国と戦争を続けており、いずれは自分も兵隊にとられて死ぬだろう、という運命を当然に受けとめなければならない時代の背景があった。そこから、橋川文三が指摘するとおり、天皇が統べる神国日本の「敗北の必然に対する予感的構想」［橋川 1960］と、その文化伝統とともに「私たちは死なねばならぬ」という、浪漫派的な「観念」が抱かれる。

少年期の三島は、その「観念」に庇護されて、滅びゆくものに強く惹きつけられる美意識、つまり終末美への「美的感受性」を、誰はばかることなく野放図に育んだ。

そしてこの美意識には、三島が少年期から抱えていた特異なセクシャリティが密接に絡みついていた。『仮面の告白』によると、彼は少年時代、グイド・レーニ画の、矢で射抜かれ血を流す聖セバスチャン殉教図を見た刹那、「或る異教的な歓喜に押しゆるがされ」、最初の自慰と射精を経験した［三島 1949a］。そしてその後、中学校の逞しく粗野な同級生、近江に恋をする。

私は夏を、せめて初夏を待ちこがれた。彼の裸体を見る機会を、その季節がもたらすやうに思はれた。更に私は、もつと面伏《おもぶ》せな欲求を奥深く抱いてゐた。それは彼のあの『おおきなもの』を見たいといふ欲求だつた。[ibid.]

また彼の性的指向は、同性に向かうとともに、血と死のイメージに向けられたサド・マゾヒズムの傾向をはっきりと示していた。

希臘《ギリシヤ》の兵士や、アラビアの白人奴隷《どれい》や、蛮族の王子や、ホテルのエレヴェーター・ボオイや、給仕《ガルソン》や、与太者《よたもの》や、サーカスの若者などが、私の空想の兇器で殺戮《さつりく》された。私は愛する方法を知らないので誤つて愛する者を殺してしまふ・あの劫掠者《ごうりようしや》のやうであつた。地に倒れてまだぴくぴく動いてゐる彼らの唇《くちびる》に私は接吻《せつぷん》した。レエルの一方に刑架が固定され、一方から短刀が十数本人形《ひとがた》に植つた厚板がレエルを辷《すべ》つて迫つてくる刑具は、何かの暗示で私が発見したものだつた。死刑の工場があつて人間を貫く旋盤がしじゆう運転してをり、血のジュースが甘味をつけられ壜詰《びんづめ》にされて発売された。多くの犠牲が後ろ手につながれて、この中学生の頭脳のコロッセウムに送り込まれて来るのだつた。(1)[ibid.]

そう、ここにみられるのは、時代的な観念と、美的感受性、そして自身の性的指向《セクシュアリティ》の、奇蹟的な合一である。まさに、「自分一個の終末観と、時代と社会全部の終末観とが、完全に一致」し、「気質とぴつたり一つになつて、気質のなかにぼんやり浮身をして幸福」な状態のなかに、三島の少年時代はあった。この心地よく揺蕩《たゆた》う羊水こそが、三島の精神の元型を形づくった源に違いない。

ところで、「観念」「美的感受性」「性的指向」。この三つの要素のどれに着目するかによって、三島という人物とその人生についても、「憂国の思想家・行動者」、あるいは「美に殉じた芸術家」、またあるいは「たんなる性的倒錯者」という見方が並列することになる。いや、三島死してからのち、われわれはそのいずれかのステレオタイプ的言説を、うんざりするほど聞かされ続けてきたといっていいだろう。

しかし、死の観念連合は終末の美的ビジョンを生み、ビジョンは新たな性的妄想の回路を開き、そこからさらなる禍々しいイメージが増殖し、それがまた美的感受性をうるわしくどぎつく伸長させ、それがまた死の観念をいっそう堅牢に補強し……と、これらは相互に作用しながら、増幅し成長していくものである。したがって本来的には、それぞれのどれが根本で本質であると、軽々に決めつけることはできない問題である。本論においても、その点はまずしっかりと確認しておきたい。

しかしまず、少年期、戦前・戦中の三島に関するならば、次の奥野健男の指摘のとおり、揺籃期の「にせものの詩人」の彼にとっては、萌《きざ》しつつある特異なセクシュアリティと結びついたところの「終末美」が何よりも重要であり、日本浪漫派的な「観念」は、そのための都合のよい道具立てにすぎなかった、という事実は間違いないだろう。

たまたま自分の終末観、それもばれないうちにはやく芝居を仮面劇を終幕にしたい。二十歳で死ぬことにしている自分の芝居を予定通りやりおおせたいという自己本位の願望が、一億総玉砕的雰囲気の中で完璧に達成されることを願っていただけではないか、とさえ極言できる。［奥野 1993: 140］

ニヒリスティックな耽美主義――『愛の処刑』

ところが戦争が終わり、彼は自分を守るぼんやりした羊水の世界から、突然排出されてしまう。外界に放り出されて、まわりを見回してみれば、いいかげんな道具立てだった「観念」、すなわち「死ぬべきもの」の根拠は喪われ、彼の、死と滅びに向かう「終末の美学」は、どこにも居場所のないものになってしまった。

なかでも、戦後日本を覆った、生命第一主義と絶対平和のヒューマニズムのもとでは、彼の美学は「もう一度原子爆弾が落っこったってどうしたって、そんなことはかまったことぢゃない。僕にとって重要なのは、そのおかげで地球の形が少しでも美しくなるかどうかということだ」などという、「やけのやんぱちの、ニヒリスティックな耽美主義」に堕《だ》さざるをえないだろう［三島 1963］。

この、戦後の三島にとりついていた「ニヒリスティックな耽美主義」が究極的にいたるところを示すのが、あの問題作『愛の処刑』である(2)。

中学校の体育教師である大友信二は、愛する教え子を雨のなか、罰として外に立たせた結果、肺炎で死なせてしまう。悶々と自責する信二の下宿へ、その夜、同じクラスの美少年、俊男が訪ねてくる。短刀を手にした俊男は彼に対して、切腹して友を死なせた罪を贖えと迫る。信二は美少年から死を命じられたことに恍惚となる。

俺は美しい少年から死を賜はつたのだ。こんなに幸福な戦慄的な死に方があるだらうか。自分がこれからべんべんと長生きしても、これ以上の死に方にめぐり合ふことはあるまい。それなら今までの生涯は、この幸福な死のために築かれてきたやうな気がする。［三島 1960a］

彼は俊男と熱い接吻を交わした後、俊男が見下ろすなか、腹に刀を突き立てる。

刃は臍の真下へ近づいてゐる。すでに白い褌の前袋は真赤になり、飛び散る血で、白いズボンも血のまだらで一ぱいだ。乳までたくし上げたランニング・シャツの純白をも、口から垂れた血や、飛んだ血が、美しい赤に染めている。おそろしいほどの血だった。刀身を伝はつて、信二の拳は血でヌルヌルし、腹一面を流れ落ちる血に、陰毛が泳いでゐた。ズボンの尻のところにもういつぱい股を伝はつた血がたまつてゐた。信二の顔はだんだんに蒼ざめてゐた。しかし苦痛に堪へて見上げる目は、濃い眉の下で、鋭く精悍だった。

「これが見たかったんだ」と美少年は、いきいきとした目を輝かせて、胸を躍らせて、心に呟いてゐた。「なんてステキだろう。彼の白いランニングシャツと白いズボンが血みどろになり、胸毛が血に濡れそぼつてゐる。これが見たかつた！　僕は何て幸福だろう。」［ibid.］

ここにむき出しに表現されているのは、敗戦により、彼に死を命じる「神」、あるいは「日本」が喪われた後、三島の「滅びの美学」とは、もはやこのようなものにしかならない、という現実である。

つまり、肉体破壊と流血、そして死へと惹きつけられる自己の特異なセクシュアリティにしか、根拠がない。もはや、彼に死を賜う存在は、極言すれば「美少年」しかいないのだ。これが、戦後三島が直面していた実存的問題であった。

もちろん、そのありようをそのまま肯定して、自らを、特異な性意識と美的感受性より「詩」を紡ぎ出す、マイナー・ポエットとして自己規定する方法もあったはずである。たとえば、彼が熱烈に賛美した稲垣足穂のように。

ニヒリズムに抗う芸術家

『仮面の告白』というスタートライン　しかし三島は、詩人的感性に充足するタイプの文学者ではなかった。のちの文学的展開にはっきりと現れているように、官能や美というイ・ロジカルなものだけでなく、論理や観念による全体性の構築をめざすのが、彼のやむにやまざる志向性だった。

その第一歩として、三島は『仮面の告白』において、自分の「気質」の問題と正面から向き合おうとした。

> たうとう私は自分の気質を敵とみとめて、それと直面せざるをえなくなつた。その気質から抒情的な利得や、うそつきの利得や、小説技術上の利得だけを引出してゐたのに耐えられなくなつて、すべてを決算して、賃貸対照表を作らうとしたのである。〔三島 1959c〕

そこで彼が行ったのは、自らの生い立ちやセクシュアリティを赤裸々にたどりなおすことによって、「私が自ら、〈たんなる模倣の本能によって〉、精神生活と呼んでゐたものの戯画」（傍点筆者）を浮き彫りにすることだった［三島 1953b］。

どういうことか。「精神生活」とは、先ほど述べた観念・美的感受性・セクシャリティの連関からみれば、観念、美意識という、己の文学的自意識そのものである。『仮面の告白』は、そのような自己意識のメタファーとして、セクシュアリティの自伝のみが語られる小説である。「三島は『仮面の告白』を書く自分を書かなかっただけでなく、これまで詩や小説を書いてきた自分を書かなかった。……したがって『仮面の告白』は、三島由紀夫の自伝小説では絶対ありえない」［佐藤 2006: 71］。だから『仮面の告白』なのである。

しかし、三島がこの作品で己のセクシュアリティをさらけ出したのは、たんなる作品上の一方法にとどまるものではなかった。自分の気質と対決しなければならない、そうしなければ生きていけないという、彼の切羽詰まった実存上の要請から出たものである。「書くことを書かないということは、芸術家としての生を創造するのではなく、生活者としての生を創造することにほかなるまい」［ibid.: 71］。先ほどみたように、自分の芸術家としての美意識は、今のところ、流血と死へと惹きつけられる己のセクシュアリティにしかその根拠がない、という事実をはっきりと認めるために、『仮面の告白』は書かれたのである。

これは、三島が戦後を「生きよう」と歩き出すために、必要なスタートラインの設定であった。「この作品を書くことは私といふ存在の明らかな死である」という覚悟に続き、こう述べている。「（にもかかわらず）書きながら私は徐々に自分の生を恢復しつゝあるやうな思いがしている。これは何ごとなのか？　この作品を書く前に私が送つてゐた生活は死骸の生活だつた」［三島 1949b］。

なお、「この作品を書くことは私といふ存在の明らかな死」という言には、世俗的に「まともな人間とみられなくなる」という意味も含まれていただろう。そのころの日本社会において、世間の同性愛に対する理解はきわめて不十分であったからである［奥野 1993: 230］。事実『仮面の告白』が出て、人々はその内容に驚愕した。三島はそれまでほぼ無名の存在であったが、『仮面の告白』は高い文学的評価とともに、そのセンセーショナルな興味によって、彼を一躍人気作家の座に押し上げたのである。

そして、どのような人物がこれを書いたのだろうかというゴシップ的な興味は、しかしいい意味で裏切られた。座談会やインタビューに登場してきた三島由紀夫なる人物は、明晰な論理を流暢に語り、またわざとらしいほどに快活に大声で笑う、理智的な好青年だったからである。世間はそもそも、この作品の作者が同性愛者ではないかとは考えたくなかったので（それは「不安」を感じさせる疑いだった！）、「完全な告白のフィクション」という作者による解説を読み、タイトルの「仮面」というレトリックになるほどとうなずいて、これはメタファーであり虚構だ、と考えて「安心」したのである［ibid.: 230］。

三島は大蔵省を辞めて、乾坤一擲の思いでこの作品を書いた。その悲壮な覚悟に比べると、世間の受けとめ方はずいぶん微温的だったわけだが、ここにはすでに、三島の思いと戦後日本とのずれが顔をのぞかせていた。

美意識の自己改造

さて、三島をとらえていたのは終末の美学であった。死から発せられる官能的魅惑は、彼を惹きつけて離さない。しかし、皇国からの「私たちは死なねばならぬ！《ヴィア・ミュッセン・シュテルベン》」という命令が喪われてしまった以上、三島を吸い寄せているのはニヒリズムの暗黒でしかない。

ニヒリズムは思想ないし観念の問題であるが、三島という芸術家にとって、「美」と切り離された「思想」など、それ自体では意味を有さない。とするなら、ニヒリズムに抗して、「生きねばならぬ」の当為を打ち立てるためには、これを観念のレベルだけでなく、美的な課題としても克服しなければならないだろう。つまり、己の、死と滅びに向かう美的感受性自体の自己改造である。

なぜ氏が感受性を、あるいは感受性に富んだ「気質」を「敵」にしなければならなかったかといえば、氏のそれがたんに感受性一般ではなく、まさに危険で有毒な美に対してのみ敏感で、戦後の「健康」な日常には不向きなそれ、氏の一つの稟質としての宿痾、根治不能の「ロマンチックの病ひ」だったからである。［野口 1968: 124］

そこで『仮面の告白』の後に三島が企図したのが、自身の美意識を、太陽と生命の賛歌に向かう肯定的なものへとつくり変え、その美のうちに、あらゆる価値を相対的かつ汎神論的な豊かさで受容する、というアイデアだった。ニヒリズムに抗う、芸術家としてのマニフェストである。

周知のとおり、そこで三島が見いだしたのが、古代ギリシアのアポロン的健康美である。三島は二七歳のときに世界旅行に赴き、ギリシアに開眼した。

私はあこがれのギリシアに在つて、終日ただ酔ふがごとき心地がしてゐた。古代ギリシアには、「精神」などはなく、肉体と知性の均衡だけがあつて、「精神」こそキリスト教のいまはしい発明だ、といふのが私の考へであつた。〔三島 1963〕

三島が憧れたのは、キリスト教的「精神」に汚されていない、無垢にして健康なる古代ギリシアである。「人間の問題は此岸《しがん》にしかなかったのだ」。そこには、此岸の感覚的美と倫理の合一だけがあり、彼岸的な「神」や、そこから演繹される一神教的な「精神」などというものはなかった。ローマ帝国以降のキリスト教がそれを生み出し、その一神教的精神が、神を見失った近代ヨーロッパで必然的に陥ったのが、「虚無の絶対化」であるニヒリズムである。

かかるニヒリズムを克服するために、三島は己にとりつく、すべてを死と暗黒に誘う「滅び」の美的感性を棄却して、すべての存在を相対主義的に寿《ことほ》ぐ古典的ギリシアの美への転換を図ろうとしたのである。

ひるがえって、ラフカディオ・ハーンが「東洋のギリシア人」と呼んだように、ヨーロッパ精神のロゴスに汚される前の日本も、此岸たる生活の美的調和のなかで充足していたと三島は考える。

唯一神なき人間の幸福といふ観念を実験するために、日本が好適な風土であることを夢想しつつ、希臘《ギリシヤ》神話の女性と似たものを、現代日本の風土に置いてみようと試みた。〔三島由紀夫作品集『愛の渇き』

あとがき）［三島 1953a］

かつて、王朝時代の日本人は、古代以来受容してきた大陸文化を素として、まぎれもなく日本的様式の芸術、信仰、式など法制度、また生活様式をつくり上げた。それは「どんな道徳も美的判断に還元され、思想のために生きるに見えてもその実おのれの感受性の正確さだけにたよつて生きてきた日本人」、「無私にして鋭敏な感受性」を至上の基準と考えていた日本人が、美的観点からつくりあげた様式的統一である［三島 1955c］。確かに宗教一つとってみても、わが国においては、古来の神道も外来の仏教も、本地垂迹において習合せしめ、神社のなかに神宮寺が建てられ、寺には鎮守社が置かれて不自然さを感じない。また、道徳律として受容された儒教も、われわれの生活感情のうえでは何ら矛盾を感じることなく共存している。これは、諸宗教が日本人の美意識において磨きあげられ、様式的統一をもつことによって、日本文化のなかに汎神論的に包含されたことを示しているだろう。

爾来、日本人はあらゆるものを、美的な様式的統一のもとにその生活のなかでつくり上げてきた。そう、ハーンが明治の日本に見いだしたように。たとえば、端正にして幽玄な神社の様式や、朝に神前で打つ清浄な柏手。苔むす寂とした寺の参道。瓦が波のように連なる日本家屋の街並み。そしてそれを取り囲み広がる、緑に輝く美しい稲田……。

とするならば、この日本の伝統的美の精神を、己の文学によって現代にも蘇らせることによって、一見混乱としかみえない現代の思想的雑多さのなかから、「古きものを保存し、新しいものを細大洩らさず包摂し、多くの矛盾に平然と耐へ、誇張に陥らず、いかなる宗教的絶対性にも身を委ねず、かかる文化の多神教的状態に身を置いて、平衡を失しないかぎり、それがそのまま、一個の世界精神を生み出すかもしれないのだ」[ibid.]。それにより、戦後日本のニヒリズムも、また三島自身のなかに黒々と巣くっている虚無も克服できるはずである。これが三島の企てだった。

この文化的混乱の果てに、いつか日本は、独特の繊細鋭敏な美的感覚を働かせて、様式的統一ある文化を造り出し、すべて美の視点から、道徳、教育、芸術、武技、競技、作法、その他をみがき上げるにちがひない。できぬことはない。かつて日本人は一度さういうものを持つてゐたのである。

[三島 1967]

このような考えにもとづき、古典的美的調和における「唯一神なき人間の幸福」を描こうとしたのが、離島の若い男女の牧歌的な恋愛を描いた『潮騒』(一九五四年)である。

「生きよう」とする試み

しかし人間にとって、美意識を変えるなどということは、並大抵のことではない。これがいかに困難な自己改造であり、「賭け」であったかは推して知るべしだろう。それもこれも、三島が敗戦によって羊水的小世界から放り出され、「生きねばならぬ!」という当為を、『仮面の告白』のゼロ地点からつくり出さなければならなかった、その困難さの表れである。

ところでこのように、一九五〇年代の三島が拠っていたのが、日本人の伝統的な美意識によって戦後日本における思想・精神の混乱を統一しようとする、文化的ナショナリストの立場であったことは確認しておきたい。後には戦後的価値を全否定し、天皇を掲げる反動的ナショナリズムの「行動」に走った三島も、二〇代後半から三〇代前半においては、このような穏健な保守主義者だったのである。

彼は、「死なねばならぬ」という定言命法から逃れるために、全力で抵抗していた。おそらく、『仮面の告白』から『金閣寺』、そして『鏡子の家』にいたるまでの二四歳から三四歳ぐらいまでが、三島が自らの「気質」という宿痾《しゅくあ》の克服に取り組んだ時期である。その格闘が『禁色』という問題作や、『沈める滝』といった緊張感の高いドラマを産み出した。「氏の初期から中期にかけての文学作品、ことに小説どもの結末は、主人公がこの世で生きていないことの強烈な再確認を以てあらたな生の逆説的な出発点としようと決意するという点で、ほぼ一致している。そして、その最終的頂点にあるのが、『金閣寺』の主人公『私』の『生きようと私は思つた』であろう」［高橋 2016: 63］。

まさに、美そのものである金閣寺に火をつけ、金閣と心中しようとして果たせず、最後に「生きること」を選択する『金閣寺』の主人公は、三島の自画像といってよい。そして『金閣寺』は絶賛され、これまで三島を日本浪漫主義の残党ぐらいに捉えていた戦後派評論家たちも、この青年の傑出した才能を認めざるをえなかった。つい前まで新進若手作家とみられていた三島は、「三一歳の若さにして一気に文豪、日本を代表する世界的文学者」となったのである［奥野 1993: 360］。

また実生活においても、三島は「生きよう」としていた。健康的な肉体を手に入れるためにボディビルを始め、また三二歳のときに見合い結婚をし、家庭を持った。このころが、彼がもっとも小説家として充実し、かつまた「死」から遠ざかっていた時期であった［ibid.: 310］。

そのような三島にとって、いずれ、小説作品においてニヒリズムの問題と正面から対決することは必然であった。それも、「生きる」ためである以上、対峙すべきなのは、自分が今生きる戦後日本にとりついたニヒリズムでなければならない。作家として生活者として最も充実した時期に、満を持して「私の『ニヒリズム研究』」として構想され、執筆されたのが『鏡子の家』である。

この作品においても、美による汎神論的救済への望みは、作品のなかに最後に射し込む「ごく細い一縷の光」として、しかしはっきりと表明されていた。才能ある日本画家の夏雄は、あるときから、世界崩壊の幻影に囚われてしまう。しかし一本の水仙の花という存在をきっかけに、世界とのつながりを見いだし、立ち直る[三島 1959a]。ここには、水仙の花、すなわち日本の伝統的な美意識によって、戦後の猥雑で混乱した文化状況も統一し、克服しうるはずだという、三島の希望が込められている。(3)

しかしその結果は、本章の冒頭に述べたとおりである。問題は、それが一作品の失敗にとどまらず、彼のニヒリズムの克服、そして「生きねばならぬ」という企図の挫折でもあったという事実である。「川に投げ捨てられた赤ん坊」の嘆きは、誰もその企図を理解してくれなかったという怨み言にほかならなかった。

戦後批判への傾斜

経糸《たて》と緯糸《よこ》　『鏡子の家』において端緒をひらかれた戦後日本に対する批判は、三島という存在を考えるうえでの重要な本質であり、本論のテーマもそこにある。およそ、戦争に生き残り、そして戦後を生きた文学者として、彼にとっては「死なねばならぬ」という観念（とそれに抗して「生きねばならぬ」

という試み）がその精神の経糸ならば、戦後日本に対する懐疑（とそれの反射としての天皇へのコトアゲ）は、その緯糸といっていい。

もっとも、三島において戦後的なるものに対する姿勢は、生涯を通して必ずしも一貫していない。三島は、「当時〈終戦直後〉すでに私の心には、敗戦と共にをどりあがつて思想の再興に邁進《まいしん》しようとする知的エリートたちへの、根強い軽蔑と嫌悪が芽生えてゐた」と述べるように、戦後の啓蒙主義に対して一貫して不信の目を注いでいた［三島 1961］。とくに進歩主義的な人間観、歴史観に関しては、保守主義者としてはっきりと懐疑的であった。

とはいえ一方で、三島は芸術家である以上当然のことながら、「私はいつも猫のようにありたい」とうそぶく個人主義者、自由主義者でもあり［三島 1958］、美の力で諸価値を包含せんとする相対主義者でもあった。彼が危惧していたのは、ニヒリズムと結びついた「美」が、政治体制としてはファシズムに転化することであり、三島個人としては死の牽引力に絡めとられることであった。彼はまぎれもなく当初、日本の伝統美によってその危険を回避し、「戦後」を救おうとしていたのである。

美は、ともすると無を絶対化しようとするニヒリストの目を相対性の深淵を凝視することに、連れ戻してくれるはたらきをするのである。さうしてそれこそが今日における芸術の荷つてゐる急務なのである。［三島 1954b］

ところが晩年になって振り返るところでは、あのころは自分を理性で制御できると錯覚し、『潮騒』

で描いた古典美の世界に、無理やり自分を自己規定しようとしたが、それは「失敗」だった、と述べている。事実、この「美によるニヒリズムの救済」という試みは、徐々にペシミズムの色合いが濃くなってくる。

戦後間もなくの私の感想は、これで平和が十年もつづけば、元禄時代の再来のやうな時代が来るだらう、と云ふことであつたが、こんな予想は半分当たり、半分当たらなかつた。風俗などは多少元禄風になつたかもしれないが、文化的創造の意欲がこんなに窒息した時代も珍しからう。[三島1962]

そして四〇歳を過ぎたころから、この「懐疑」は「呪詛」へと変わり、まるでそうしなければ自分を保ちえないかのように、「戦後」に対して直接的に呪いと否定の言葉を投げつけるようになるのだ。

私の中の二十五年間を考へると、その空虚に今さらびつくりする。私はほとんど「生きた」とはいへない。鼻をつまみながら通りすぎたのだ。

二十五年前に私が憎んだものは、多少形を変へはしたが、今もあひかはらずしぶとく生き永らへてゐる。生き永らへてゐるどころか、おどろくべき繁殖力で日本中に完全に浸透してしまつた。それは戦後民主主義とそこから生ずる偽善といふおそるべきバチルスである。[三島1970c]

このように、『鏡子の家』以降の三島の精神にみられるのは、緯糸（戦後批判）の緊張が強まり、それによって経糸（生きるという意思）が引き絞られて、そしてますます緯糸が強く張りつめ……というエスカレーションであったように思える。そしてその末に糸は切れてしまった。いやむしろ晩年においては、糸を切るために意図的に緊張を高めていたのではないかという印象さえ受ける。

そう、確かに、これまでみてきたように、三島のなかには容易に統御できないデーモンが潜んでいた。死の衝動というデーモンである。そこで「経糸」だけを読めば、彼はわれわれには理解しがたい、デモーニッシュな衝動に囚われた存在だったという結論になろう。もとよりそれは間違いではないのだが、しかしそのような割り切り方では、三島由紀夫という存在はまた、われわれから遠ざかっていくことになるだろう。

彼とその死を、今もわれわれが生きる日本社会のなかに正確に位置づけるには、この「緯糸」を解きほぐしていかなければならないのである。

「反知性主義」への傾斜　ところでこの三島の戦後批判は、ほかにはみられない異様さを帯びている。それは、戦後のある側面を批判するというものではなく、「戦後」の存在を丸ごと認めないという、およそ極端なものへ収束していったという点である。

> 僕にとっても、戦後世界というのは、ほんとうに信じられない、つまりこんなに空《くう》に近いものはないと思っているんです。［三島 1970e］

さらに、三島の批判は「戦後」にとどまらず、さかのぼって明治以降の「近代」を根こそぎ否定することへと向けられる。そう、「反知性主義」への傾斜である。それは、暗い、日本的な情念――非合理主義的な心情への、これ見よがしな、およそ無批判的ともみえる賛美という形で表れる。

なかんづく剣道独特のあのかけ声を、少年の私はきらつた。そのなんともいえぬ野卑な、野蛮な、威嚇的な、恥しらずの、なまなましく生理的な、反文明的反文化的な、反理知的な、動物的な叫び声は、羞恥心にみちた少年の心を恥づかしさでいつぱいにした。……それから二十五年たつた今、今度はまるきり逆に、自他の立てるそのかけ声が私には快いのである。

……この叫びには近代日本が自ら恥ぢ、必死に押し隠さうとしてゐるものが、あけすけに露呈されてゐる。それはもつとも暗い記憶と結びつき、流された鮮血と結びつき、日本の過去のもつとも正直な記憶に源してゐる。それは皮相な近代化の底にもひそんで流れてゐるところの、民族の深層意識の叫びである。……このやうな叫びに目をつぶつた日本の近代思想は、すべて浅薄なものだといふ感じがする。（傍点筆者）［三島 1964］

三島はまた、刀と槍だけで明治政府軍と戦った神風連を、日本の欧化、近代化に対する「もつとも目ざましい純粋な反抗」と評価し［三島 1970d］、先の大戦も「西洋の武器をもつて、西洋と闘おうとした」ことが誤りだった、などと時代錯誤としか思えない精神論を唱えた(4)［三島 1970d］。

さらに晩年に近づくと、彼はかつて自分のよき理解者であった人々、つまり「味方」に対しても、常軌を逸した硬直的態度をみせるようになる。「文化防衛論」に苦言を呈した橋川文三に対し、三島は「二重スパイ」などという言葉を投げつけた［三島 1968c］。橋川の、西洋的ロゴスからけっして軸足を外さない姿勢に苛立ったあまりの「敵」認定である［松本 2016: 245］。また、長年の理解者で友人の村松剛に対しても、ある日「きみにも日本語がわかるのか。フランス語しかわからないのかと思っていた」と暴言を浴びせかけ、「きみは頭の中の攘夷を、まず行う必要がある」と目を据えていうまでになっていた［村松 1990: 495］。

この現代に生きるかぎり、近代主義に懐疑をもつことはあっても、全否定することなどできるわけがない。知識人も、ヨーロッパ的合理主義と「日本的なもの」との矛盾に苦しみながら、その矛盾のなかで生きていかなければならないことは自明である。そんなことは三島も十分わかっていたはずだが、あえてこのようにいわなければならないもの、つまり「啓蒙に対する憎悪」が、彼のなかで膨れ上がっていた。

高度成長　三島はなぜ、反知性主義に傾斜していったのだろうか。それを理解するためには、当時の社会状況を振り返る必要がある。

彼が『鏡子の家』を世に問うてから後、日本社会は急速に、高度成長の上り口を昇っていった。翌一九六〇年、第二次池田内閣が国民所得倍増計画を打ち出す。六〇年代半ばとなると、『鏡子の家』のころには消えかかっていた瓦礫や廃墟などもはや跡かたもなく、東海道新幹線が開通し、高速道路網の整備が進められ、都心には高層ビルが建ち並んだ。戦後昭和の高度成長は、戦前の資本主義などとは比べようもない度合いで、日本の隅々まで、開発を推し進めたのである。

その結果、戦時下の空襲をくぐり抜け、まだ辛うじて保持されていた伝統の痕跡は、根こそぎ破壊されていった。東京オリンピックのとき、日本橋の景観を完全に破壊するのも厭わず、その上に首都高速道路が架けられたのはその象徴的な出来事である。それは日本国中で同時的に、かつ急激に進行した。

日本では、神聖、美、伝説、詩、……これらを思ふ存分汚し、果ては絞め殺してしまふ人々は、全然敬虔さを欠いた、しかし石鹸でよく洗つた、小ぎれいな手をしてゐたのである。(『天人五衰』)〔三島 1970b〕

『天人五衰』において、羽衣伝説で有名な三保の松原を訪れた本多繁邦は、次のような惨状を目のあたりにする。「羽衣の松は四方八方へ蛸《たこ》のやうに肢《あし》をあげた巨木で、枯死寸前の姿だつた。幹の裂け目はコンクリートで埋めてあつた」〔ibid.〕。そして、京都から奈良へと、物語と自らの人生の終局に向かう本多が車中から目にしたのは、次のような光景である。

醍醐あたりから、新建材と青い釉楽瓦《くすりがわら》の屋根々々、テレヴィジョン・アンテナ、高圧線と小鳥、コカ・コーラの広告、駐車場つきのスナックの店などの、日本中どこでも見られる新規で落莫とした風景がひろがつた。そそり立つ荒地野菊が空《そら》を刺してゐる崖《がけ》つぷちに、自動車の捨場があつて、青と黒と黄の三台が不安定に積み重ねられ、ボディの塗装をどぎつく日に灼《や》かれてゐるのが、瓦礫の間に見えた。……

又してもガソリン・スタンド。又してもコカ・コーラ。……[ibid.]

このような索漠とした光景が、日本中から古い街並みと田園風景をすさまじい勢いで消し去っていったのである。まるで「七疋《ひき》のシェパアドとグレートデンが、一度きに鎖を解かれて、ドアから一せいに駈け入つて」「あたりは犬の咆哮《ほうこう》にとどろき、ひろい客間がたちまち犬の匂いに充たされた」かのように。

そう、日本の保守的伝統の下部構造となるものはめちゃくちゃに破壊されていった。そしてこれは、町並みや古蹟文化財の保存という問題だけではなく、日本人の内面・精神から、無私なる「独特の繊細鋭敏な美的感覚」が永遠に喪われようとしている状況にほかならなかった。

ここに三島の「憎悪」の本源をみるべきである。彼にとって、戦後日本の進み行きは、たんに自分の理想と異なるという程度のものではなかったのだ。それは、自分の「生きねばならぬ」の希望、つまり日本の美意識が雑多な価値観を統一するだろうという期待を、完全に叩き潰すものだった。このような観点からでないと、三島が死の四年前に書いた次の言葉は理解できない。

はじめそれ〈「自分のために」書くこと〉は「子供の遊び」であつた。そのうちそれが「叫び」になつた。それはやがて「洗練された叫び」になり、さらに、やがて「叫び」は死んだ。ついでおそろしい「不満」になり「鬱屈」になり、この不満と鬱屈は、いくら洗練しても死に絶えなかつた。[三島 1966c]

『仮面の告白』から、三島の「叫び」であったものは、「生きねばならぬ」という悲痛な思いであった。しかしその思いは高度成長の下で死に絶えさせられてしまい、ただ彼のなかで、その「叫び」を殺したものに対するおそろしい「不満」と「鬱屈」が内攻するようになったのである。

『英霊の聲』の呪い　一九六六年の『英霊の聲』には、この「不満」と「鬱屈」が噴出している。

……今、四海必ずしも波穏やかならねど、
日の本のやまとの国は
鼓腹撃壌《こふくげきじょう》の世をば現じ
御仁徳の下、平和は世にみちみち
人ら泰平のゆるき微笑みに顔見交はし
利害は錯綜し、敵味方も相結び、
外国《とつくに》の金銭は人らを走らせ
もはや戦ひを欲せざる者は卑劣をも愛し、

邪《よこし》まなる戦のみ陰《いん》にはびこり
夫婦朋友も信ずる能はず
いつわりの人間主義をたつきの糧《かて》とし
偽善の団欒は世をおほひ
力は貶《へん》せられ、肉は蔑《なみ》され、
若人らは咽喉元をしめつけられつつ
怠惰と麻薬と闘争に
かつまた望みなき小志の道に
羊のごとく歩みを揃へ、
快楽もその実を失ひ、信義もその力を喪ひ、
魂は悉《ことごと》く腐蝕せられ
年老いたる者は卑しき自己肯定と保全をば、
道徳の名の下に天下にひろげ
真実はおほいかくされ、真情は病み、
道ゆく人の足は希望に躍ることかつてなく
なべてに痴呆の笑ひは浸潤し
魂の死は行人の額に透かし見られ、
よろこびも悲しみも須臾《しゅゆ》にして去り

清純は商はれ、淫蕩《いんとう》は衰へ、
ただ金よ金よと思いめぐらせば
人の値打は金より卑しくなりゆき、
世に背く者は背く者の流派に、
生《なま》かしこげの安住の宿りを営み、
世に時めく者は自己満足の
いぎたなき鼻孔をふくらませ、
ふたたび衰へたる美は天下を風靡《ふうび》し
陋劣《ろうれつ》なる真実のみ真実と呼ばれ、
車は繁殖し、愚かしき速度は魂を寸断し、
大ビルは建てども大義は崩壊し
その窓々は欲求不満の蛍光灯に輝き渡り、
朝な朝な昇る日はスモッグに曇り
感情は鈍磨し、鋭角は摩滅し、
烈しきもの、雄々しき魂は地を払ふ。
血潮はことごとく汚れて平和に澱み
ほとばしる清き血潮は涸れ果てぬ。
天翔けるものは翼を折られ

不朽の栄光をば白蟻どもは嘲笑ふ。
かかる日に、
などてすめろぎは人間となりたまひし。［三島 1966a］

「戦後という時代においては、驚異的な経済発展とは裏腹に、その精神において恐るべき空洞化が進んでいるではないか」［井上 2010: 170］という三島の絶望は、高度成長が進むにつれ、さらに深刻なものになっていく。一九六八年にはGDP（国内総生産）が世界第二位となり、大部分の日本人がそこに豊かな生活を享受する「一億総中流化」のなか、家庭にはカラーテレビ、クーラー、自家用車が普及していった。そして一九七〇年、「人類の進歩と調和」をテーマに日本万国博覧会が大阪で大々的に開催された。まさに、戦後経済成長の絶頂期である。そのさなか、三島はこう吐き捨てた。

私はこれからの日本に大して希望をつなぐことができない。このまま行つたら「日本」はなくなつてしまふのではないかといふ感を日ましに深くする。日本はなくなつて、その代はりに、無機的な、からつぽな、ニュートラルな、中間色の、富裕な、抜目がない、或る経済的大国が極東の一角に残るのであらう。それでもいいと思つてゐる人たちと、私は口をきく気にもなれなくなつてゐるのである。［三島 1970c］

大衆にとっては、「美」などより、カラーテレビや自家用車のほうが重要であるに決まっていた。

三島は、美を滅ぼすことによって経済の成長の分け前にあずかる、彼ら戦後の大衆を憎んだ。そして、繁栄の享受を正当化せしめている「自由」「民主主義」「絶対平和」といった戦後啓蒙主義の価値を憎悪した。こうして、三島は戦後日本の全否定にいたったのである。

しかしそもそも戦後日本の「不毛の欺瞞」は、戦前からの日本近代主義の不毛さが連続したものである。美を圧殺した戦後日本の高度成長も、かつて漱石や荷風が批判した、外発的開発の日本近代そのものの性格が極まったものにほかならなかった。そこから三島はいきおい、「近代」それ自体の否定に向かう。

> われわれは明治維新以来、日本文化に進歩も何もなかつたことを知らなければならない。西洋の後に追ひつくことが文化だと思つてきた誤りが、もうわかつてもいい頃だと思ふ。［三島 1968a］

時代の寵児　三島にとって悲劇的だったのは、この戦後の否定、近代主義に対する否定が、自己否定という側面を強く有していた点である。

前述のとおり、彼は戦争中に軍医の誤診により即日帰郷を命じられ、それによって生き延びた。誤診は自分のせいではないにしても、三島は誤診と知りながら、それを奇貨として逃げ帰ってきたのである。戦後の生命第一の価値観からすれば、戦争で犬死にすることなく、彼のように生き残ったほうが「正しい」。つまり三島は、戦後に生かされてきたのである。

のみならず、高度成長が三島にもたらしたものは、彼をして時代の寵児とならしめることであった。

一九六四年の東京オリンピック開催を機にテレビの普及率は九〇%を超え、マスメディアは大衆に大量の情報を提供するようになった。情報化社会の到来である。そこで、現代日本を代表する小説家でありながら、ボディビルで鍛えた肉体を誇示し、既存の良識を挑発し、知識人の権威たちに遠慮なく毒を吐く風変わりなキャラクターは、あっという間にサブカルチャー界の偶像《アイドル》となった。

三島は、芸能雑誌『明星』に挑発的なエッセイ『不道徳教育講座』を連載、映画化され自身も出演する。さらに映画『からっ風野郎』では主役として、革ジャン姿でチンピラヤクザ役を演じた。また、自らを被写体としたヌード写真集『薔薇刑』を出版、SMを思わせる緊縛姿や、褌姿のヌードなど、今日からみればゲイ趣味があからさまな写真を披露し、ナルシスト、あるいは露出狂と呼ばれた。『平凡パンチ』が一九六七年に企画した「日本ミスター・ダンディー」の投票では、当時の国際的俳優、三船敏郎を抑えて一位となっている。その一方で、何度もノーベル文学賞の候補として噂されるという、これほどの圧倒的な存在は、現代ではちょっと当てはまる例がないだろう。

大衆消費社会ではあらゆるものが商品化される。三島は「反時代」を標榜していたが、そんな彼の存在や作品も、この高度成長の大衆社会のなかで商品化されていった。彼の美学も、戦後日本への批判も、死とエロティシズムの教説も、「葉隠」の教えも、そして彼の特異なセクシャリティさえも。

昭和元禄の偶像として、またときには道化として、三島は戦後日本から「愛された」のである。そして彼は、十分にその事実を承知しており、また享受していた。

それは三島の性愛生活にも表れていたようである。彼は、文学にかぎらず、数々の若い芸術家の才能を見いだし、世間に紹介することにも長けていた。劇作家・評論家の堂本正樹、『家畜人ヤプー』

の沼正三、サド研究者の澁澤龍彦、『楢山節考』の深沢七郎、歌手の丸山（美輪）明宏、歌人の春日井健、詩人の高橋睦郎など……。なかでも、同性愛的傾向をもつ才能にはとくに敏感に反応していた。そしてそのうちの何人かとは、愛人関係をもっていたようである［堂本 2005: 106-112］。

もちろん、これだけのスターであるから、もはやかつて『仮面の告白』に吐露されていたような、性的孤独感に悩まされることもなくなっていたわけである。

自己否定としての「反知性主義」

このように、三島は軍隊から逃げ帰ったまま、戦後の日本でいつのまにかスターとなり、戦後の物質的繁栄のなかで、名声と富を享受していた。

当初三島は、そのような自分も、戦後日本とともに救おうとしたのだ。しかしその戦後は、彼の「生きねばならぬ」の試み——すなわち、美によるニヒリズムの救済——を叩き潰した。戦後が三島に許したのは、生命第一主義であるために、ただ無意味に「べんべんと生きる」ことでしかなかった。

ここで三島にとって、憎むべき日本の戦後社会は、徴兵から逃げ帰り、軽蔑すべき戦後社会から寵愛され、ただべんべんと生き続かされている自らの卑劣さを、これでもかと増幅しながら映し出す、醜悪な写し鏡と化していく。

> 僕はいつも思うのは、自分がほんとうに恥ずかしいことだと思うのは、自分は戦後の社会を否定してきた、否定してきて本を書いて、お金をもらって暮らしてきたということは、もうほんとうに僕のギルティ・コンシャス〈罪悪感〉だな。［三島 1970e］

前章でみたように、一九三〇年代、大衆の反感が啓蒙主義エリートに向かったのは、彼らが恐慌のなかでも不当な利益を貪っていると目されたからである。ところで三島にとって、戦後啓蒙主義によって「不当な利益」を享受しているのは、まさに自分自身であった。

ここで三島の「啓蒙に対する憎悪」は、他者としての戦後に向けられるだけでなく、自らの内なる「戦後」、さらに「近代」に対しても向けられていく。

しかし三島は、同時代の作家のなかでも、飛び抜けた近代的知性と論理的思考力の持ち主であり、そもそも彼自身がヨーロッパ合理主義ロゴスの塊《かたまり》といってよかった。ヨーロッパ的知性の否定など、『潮騒』のころに試みた、美意識を改造するという自己改造の試みよりもさらに困難なことであり、それは生きているかぎりおよそ不可能なことであった。だが、彼はその「反知性主義」を頑なにごり押ししようとしたのである。誰もが感じるところの、晩年の三島のむやみに硬直した印象の因はここにある。

そう、三島は四〇歳を越えると、自分という存在を「最も暗い記憶と結びつき、流された鮮血と結びつき、日本の過去のもっとも正直な記憶に源している」もの、「民族の深層意識の叫び」という、イ・ロジカルな暗い領域へしゃにむに追い込んでいく。来し方を顧み、彼はこう呟く。

> そこに生まれるのは、現在の、瞬時の、刻々の死の観念だ。これこそ私にとつて真に生々しく、真にエロティックな唯一の観念かもしれない。……廿六歳の私、古典主義の私、もつとも生のちかくにゐると感じた私、あれはひよつとするとニセモノだつたかもしれない。（傍点筆者）［三島 1963］

その暗闇の極点は「死」である。最晩年の三島はその「点」に向けて、自己を急速に小さく閉ざしていった。

ここには、第三章で見た蓑田胸喜ときわめて似通ったもの、すなわち内側に縮こまっていく、何かを封印するような精神の働き、すなわち自己否定に向かう精神のありようがみられるだろう(5)［植村 2010: 129-130］。

戦後啓蒙主義に対する最大のアンチテーゼ

唯識論という最後のチャレンジ　自己否定の「反知性主義」への傾斜とともに、その言動に表れてきたのが、まるで死ぬための名分を急拵えするかのような、政治的（しかも反動的）な主張であった。

一九六八年に『文化防衛論』を発表し、天皇こそが日本の「文化の全体性を代表する……窮極の価値自体《ヴェルト・アン・ジッヒ》」であり、日本文化防衛のために、天皇に栄誉大権の実質を回復させることが急務であると主張した(6)［三島 1968e］。また、学生らとともに自衛隊に体験入隊、そして一九六八年一〇月には私費を投じ「楯の会」を結成した。自ら尖兵となって、命を賭して日本と天皇を守るための私設軍隊である。

しかし彼はそれでもまだ、「死なねばならぬ」と決めたわけではなかったと、私は思う。というのは、これまでみてきたとおり、彼にとって「生きねばならぬ」という当為を生み出すものは、小説を書くという営為であった。三島は四〇歳から、その最後のチャレンジとでもいうべき『豊穣の海』四部作、輪廻転生を軸に、大正から戦後日本までを壮大なロマンで描こうとした大作に、全力で取り組んでいたのであるから。

そこで三島が拠ろうとしたのが、大乗仏教の唯識論《ゆいしき》である。唯識論は、人が、ありのままに生成する世界を概念的に捉えることによって「いつわりの世界（遍計所執性《へんけいじょしつせい》）」を構成していく過程を、人の心的作用である「識」の働きにおいて、精緻に分析するものである。その分析・対象化の作業を通じて、己のうちからロゴス的概念をひとつひとつ滅ぼしていく。それによって、世界をありのままの実相において肯定すること、つまり「解脱」をめざすのだ。

前述のとおり、三島は、自らの内なるロゴス、西洋的合理主義を滅ぼそうとしていた。その彼が、ロゴス的認識からの脱却を図る大乗仏教と、その理論的最高峰である唯識論に着目したのは、まさに当然のことであったといえよう。

この四部作では、生まれ変わり、そして二〇歳で死ぬ各回の主人公が、恋する者、行動する者、あるいはエロス的性愛の者として、それぞれ美しい一回きりの生を送る。その一方で、狂言回しを務める副主人公の本多繁邦は、ひたすら「見る」存在、認識する存在として、これら転生する美しい生の目撃者となる。

本多は美しい生から隔たれ、ロゴスに蝕まれた存在である。彼は転生する美しい若者に憧れ、その一瞬の生の輝きを追いかけながら、徐々に生に倦み、無力感にとらわれていく。これは「見る」存在である芸術家・三島の、醜い自画像でもある。

つまり、ロゴスに囚われた存在である本多、すなわち三島の生を、小説世界のなかで最終的にロゴスから解放する仕掛けとして、唯識論は導入された。まさに、「生きねばならぬ」の、最後のチャレンジである。

救済の失敗　創作ノートによると、最終作『天人五衰』は次のような救済と大団円をもたらすはずであった。

本多はすでに老境。その身辺に、いろいろ一、二、三巻の主人公らしき人物出没せるも、それらはすでに使命を終りたるものにて、贋物也。四巻を通じ、主人公を探索すれども見つからず。つひに七十八歳で死せんとするとき、十八歳の少年現はれ、宛然、天使の如く、永遠の青春に輝けり。（今までの主人公が解脱にいたつて、消失し、輪廻をのがれしとは考へられず。第三巻女主人公は悲惨なる死を遂げし也）この少年のしるしを見て本多はいたくよろこび、自己の解脱の契機をつかむ。思へば、この少年、この第一巻よりの少年はアラヤ識〈究極の識のこと〉の権化、アラヤ識そのもの、本多の種子なるアラヤ識なりし也。本多死せんとして解脱に入る時、光明の空へ船出せんとする少年の姿、窓ごしに見ゆ。［井上 2010: 29-30］

しかし周知のとおり、小説の実際の結末はそのようにはならなかった。最後の最後で、輪廻転生の法則は崩れ去ってしまい、小説世界自体が破綻したままこの大作は異様な終わりを迎える。

本書はこの作品を本格的に論じる場ではないが、一つだけ指摘しておく。三島は「電灯のイデア――わが文学揺籃期《ようらん》」というエッセイで、次のように述べる。

ものを書く私の手は、決してありのままの現実を掌握することはなかつた。ありのままの現実はどこか欠けてゐるやうに思われ、欠けてゐるままのその「存在の完全さ」は、私に対する侮辱であるやうに思はれた。

……そこで私は現実のはうを修正することにした。(傍点筆者)［三島 1968b］

この不可解な告白が意味するものは、三島は現実の生そのものから常に隔てられており、彼にとってそれはむしろ、「どこか欠けているもの」、つまり不完全なものだった、ということである。そしてそこから彼は、小説を書くことで、世界を言葉と観念《イメージ》によって人工的に構築した。『金閣寺』を読んだ小林秀雄が、ここには実在感がまるでない、すべて作者の頭のなかで生み出されたイメージだけであって、それこそが三島の魔的な才能の過剰だ、と喝破したとおりである［三島 1957］。それは文学者としての稀有の才能であると同時に、いかようにも克服しようのない彼の宿痾《しゅくあ》でもあった。

およそ確かなことは、唯識論をもってしても、言葉と観念の人である三島はそこから解放されることはなかったという事実である。信仰によって救われることなど、最初から彼は期待していなかったと思うが、少なくとも小説世界のなかで「夢」として描き出せれば、芸術家としての「生きねばならぬ」の企ては果たされる。だが三島は、おそらく文学者としての良心において、どうしてもそのような「嘘」は書けなかったのだろうと、私は思う。

一九七〇年一一月二五日　こうして、三島の「生きねばならぬ」の最後の試みは瓦解《がかい》した。ただ、だからといって人はすぐ死ぬわけではない。そこから、「死なねばならぬ」と決断し、さらに実行するには、いまだ無限に遠い距離があるはずである。実際、生きがいなど見いだせないまま、べんべんと生きている人間など、世の中にいくらでもいる。したがって私は、なぜ彼が死ぬことにしたのかについては、結局「わからない」というしかない。もちろん、「経糸」から読めば、ただ三島は死の衝動に身を委ね、愛する美青年に見守られながら切腹する（そしてその後青年も後を追う）という、『愛の処刑』の構図をそのまま実行したとみることもできよう。しかしくり返しになるが、本論はそのような「心理」を解明することを目的とはしていない。

しかし、死ぬと決めたとしても、通常の自殺者ならば、そう、たとえば逗子のホテルの一室でガス自殺をした川端康成のように、密室のなかで、あるいはどこか人目の届かない山奥や海辺などで、なるべく誰にも迷惑をかけず、また誰にも邪魔されないように、ひっそりとことを成し遂げるだろう。だが、三島はそのような方法をとらなかった。

周知のとおり、彼は一九七〇年一一月二五日、「楯の会」の青年四名とともに自衛隊市ヶ谷駐屯地に押し入り、総監を人質にとったうえで、バルコニーから檄文を撒き、自衛隊員たちに演説をしてクーデターを呼びかけ、ニュースとなり日本国中が驚き注視するなかで切腹して死ぬという、おそらく考えられるかぎり、もっともショッキングな死に方をした。このような特殊な「死に方」をしたことについては、三島自身の明確な意図があったはずである。それについて、最後に考えてみたいと思う。はっきりしているのは、彼は「何か」をわれわれに見せようとしていたということである。そのために、わざわざ騒動を起こし、日本社会の注目をここぞとばかりに集めたなかで、ヒューマニズムと生命尊重という戦後の至上価値に、最も反することを行ってみせた。

　われわれは四年待つた。最後の一年は熱烈に待つた。もう待てぬ。自ら冒瀆する者を待つわけには行かぬ。しかしあと三十分、最後の三十分待たう。共に起つて義のために共に死ぬのだ。日本を日本の真姿に戻して、そこで死ぬのだ。生命尊重のみで、魂は死んでもよいのか。生命以上の価値なくして何の軍隊だ。今こそわれわれは生命尊重以上の価値の所在を諸君の目に見せてやる。それは自由でも民主々義でもない。日本だ。われわれの愛する歴史と伝統の国、日本だ。（「檄」、傍点筆者）

[三島 1970a]

そして彼は、腹を切り裂き、内臓を飛び出させ、血を盛大にぶちまけたうえで、介錯により己の首を切断させた。

晩年、自己の内なるヨーロッパ的ロゴスの精神を全否定しようという、およそ不可能な「反知性主義」的試みに固執していた彼は、最終的に、ロゴスの宿る頭部を強引に、物理的に切り落とすことで、この試みを象徴的な形で成就した。いや、成就して「見せた」。

人にとって最も大切な徳目は「義」であると述べていた三島が、その最期において、次のような意図を有していたことは疑いを容れない。つまり、切腹による自決というショッキングなパフォーマンスを見せつけることによって、「エロスの井戸の奥底に聖なるヘビのやうにとぐろを巻いてゐる伝統」[三島 1966b]、すなわち死とエロスが結びついた日本人の深層心理を、われわれの眼前に現出させようとした。それによって、太平の眠りを貪る戦後の日本人に対して、「歴史と伝統の国、日本」の覚醒を促そうとした。それが三島の死における「義」であったことは間違いがない。実際、彼の死に対し、おもに思想的に近い陣営から——たとえば村松剛や林房雄など——、その死を、日本文化を保守するための「諫死」と捉える意見が多く挙げられた。

三島がわれわれにみせようとしたもの　義とは、己に対して課す「……すべきだ」という基本原理、すなわちゾルレンである。人にとって最も高貴な徳目は義であり、なかでも男は大義（公の義）のために死ぬべきだというのが、晩年の三島がしつこいぐらいにくり返した持論であった。

しかし義たるゾルレンは、ザイン（ありのまま）と対立する。そして私は、彼の死に関し、何か硬直した「義」のわざとらしさと、その下からのぞく彼のザインの痛ましさの乖離を、否応なく感じざるをえない。

たとえば——三島はバルコニーの演説から戻ってくると、総監に「こうするより仕方なかったのです」と述べたのち、切腹のために上半身裸となり座った。当初の予定では、腹を切った血で色紙に「武」と指で書きつけることになっていたが、色紙を差し出されると、「もう、いいよ」と言い、寂しく笑ったという［安藤 1998: 328］。ここには、見せかけの「義」を、最後の最後で諦めている三島の姿が表れているように思う。
「われわれの愛する歴史と伝統の国、日本」という「義」のメッセージの裏から黒々とのぞいているのは、ただただ、啓蒙に対する憤懣、呪い、そして憎悪というネガティブな感情に、徹底的に食い尽くされた一個の精神のありさまである。その姿を、われわれに対してこれでもかと見せつけること。自分をこれまで寵愛してきた戦後日本を呪い、これに全的な否《ノー》を突きつけること。そしてその否を、これからも戦後を生き続けるわれわれの心に、トラウマとして半永久的に刻みつけること――。

ここまでみてきた彼の精神の経緯から、私には三島の死の意味は、「義」などより、そのような痛ましい精神のありさま以上には感じられない。経緯とはつまり、死ぬことを運命づけられ、そのなかで己の美学を野放図に育て上げた少年期、そこから放り出され、ニヒリズムのなかで「生きねばならぬ」のセオリーを打ち立てようとした戦後、しかし『鏡子の家』における「生きねばならぬ」の挫折、その挫折を確定的にした高度成長下の日本、そして、その戦後日本と同一化している己という存在への断罪、というものである。この、誰よりも日本の近代に対して鋭敏な批評性を有していた精神は、その誠実さと徹底性ゆえに、自らの内なる近代の否定、すなわち「反知性主義」の完徹にいたらざるをえなかった。そのどうしようもなく悲劇的な宿命が、なにより「痛ましい」のだ。

つまり、三島が市ヶ谷駐屯地のバルコニーから「今から見せてやる」と絶叫したものは、彼の「義」の意図にかかわらず、日本的啓蒙精神の究極にグロテスクな姿以外のものではなかった。

「死なない蛸」の呪い

それがゆえに、彼の叫びは、当時の日本社会に共鳴現象を起こすことはなかった。
まず、急きょ内庭に集められた約八〇〇人の自衛隊員たちは、ただわけもわからず、三島の演説を聞かされる羽目となった。最初は不機嫌そうに黙り込んで聞いていた彼らも、そのうち「インテリの小説家が何を偉そうに俺たちに説教してやがるんだ？」という苛立たしい思いに駆られ、「何言ってるんだ」「バカヤロー、やめろ」「降りてこい」と、バルコニーの三島に罵言を浴びせかけた［ibid.: 325-328］。

三島を自衛隊の理解者として、これまで厚遇してきた防衛庁長官の中曽根康弘も、掌を返したように「常軌を逸した行動というほかなく、せっかく日本国民が築きあげてきた民主的な秩序を崩すものだ。徹底的に糾弾しなければいけない」と突き放した。佐藤栄作首相も、「気が狂ったとしか思えない」と、おそらくは三島の予想どおりの良識的なコメントを出した［中条 2005: 24］。

つまり、三島の死は、まったく孤独な死であった。死の四年前の告白を、改めてここに引く。

〈「生きねばならぬ」といふ叫びは〉ついでおそろしい「不満」になり「鬱屈」になり、この不満と鬱屈は、いくら洗練しても死に絶えなかつた。叫びは叫ぶことによつて癒《い》やされるが、不満は不可能に関わ。とつてゐたからである。そしてやがて、私は不可能に関わる不満しか愛さなくなつた……［三島 1966c］

「不可能」とはいうまでもなく死であり、彼は死ぬことで、己にとり憑いていた「おそろしい不満と鬱屈」をわれわれの前に残したまま、去っていった。そこで私が思い起こすのは、萩原朔太郎が書いたあの有名なアフォリズム、「死なない蛸」である。

或る水族館の水槽で、ひさしい間、飢ゑた蛸が飼はれてゐた。

……どこにも餌食がなく、食物が全く尽きてしまつた時、彼は自分の足をもいで食つた。まづその一本を。それから次の一本を。それから、最後に、それがすつかりおしまひになつた時、今度は胴を裏がへして、内臓の一部を食ひはじめた。少しづつ他の一部から一部へと。順順に。

かくして蛸は、彼の身体全体を食ひつくしてしまつた。外皮から、脳髄から、胃袋から。どこもかしこも、すべて残る隈なく。完全に。

……そしてどこの岩の隅隅にも、もはや生物の姿は見えなかつた。蛸は実際に、すつかり消滅してしまつたのである。

けれども蛸は死ななかつた。彼が消えてしまつた後ですらも、なおかつ永遠にそこに生きてゐた。古ぼけた、空つぽの、忘れられた水族館の槽の中で。永遠に——おそらくは幾世紀の間を通じて——或る物すごい欠乏と不満をもつた、人の目に見えない動物が生きて居た。［萩原 1927］

自衛隊員から罵声を浴びせかけられ、保守政治家らからは「狂人」呼ばわりされて、クーデターの呼びかけは失敗した。しかし彼の真の意図は、実は成功したのではないだろうか。

すなわち、三島由紀夫が一九七〇年に自衛隊市ヶ谷駐屯地のバルコニーから発した、近代日本に対するグロテスクな憎悪の叫びは、その後も消えることはなかった。この、近代的精神そのものの「蛸」が、その知的誠実さゆえに自らを食い尽くしたのちに残った、「反知性主義」そのものである「物すごい欠乏と不満」の呪いのこだまは、およそ半世紀後の今日にいたるまで、日本社会のなかに陰隠滅滅と響き渡っている。

註

（1）もちろん『仮面の告白』はあくまで小説、つまりフィクションである。しかし、出版時に書かれた「作者の言葉」で「能《あた》ふかぎり正確さを期した性的自伝」と明言し［三島 1949b］、また精神医・式場隆三郎にあてた手紙で「『仮面の告白』に書かれましたことは、モデルの修正、二人の人物の一人物への融合、などを除きましては、凡て私自身の体験から出た事実の忠実な縷述でございます」と述べている以上［三島 1949c］、この「告白」を疑う理由はない［佐藤 2006: 68］。

（2）『愛の処刑』は同性愛同人誌『アドニス』に一九六〇年、榊山保という作者名で掲載された短編であり、当時から真の著者は三島ではないかと噂されていたが、二〇〇五年刊の『決定版　三島由紀夫全集補巻』（新潮社）で三島作と認定され、収録された。

（3）「日本の美は最も具体的なものである。世阿弥がこれを『花』と呼んだとき、われわれが花を一理念の比喩と解するのは妥当ではない。それはまさに目に見えるもの、手にふれられるもの、色彩も匂ひもあるもの、つまり『花』に他ならないのである」［三島 1955c］。

（4）熊本神風連は、電線の下を通るときには、西洋の魔法で頭がけがれるといって、扇で頭上を遮りつつ通ったという生粋の反動士族の集団である。一八七六年、彼らおよそ百名は、政府の発布した廃刀令に憤激して挙兵し、近代装備の政府軍に日本刀と槍だけで立ち向かい、その全員が討ち死に、あるいは切腹して果てた。

(5) 植村和秀は、蓑田の硬直化した「否定の情熱」に近似のものとして、文化大革命のときの紅衛兵やネット右翼を挙げつつ、「他方、もっとも直接的に似ていると感じるのは、晩年の三島由紀夫です。晩年の三島は、急速に蓑田的になっていって、自分を日本に封印していくような感じがあります」と指摘している［植村 2010: 129-130］。

(6) これは例の日本的美意識の深源に、「天皇」という原理を歴史的実体として擬したものである。しかしこのような歴史的実体の設定は、明らかに独断的なものである。

第六章

丸山眞男

——戦後日本の思想構造

「近代的思惟は獲得されたことすらない」

戦後日本を代表する思想家

敗戦に直面し、戦後民主主義を始めるにあたって、日本の知識人が負わされた最も重要な課題は、戦前の日本啓蒙主義が自己解体をきたしたという事実に向き合い、この「アポリア」(竹内好)を乗り越えることであった。

それは、近代日本の思想的性質――つまり伝統の積み重ねが欠如した無構造性――に正面から向き合うことにほかならない。芸術家として、日本的美意識による統一という独自の方法で、その乗り越えを図ったのが三島由紀夫であった。しかしその試みは失敗し、自己否定的な「反知性主義」にとらわれて果てたのは、前章でみたとおりである。その肖像は戦後日本の陰画といえよう。

一方で、政治学者であり日本思想史学者の丸山眞男は、戦後日本を代表する、まさにメインストリームの存在である。(1) それはたんに有名で、社会的影響力が強かったという表面的な意味ではない。そうではなくて、実に丸山こそ、この戦前から引き継いだアポリアに正面から向き合い、克服するための具体的な挑戦とその方策を提示した思想家であったからである。

その結果、彼の思惟が日本の戦後思想の「構造」をつくり出した。あるいは彼の思惟がそのまま、戦後思想の重要な部分そのものとなった。本質的にそのような意味で、丸山は戦後日本を代表する思想家なのである[竹内 2005: 36-37]。

ならば、丸山の思考を追うことがすなわち、戦後の思想と精神の成り立ちと変遷を把握することとなるだろう。本章はそのような方法で、戦後日本の思想構造について考察するものである。

そしてまた、第一章で述べたように、啓蒙主義が今日において虚構化しているとするならば、その状況が生じたことに丸山はどのように関与しているのだろうか。

日本ファシズムの分析

戦後丸山思想の出発点は、敗戦にいたった戦前日本の思想状況を直視することから始まった。徴兵から復員後、最初に書かれた小文「近代的思惟」では、一九三〇年代以来の「時代的雰囲気」をこう振り返る。

漱石の所謂「内発的」な文化を持たぬ我が知識人たちは、時間的に後から登場して来つたものはそれ以前に現はれたものよりすべて進歩的であるかの如き俗流歴史主義の幻想にとり憑かれて、ファシズムの「世界史的」意義の前に頭を垂れた。そうして今やとっくに超克された筈の民主主義理念の「世界史的」勝利を前に戸惑いしている。やがて哲学者たちは又もやその「歴史的必然性」について喧《かまびす》しく囀《さえず》り始めるだろう。しかしこうしたたぐいの「歴史哲学」によって嘗て歴史が前進したためしはないのである。［丸山 1946a］

そして、「我が国に於《お》いて近代的思惟は『超克』どころか、真に獲得されたことすらないと云う事実はかくて漸く何人の眼にも明かになった」と宣告する［ibid.］。「近代的思惟は獲得されたことすらない」――この徹底的な認識にもとづいて、丸山はこのたびの惨禍をもたらしたわが国の軍国主義ファシズムの分析に向かった。『世界』一九四六年六月号の巻頭に掲載され、出世作となった「超国家主義の論理と心理」である。

日本的ファシズムの特異性は、ファシズムを主導した政治家や軍人の精神の態様に顕著に表れている。「戦犯裁判に於て、土屋は青ざめ、古島は泣き、そうしてゲーリングは哄笑する」［丸山 1946b］。国際法廷に引きずり出された彼らは、弱々しく哀れな惨状を見せつける。そして、自分は開戦に賛成ではなかったが、全体の決定に従って行動しただけだ、と口をそろえる。日本の指導者たちは「これだけの大戦争を起しながら、我こそ戦争を起したという意識がこれまでの所、どこにも見当たらない」［ibid.］。これはナチの指導者たちが、「チェザーレ・ボルジャの不敵さ」をもち、またヨーロッパ征服の明確な意思をもって世界大戦を開戦したこととは大違いであろう［ibid.］。

カントからフィフテ、ヘーゲルにいたる主体性の哲学を有し、ワイマール期の民主主義を経験してきたドイツの場合、ファシズムにおいても「独裁観念は自由なる主体意識を前提としている」［ibid.］。しかしそのような歴史的積み重ねのないわが国では、指導者の権力も自己の強い自我意思にもとづくものではなく、たんに国家権力との合一化に依存したものにすぎない。

そこで指導者の権力性は、天皇を長とする権威のヒエラルキーにおいて、究極的価値である天皇からの「距離（近さ）」によって測られる。彼が公僕としてどのような社会的権能を果たすかということにかかわらず、単に天皇との距離が「近い」ことのみによって、その地位の正当性は根拠づけられるのである［ibid.］。

これは日本社会のあらゆる権力構造のなかにみられる特性である。たとえば、「職務に対する矜持が、横の社会的分業意識よりも、むしろ縦の究極的価値への直属性の意識に基いているということから生ずる諸々の病理的現象は、日本の軍隊が殆ど模範的に示してくれた」[ibid.]。軍隊における、天皇の名による軍規律と命令の無条件的な絶対性はその典型である。

このように、上位者は自らの主体意識にもとづいてではなく、天皇という究極的実体への依存を根拠として権力をふるう。ゆえに、彼らは自らが犯した個々の行為についても、たとえそれがどんなに愚かな、あるいは残虐な行為であっても、主体的な責任意識をもたないのである。

ではこの超国家主義の体系のなかにあって、天皇のみが主体的自由の所有者なのであろうか。いや、そうではない。万世一系の皇統を継ぐ天皇の権威は、皇祖皇宗につながる縦軸の無限性（天壌無窮の皇運）から生じる。したがって天皇はもろもろの祖宗とひとつながりになった存在であり、一個人としての自由なる絶対者ではない［ibid.］。

その結果、天皇もほかの指導者や国民と同じく、責任主体とはなりえない。権威が流出するのと逆方向に、責任は天皇個人から皇祖皇宗へとさかのぼる縦軸に昇華させられ、現実的には消滅していく。

このような独自の超国家主義体制のもと、日本は「何となく何物かに押されつつ、ずるずると国を挙げて戦争の渦中に突入した」［ibid.］。そしてその事実と結果に対して、現に、天皇をはじめ指導者の誰も主体的な責任をとらない。そのつけは「抑圧の移譲」システムによって、ヒエラルキーの下位者、つまり一般国民やヒラの兵隊にそのまま押しつけられる。内務生活における古参兵の新兵いじめから、まさに今、敗戦の悲惨な結果を丸ごと国民が負わされていることにいたるまで。

さらに一般兵士など下位者は、上位者から押しつけられた「抑圧」を、今度はヒエラルキー体系外の存在に向けて衝動的に発散するだろう。中国やフィリピンにおいて行われた、兵士の残虐行為のように［ibid.］。

日本で初めての「近代的思惟」　このように、「超国家主義の論理と心理」は、戦前において「自由なる主体意識」が、一般国民だけではなく、支配層や指導者（天皇を含む）においてすら実現していなかったことを明らかにした。誰の意思かはっきりしないまま、無謀な戦争にズルズルと進み、その結果招いた悲惨な敗戦にも誰も責任をとらないという状況をもたらした原因を、丸山は近代日本人の精神に存する普遍的な問題として、直截に抉り出したのである。

敗戦後すでに多くの論者が、あの戦争はいったい何だったのか、なぜ引き起こされたのかということについて、さまざまな意見を述べていた。そこで進歩主義論者の見解は往々にして、マルクス主義の公式を日本社会に当てはめたものになりがちであった。また、保守の側からは、和辻哲郎や津田左右吉のような「オールドリベラリスト」たちが、かつての安定した時代を懐かしみながら、このような事態を招いた責任を、ただ成り上がり軍人たちの暴走に帰せしめて嘆くばかりだった［小熊 2002: 202-208］。

これに対して丸山は、たんなる外来思想の当てはめなどではなく、己の戦争体験、軍隊経験から紡ぎ出した、独自にしてリアルな日本社会論を展開した。同時に、近代日本における「自由なる主体意識」の非在を抉り出す視点は、大正教養主義の残燭のような知識人たちに冷や水を浴びせかけたのである。

ぼくは、そんなに論理的に考えているわけではないですけど、重臣リベラルについては、事実この目で見ていて、しょうがないなと思った。現実にただ流されていく。しょうがないな。しょうがないなとブツブツ言いながら流されていく。そのだらしなさに対する焦燥感が根底にありました。[2]〔丸山 2016b: 3〕

そこで丸山の論は、戦後の若者たちから、わが国で初めて出現した真の「近代的思惟」として受けとめられたといって過言ではなかろう。

読者からは「眼から鱗が落ちるという言葉通りの、衝撃と戦慄を味わった」「大日本帝国の精神が、いまや音を立てて崩れはじめるのを感じた」といった声が沸き起こり、掲載された雑誌『世界』はたちまち入手困難になって、若者たちは奪い合うように『世界』を回覧した。〔小熊 2002: 87〕

戦前・戦中の体験　では丸山の論理は、彼のどのような体験にもとづくものであったのだろうか。国体明徴運動が吹き荒れていたとき、丸山はまさにその標的となった東京帝国大学法学部の助手をしていた。そこで彼は、学問としての天皇機関説が、科学とは関係のない暴論によって葬り去られるのを目のあたりにしていた。また一九三九年、津田左右吉の招聘講義に右翼学生たちが糾弾に押しかけたさいには、抗議した丸山も十数人に囲まれ、津田とともに延々数時間にわたり吊るし上げにあっている〔丸山 2016a: 232-235〕。

一九四四年、三〇歳の丸山は応召し、朝鮮で飛行機の搭乗員や整備兵としての訓練についた。帝大の助教授もここでは二等兵であり、古参兵から殴られる日々を送ったという。いったん除隊したが再び召集され、広島市宇品の陸軍船舶司令部に情報兵として勤務していた一九四五年の八月六日、屋外で点呼を受けていた丸山は原爆投下に遭遇する。爆心地から四キロメートルしか離れておらず、建物で熱線が遮られて辛うじて助かった［丸山 1969］。

八月一五日、病床にあった母セイが死去した。彼女は死の二週間前から家族のためにとすべての食事を絶っており、事実上餓死といってよかった。電報で知らせを受け取った丸山は、「船舶司令部の中の座敷のある広間を、ころげまわって泣きました。何のための戦争終結か、とさえ思いました」(3)［丸山 2004: 201］。

これまでの階層社会日本において、アカデミズムの超エリートである東京帝国大学の助教授が、このような辛酸を嘗めることはありえないことだった。丸山がこのような体験をしたのは、総力戦体制下において階層の平準化が推し進められたためである。その非常時的な経験が、これまでの戦前知識人エリートの微温的な生活感覚とはまったく異なる思想的地平へと、彼を否応なく押し上げたのだ［小熊 2002: 52-53］。

このような経験を経て、「超国家主義の論理と心理」は書かれたのである。そこで、日本人全体を戦争の惨禍と不幸に追いやったのは、「近代的人格」の欠如であったことが明らかにされた。ならば戦後の日本は、その獲得がメインテーマでなければならない。

つまり、国家が無謀な戦争に突き進もうとも、ただ一人でも反対の声をあげ、抗議の意思を表明できる人間を育成すること。すなわち、カント的な意味での、自立した「個」としての近代的自我をわれわれが獲得すること。日本国民全体をそのような存在に近づけること。それが、丸山の戦後のメインテーマとなった。

他人のつくつた型に入りこむのではなく、自分で自分の思考の型をつくつて行くこと。／間違つてゐると思ふことには、まつすぐノーといふこと。／この「ノー」といひうる精神——孟子の千万人といへども我行かんといふ精神——は就中《なかんずく》重要である。このノーといひえない性格的な弱さが、雷同、面従腹背、党派性、仲介者を立てたがる事、妥協性等もろもろの国民的欠缺《けんけつ》のもと。［丸山1998: 10］

戦後民主主義の「創造」

戦後デモクラシーの出発　敗戦直後、人々は食糧難にあえいでいた。配給品だけでは生きてゆけず、都会の人々は窓から出入りするほど混雑する列車に乗り込み、リュックを背負って農村に買い出しに出かけた。

復員してきた丸山も、すし詰めの列車に一四、五時間乗って長野に通い、妻の着物と交換で米を求めに行った。敗戦後しばらくは大学に出勤するのも軍服と兵隊靴姿で、焼け出されたほかの家族と一軒の家に同居し、多いときには四世帯で暮らしていたこともあったという［丸山2016b: 102-105］。

国民の大多数が「もう戦争はこりごり」という感情を有していた。また自分たちをそのような戦争に動員し、家族を死なせ、食うや食わずの災禍に追いやった軍部とファッショ政治家たちを恨んでいた。新憲法の草案が発表されたのは、そのような状況のただなかだった。それは、歴史的事実としては端的に、アメリカ占領軍によって押しつけられたものであった。しかし戦争でひどい目にあった国民は、そこに表明されている個人の尊重、国民主権、戦争放棄を「人類普遍の原理」とする価値観を、新鮮な驚きと感動をもって受けとめた。丸山自身も、終戦時にポツダム宣言の全文、とくに「基本的人権の尊重は確立すべし」という言葉を読んだとき「からだ中がジーンと熱くなった」と語っている［丸山 1958］。

しかし一方で丸山は、国民が「猫もしゃくしも民主革命といってワァワァいう」姿勢について「ほとんど絶望的なシニシズム」を感じていた［ibid.］。

それは権威から来るもの、外から来るものである。デモクラシーが内容的な価値に基礎づけられないで、権威的なものによって上から下って来た雰囲気に自分を順応させているだけである。保守性と進歩性がこうした「環境への順応」という心理で統一されている。こういうデモクラシーは危なっかしいデモクラシーである。なぜなら情勢によるデモクラシーであり上からないし外から命ぜられた「仕方がない」デモクラシーだから、情勢が変わりあるいは権力者が変われば、いつひっくり返るか分からない。［丸山 1948］

このように、自由やデモクラシーを歓迎する戦後の日本人に、丸山は自発的な民主主義精神から、本質的に最も遠いものをみていた。同時に、これからの政治状況として、「戦争が終わると一度ひじょうに左寄りになって、その反動としてナチみたいなのがでてくるんじゃないか」と、ファシズム再来の可能性を強く恐れていた［丸山 1958］。それに対して日本国民が、あの一九三〇年代と違い「今度こそは」しっかりとデモクラシーを守ることができるのか、きわめて疑わしいと感じていたのである。

課題は、「これまで政治的秩序に対してたんなる受動的服従以上のことを知らなかった国民大衆に対し、国家構成員としての主体的能動的地位を自覚せしめ」ることにあった［丸山 1943］。すなわち、われわれのデモクラシーを、占領軍から与えられたにすぎない「現実」を乗り越えて、日本人の「主体的能動的地位の自覚」にもとづくものにつくり変えなければならない。

八月革命説の提唱

このような考えにより丸山が発想したのが、「八月革命説」であった。八月革命説は、一九四六年三月六日に発表された憲法改正草案要綱を受け、宮沢俊義が論文「八月革命と国民主権主義」にて発表したものである(4)。これは、八月一五日のポツダム宣言の受諾によって、主権、つまり憲法制定権力は天皇から国民に移ったのであり（つまり「革命」）、新たに主権者となった国民が新憲法を制定するという法論理であった。そして、宮沢が委員長を務めていた東京大学憲法研究委員会の席上で、この八月革命説のアイデアを出したのは丸山その人であった(5)［阪本 2015: 58-59］。同時期に書かれた「超国家主義の論理と心理」の締めくくり、日本軍国主義に終止符が打たれた八・一五の日はまた同時に、超国家主義の全体系の基盤たる国体がその絶対性を喪失し今や始めて自由なる主体となった日本国民にその運命を委ねた日でもあったのである。［丸山 1946b］

という一節が八月革命説と通底しているのは明らかである。

丸山の意図は、国民主権の起源神話を創造することで、日本国民の意識に覚醒をもたらすことだった。敗戦によって敵国アメリカから賦与されたにすぎない民主主義を、日本国民が自らの血の犠牲によって、自力で勝ちとったものだと「言い換える」。それにより、民族的自尊心を失い、右往左往する国民に自信を与え、主権者たる自覚を促そうとしたのである。「こうして丸山の『八月革命説』の発見は、丸山自身の革命をも促し、丸山は生まれ変わりを果したと私は考える」［伊東 2016: 72］。

それはまた、戦後日本がつねに立ち返るべきスタートラインを設定することでもあった。のち、一九六〇年、日米安保条約改定が与党によって強行採決されたとき、丸山はこう呼号した。

初めにかえれということは、敗戦の直後のあの時点にさかのぼれ、八月十五日にさかのぼれということであります（拍手）。私たちが廃墟の中から、新しい日本の建設というものを決意した、あの時点の気持ちというものを、いつも生かして思い直せということ、それは私たちのみならずここに私は、そのことを特に言論機関に心から希望する次第であります。（六月一二日「民主政治を守る講演会」における講演「復初の説」）［丸山 1960b］

そしてこの八月革命説の論理は、当時の日本国民がもやもやと抱いていた感情に、明確な論理的根拠を与えるものでもあった。新憲法が施行された一九四七年五月三日の読売新聞社説は、そのような国民感情を率直に表明している。

いま、この日本国憲法の施行に際して、若《も》しいささかでも危惧に似たものが存在するとすれば、それはこの憲法の成立が欧州諸国のそれの如く、血を以て闘いとられたものではなく、明治憲法にさえ先行した自由民権への闘争を経ずに文字通り無血裡に成立したこと、更にその内容が、近代社会とその政治思想を母体として、歴史的に形成された英米諸国の制度が多く採り入れられていること。これ等を理由として、果たして日本国民の一人一人に、真の共感を以て迎えられるであろうかという点に存するようである。

しかしながら、この危惧に対してはわれ等はこの憲法がわれ等に与えられる前に、満州事変に始まって太平洋戦争に終るまで、永い間にわたつて多くの血の犠牲が払われたこと。そして文化的な制度は、その歴史的の発生が何処であろうと、その文化的価値が優れていれば、十分他の地に根を下ろして、美しい花を開き実を結び得ることを以て答えたい。〔読売新聞 1947、小熊 2002: 173-174〕

ここにみられるのは、「押しつけ憲法」に対する居心地の悪さと、わが国だけで三〇〇万人以上となる戦争犠牲者を、ただの犬死とは思いたくない、という思いであろう。日本国民は、彼らの尊い死の犠牲によって、この平和と民主主義が実現した、と思いたがった。それを感傷のレベルではなく、法理論として裏づけたのがこの八月革命説だったのである。

丸山が創造した八月革命説は、この、国民が共有する死者への「悔恨」意識を土台として、そこから戦後日本国民の政治的主体性を根拠づける「物語」の創造へとジャンプするものだった。それがゆえにこの考えは、戦後啓蒙思想を形づくる原点となったのである。

> 昭和二〇年八月一五日、日本に無血革命があった――この壮大な仮構《フィクション》こそ、その本質において政治思想史学者だった丸山眞男をして、あたかも「戦後最大の思想家」とでもいうようなアウラを獲得せしめたゆえんのものであった。［松本 2003: 1］

両刃の剣

ただこのフィクションは、国民に主権者であるという自覚を植えつけるとともに、戦争とその失敗の責任を一部の誤った指導者と右翼のならず者の扇動に単純化する、「ファシズム悪玉論」を生じせしめた。「国民が革命によって主体的自由を勝ちとった」というためには、それ以前に「民主勢力」である国民が天皇制ファシストに抑圧されてきた、あるいは彼らの扇動によって心ならずも騙されてきたという「物語」を必要とするからである。丸山の論は、「大衆を悪玉にせず、疑似インテリを悪玉にしているのである。大衆は啓蒙の対象だから、半ば仕掛けられ騙された存在」［竹内 2005: 117］とするものであった。

政治的な背景としては、敗戦直後に組閣された東久邇稔彦内閣が「一億総ざんげ」をアピールしていたように、戦前支配層の生き残りが自らの政治責任を誤魔化すため、往々にして「あの戦争は国民挙げての戦争だった」とうそぶいていたことがある。革命説はこれに反駁するための論拠ともなった。また後の「逆コース」の反動化のなかで、「ファシズム悪玉論」は、ゾンビのように蘇ってきた旧ファシズム勢力に対抗するために、政治的に必要とされた論理でもあった。

しかしそれは両刃の剣でもあった。丸山の革命論は、国民の政治的無辜を含意することで、かつて国民大衆が、満州事変を熱狂的に支持し、五・一五事件の被告たちに熱烈な共感を示し、また天皇機関説事件において美濃部抹殺に同意したこと、すなわち国民自身がむしろ進んで啓蒙主義を攻撃し、これを踏みつけにして捨て去ったという側面を、見過ごすことにつながりかねない。竹内好が次のように指摘するように。

> マルクス主義者を含めての近代主義者たちは、血ぬられた民族主義をよけて通った。自分を被害者と規定し、ナショナリズムのウルトラ化を自己の責任外の出来事とした。……しかし、「日本ロマン派」を倒したものは、かれらではなくて外の力なのである。外の力によって倒されたものを、自分が倒したように、自分の力を過信したことはなかっただろうか。それによって悪夢は忘れられたかもしれないが、血は洗い清められなかったのではないか。［竹内 1951］

もちろん、統治に直接関与する政治指導者と、一般国民との責任を等価なものとみなすのは明らかに暴論であり、政治責任はあくまで指導者に対して厳しく問わなければならない。しかし、指導者に対する政治的責任追及の問題と、国民が己の思想の平面において、主体的に決着をつけなければならない問題は、本来別のはずであった。八月革命説が孕むこの「ボタンの掛け違い」は、後に「戦後民主主義」の内部に重大な「欺瞞」を育て上げる一因となる。

「制度」の危機から「精神」の危機へ

さて、丸山の危惧していた、反動とファシズム再来の危険はほどなく到来した。

米ソの冷戦が進行するなか、一九四九年ごろより、GHQの占領政策はそれまでの民主的改革政策から、反共の「逆コース」へと舵を切る。マスコミ、公務員のレッドパージが始まる一方で、戦犯の公職追放が順次解除され、戦前ファッショの指導者たちが政治の表舞台に復活してきた。また、一九五〇年の朝鮮戦争勃発とともに、在日米軍基地を防衛する後方部隊として警察予備隊が設立されるなど、事実上の再軍備が進められた。

丸山はこのような反動化を、民主主義に対する現実的かつ深刻な危機として捉えた。彼はマルクス主義とはつねに一定の距離を保っていたが、共産党に対するレッドパージが「全体主義化の危険」につながりかねないことを、「自由主義者」として憂慮していた［丸山 1950］。このころの丸山には共産主義とも人民戦線方式で提携するといった傾向が強くみられるが、それも、民主主義という「制度」そのものが現実に脅かされているという危機感から来ていた。

しかし一九五一年、サンフランシスコ講和条約が結ばれ、日本はいちおう独立国となる。国内的には五五年体制が確立し、政治的にも安定的な状態に移行していった。一九五六年経済白書が「もはや戦後ではない」と書いたとおり、三島由紀夫が「どこまでも瓦礫がつづいていた」「兇暴きわまる抒情の一時期」と表現した敗戦直後の混乱期は終わり、今日につながる「戦後日本」という時代が始まったのである。丸山が危惧した状況、すなわち戦前ファッショに逆戻りする危険は遠ざかったかと思われた。

しかし、外的環境が安定していくとともに、丸山は三島と同様に、「巨《おお》きな壁」に突き当たっていると感じるようになった。一九五八年、四四歳となった丸山は、これまでは天皇制とマルクス主義との格闘が「内面的エネルギー」を生み出してきたが、今や「精神的スランプを感じる」と吐露している［丸山 1958］。

それは、民主主義がその内面的精神において、「制度化」していく状況に対する焦燥感だった。およそ民主主義は、不断の民主化の努力という「プロセスとして永遠の運動としてのみ現実的」なものである。なぜなら、民主主義が「多数者による支配という永遠の逆説を内に含んだ概念」である以上、「不断の民主化」という努力を怠るや否や、すぐさま少数者の支配を隠蔽する、欺瞞的「制度」に堕してしまうからである［丸山 1998: 56］。

とくに現代の大衆社会では、一見安定した政治状況が続くと、大衆は往々にして非政治化し政治的無関心《アパシー》に陥ってしまう。いや、すでにその兆しはそこかしこに表れていた。一九五五年、共産党は第六回全国協議会（六全協）において、武装闘争路線を完全に放棄する。この急激な方針転換は、これまで命を懸けて闘争に身を投じていた党員たちに激しい「六全協ショック」を与え、共産主義に理想を見いだしていた若者の多くに、政治に対する失望を抱かせた(6)［小熊 2002: 288］。

文学においても、戦争体験と対峙し、政治と実存の関係を厳しく問いただした「戦後派」の後、一九五〇年代半ばに登場したのは、政治性が希薄な私小説的作風の「第三の新人」だった。さらに一九五六年、石原慎太郎が『太陽の季節』をひっさげて登場、衝動的、享楽的な若者の風俗を描き、勃起したペニスを障子に突き立てるというセンセーショナルな表現が人々を驚かせた。この小説が芥川賞をとると、世の中は「太陽族」ブームで沸き返る。そして同じころ流行語になっていたのは、大宅壮一の「一億総白痴化」という言葉だった。

戦後から一〇年、「廃墟」の消失とともに現れてきた非政治化の気配を前にして、丸山は口喧《やかま》しい教師のように国民に対して呼びかけないわけにはいかない。「国民はいまや主権者となった、しかし主権者であることに安住して、その権利の行使を怠っていると、ある朝目ざめてみると、もはや主権者でなくなっているといった事態が起こるぞ」［丸山 1959］。

このような民主主義の「精神」を喚起する呼びかけを、丸山は一九五〇年代終わりから六〇年安保にかけてくり返し発するようになる。それは時代の変化に鋭敏な丸山がとった、方針の転換であった。(7)

六〇年安保闘争　一九五六年から五七年、丸山の『現代政治の思想と行動』上下巻が刊行される。この本は「超国家主義の論理と心理」をはじめとして、時事的な政治問題を扱った論文を集めたものであり、一九五〇年代後半から六〇年代の大学生に圧倒的な影響を与えた。彼らはまさにその一人であった政治学者三谷太一郎によって、「丸山体験による丸山世代」とも呼ばれる［竹内 2005: 21］。『現代政治の思想と行動』は、戦後政治思想の聖典となっていくが、その流れを決定づけたのは一九六〇年の安保闘争である。「安保闘争によって丸山によって描出された政治世界のリアリティが増し、丸山の読者が創出された。また他方で、丸山の本が安保闘争で闘う人々を創出した」[ibid.: 178]。

もともと日米安全保障条約は、一九五一年にサンフランシスコ講和条約が結ばれたとき同時に締結されたものである。それは米軍の日本における基地展開を自由に認めるという植民地的なものであったが、一九五七年に発足した岸信介内閣は条約を改定しアメリカの対日防衛義務を明記させる一方で、この占領状態の継続を既定事実化しようとしていた。

一九五九年、「安保改定阻止国民会議」が、日本社会党や日本労働組合総評議会（総評）など、一三〇を超える団体によって結成されたが、当初は国民の関心は薄く、反対運動もけっして盛り上がっていなかった。しかし反共産党系ブントの全学連主流派は、安保闘争を革命の第一段階と捉え、運動をラディカルに牽引した。一九五九年一一月二七日の統一行動において、全学連は国民会議の平和的抗議行動の指示を無視し、国会構内に乱入するという事件を起こす。このような学生たちの「跳ねっ返り」行動によって、世論は高まっていった。

そして一九六〇年五月二〇日未明、岸は衆議院に警官隊を導入し、社会党議員を排除したまま本会議を開会、討議なしに新安保条約と関係法案を自民党単独で強行採決する。丸山がこれを捉えて、「五月二〇日にかえれ、五月二〇日を忘れるな。……初めにかえれということは、敗戦の直後のあの時点にさかのぼれ、八月十五日にさかのぼれということであります」とアピールしたことはすでにみた。

岸首相の強権的な手法に対して、国民の怒りは沸騰した。それからはほぼ連日国会前ではデモが続き、一般の学生や国民がデモに続々と参加するようになる。そして六月一五日の国会デモで、またもや国会内に突入した全学連学生は機動隊・警官と激しく衝突、そのさいに東京大学学生の樺美智子《かんば》が死亡する。

この決定的な事件から三日後の六月一八日、国会前のデモ隊は五〇万人に膨れ上がっていた。批准反対の署名は成人人口の半数に近い一八〇〇万人を集め、安保反対の運動は、全学連、共産党、社会党や労働組合という組織を越えた、まぎれもない一大国民運動となった。

結局、新安保条約は参議院の議決を経ないまま、翌日自然承認となり成立した。しかし岸内閣は混乱の責任をとって総辞職した。これが六〇年安保闘争の概略である。

戦後民主主義の「達成」　それから五五年後の二〇一五年、岸の孫である安倍晋三政権により、集団的自衛権の行使を容認する安保法制が国会に上程され、これに対する反対運動がやはり国民的な広がりをもったことは記憶に新しい。

一九六〇年も二〇一五年も、安保反対はまず、戦争に反対する平和主義の運動であった。しかし六〇年安保はその根底において、対米従属に反発するきわめてナショナリスティックな性格を強く有していた。強行採決のさい、警官隊に排除された社会党議員と秘書団が、《民族独立行動隊の歌》を歌い抗議したのはその象徴的な表れである。「民族の自由を守れ　決起せよ　祖国の労働者／栄えある革命の伝統を守れ　血潮には正義の血潮もて／たたきだせ　民族の敵　国を売る犬どもを／進め進め　団結かたく／民族独立行動隊　前へ前へ　進め」[小熊 2002: 508]。

しかし衆議院で強行採決が行われたことを契機に、丸山は、「安保の問題は、あの夜を境として、あの真夜中の出来事を境として、これまでとまったく質的に違った段階に入った」［丸山 1960］と宣告し、「〈護憲問題や既知の問題や勤務評定問題など〉時期ごとに、また問題別に、民主主義運動のなかに散在していた理念と理想は、ここにまた、一挙に凝集して、われわれの手に握られた」と訴え［ibid.］、安保闘争を一挙に「民主主義の危機」の問題へと転換させた。

彼の戦術は、「対米従属という厳粛なる事実」を突きつけられた国民が抱くナショナリズムをてこに、一九五〇年代後半から明らかになっていた非政治化の兆候を克服し、民主主義を「高度の自発性と主体性」をもった、「国民主義的ナショナリズム」にもとづくものに鍛えあげることにあった。

それは福沢諭吉がいうところの、「一身独立して一国独立す」のテーゼの実現でもあった。私的欲求、私的享楽の追求に耽り、政治的アパシーに潜り込みそうになる大衆をして、主権者としての責任主体の自覚、すなわちナショナルな公共意識に向かわせること。丸山はそのために、安保闘争に尖鋭的に表れた国民のナショナリズムを利用しようとしたのである［小熊 2002: 529］。

丸山がとくに刮目したのが、政党や運動組織に属さない一般の市民が、自らの意思で続々とデモに参加する姿である。左翼運動も、日本におけるその在り方は往々にして、党や組合の方針に従属ないし「隷従」するものであった。丸山にとってそれは、結局のところ軍隊と同じ、やはり権威に隷属する日本社会の前近代的な特質を表すものにほかならなかった。これに対し、安保闘争に市民が自発的に参加する姿を目のあたりにして、丸山は日本の政治大衆のうちに、ナショナルな公共意識の高まりのなかで、「自由なる主体意識」が立ち上がりつつある希望をみたのである［竹内 2005: 152-154］。

根本的なことでは、大衆社会状況では政治的無関心が蔓延するという一般的なテーゼがあったのですが、この一か月で、むしろ国民の中には権力の無理押しに抵抗する健康なデモクラチックなセンスが、戦後十五年の間にかなり生活感覚として生きていたことが実証された。もちろん中央と地方の差はまだまだ大きいですが、国民の自発性と能力性のポテンシャリティー（潜勢力）としては大きなものを持っていることを示したと思います。［丸山 1960c］

ただこの、安保闘争を民主主義擁護の問題とした丸山の姿勢に対しては、革命路線のブント、全学連から強い反発があった。これが後に、全学連シンパであった吉本隆明からの丸山批判を招く。

「理想」から「虚構」へ

「こんなに豊かになるとは思いもよらなかった」

安保と再軍備を推し進めた岸内閣が退陣した後、池田内閣は対照的に経済に焦点を合わせ、「所得倍増計画」を掲げた。ここから戦後日本の高度成長が本格的に始まる。そしてそれは、大衆の政治意識をも大幅に変化させるものとなった。

丸山は後に、高度成長をまったく予測していなかった、「こんなに豊かになるとは思いもよらなかった」と述べている［丸山 2005:71］。後世のわれわれからすると何か迂闊に感じられる発言だが、しかし実際のところ、一九五〇年代終わりから七〇年代前半にかけての日本経済の急成長は、それが始まる前の日本人にとって、まったく予想外のことだったのである。

実態として、一九四八年の日本国民一人あたりの推定所得は、アメリカの一二六九ドルに対して一〇〇ドルにすぎず、セイロン（スリランカ）の九一ドル、フィリピンの八八ドルと並ぶアジアの貧困国に違いなかった［小熊 2002: 257］。また、一九五一年の講和条約調印後に行われた世論調査においても、「あなたは講和後生活が楽になると思いますか、苦しくなると思いますか」という質問に対して、「楽になると思う」は七・四％にすぎず、むしろ「苦しくなると思う」が六六・一％を占めていた［毎日新聞 1951、竹内 2005: 132］。

そもそも、当初の占領政策において、アメリカは日本の非軍事化とともに、経済的小国化を図ろうとしていた。そこでは、日本を繊維産業などが中心の軽工業国にするというのが基本政策であった［吉川 2012: 130-132］。この政策は冷戦構造下、反共同盟国に日本が編入されたことによって変更されたが、それでも敗戦国民であることを嚙みしめながら、平和で、今よりは少しでもましな生活を送れるようになることが、当時の日本人が将来に抱いていた現実的な希望だったのである。

しかしその後の約二〇年の間に、日本経済は毎年ＧＤＰを平均一〇％伸ばすという驚異的な成長を遂げた。これは七年ごとにＧＤＰを倍々させていったことを意味する。その結果一九六六年にはイギリス、翌年にはフランス、翌々年の一九六八年には西ドイツを抜き、日本はアメリカに次ぐ第二位の経済大国となった。

それは日本の産業動態に劇的な変化をもたらした。一九五〇年と一九七〇年を比較すると、農業・林業・水産業など一次産業に従事していた人口は、四八％から一九％に激減した。入れ替わって都市ホワイトカラー層がいっきょに増大し、六四％が「雇用者」、つまり日本人有職者の三人に二人はサラリーマンとなった。三人に一人にすぎなかった高校進学率は、八〇％を超えた［ibid.: 4］。

その結果、高度成長は「平安時代、鎌倉時代、江戸時代」などという「時代区分に匹敵するほどの大きな変化を日本の経済・社会にもたらし」、そして同時に、日本人の「心性」をも、決定的に変化させたのである［ibid.: 4-5］。

社会学者の見田宗介は、日本人が「現実」に向き合う姿勢《アティチュード》の変化に着目し、戦後（一九九〇年までの四五年間）を次のように三分割する［見田 1995］。

一九四五～六〇年は「理想の時代」だった。政治的「理想」としてアメリカ・デモクラシーとソビエト・コミュニズムが、「現実」主義的な保守派の権力と対峙しながら、敗戦によってもたらされた混乱を「進歩」に向けてつくり変えようとしていた時代である。

一九六〇～七〇年代前半、つまり高度成長期は「夢の時代」であった。「現実」の固定化に直面して政治的理想は後退し、衣食住といった物質的な理想、すなわち世俗的な夢の中に自足していく時代である。

そして、オイルショック以降、一九七〇年代後半～九〇年のポスト高度成長期は「虚構の時代」である。消費社会、情報社会化が進み、現実に背を向けて「虚構」に遊ぶ時代である［ibid.: 99］。

占領状態の固定化と受容　「理想の時代」は、「現実」においては被占領状態にある敗戦国日本を、われわれ日本人が自分たちの「理想」――共産主義にせよ自由主義にせよ――の国家として、創造しようとした時代である。そして見田の見立てによれば、丸山はこの時代の「理想」を牽引した、代表的な進歩的知識人だった［ibid.］。

しかし「現実」はその後、どのように変化していったのか。

朝鮮戦争、そして六〇年安保によって、戦後日本の「現実」は、米軍による軍事占領状態の継続として固定化していった。すなわち、米軍は日本の国土のどこでも接収して使用することができ、領空・領海・領土において日本政府に断ることなく自由に軍事行動を行うことができ、また有事のさいには自衛隊を指揮下において動かすことができる。このような軍事的な完全従属状態が、安保条約と日米地位協定、またこれに付随した数々の密約によって、法的に固定化されたのである［矢部 2014: 44, 67-75, 274］。

ただそのなかでいちおう民主主義の体裁をまとった統治が許されたのは、「日本が冷戦の真の最前線でなかったために、少々の『デモクラシーごっこ』を享受させるに足るだけの地政学的余裕が生じたからにほかならない」［白井 2013: 39-40］。つまり、東アジア冷戦構造下におけるアメリカの反共軍事戦略の枠組みのもと、日本は韓国や台湾、そして沖縄という外周地域の軍事基地化に守られるかたちで、これら前線に兵員や物資、兵器を送り出す兵站の拠点と位置づけられた。前線諸地域では軍事独裁政治が敷かれ、民主主義も政治的自由もなかったが、緩衝地域にあった日本は、自由主義・民主主義の「ショーウインドウ」国家の役割を許されることとなったのだ［ibid.: 41-42, 146］。

そして憲法第九条に謳われた平和主義、非軍事は、このような外周地域の犠牲のもと、世界最強の攻撃力を有する米軍が駐留し、その基地にもち込まれた核兵器の抑止力によって実現しているにすぎない。

結局、戦後日本の民主主義は、このような従属下の「半主権」国家状態や、実のところ冷戦と核の傘によってもたらされている「平和」状態について、主権者たる国民がいっさい関与できないというかたちにおいて、完成してしまった［ibid.: 147］。

問題は、六〇年安保後の日本人がこのような既成事実の積み上げに対してもはや闘うことなく、自らこの「現実」を受け入れていったという事実である。三島が次のように嘆いたように。

こんな偽善と詐術は、アメリカの占領と共に終わるだろう、と考えていた私はずいぶん甘かった。おどろくべきことには、日本人は自ら進んで、それを自分の体質とすることを選んだのである。政治も、経済も、社会も、文化ですら。［三島 1970c］

六〇年安保は、アメリカ・デモクラシーとソビエト・コミュニズムという「理想」主義の二党派が共同して、岸を代表とする「現実」主義の権力にぶつかった最終決戦の場であった。そして丸山の期待もむなしく、結果的には、「戦後日本の大文字の『理想』の時代」がここで終わりを告げたターニングポイントとなった［見田 1995］。

丸山理論の「虚構」化

国民が半植民地という現実を受け入れたのは、その体制のなかで経済成長と生活の豊かさが実現したからである。「『第一期』の理想主義者が信じた理想は来なかったけれども、現実主義者たちが望んだ理想〈物理的、世俗的な満足〉は実現した」［ibid.］。国民は消費社会の生活を享受し、生ぬるい生活の「夢」に浸った。

高度成長の「夢」のなかで、民主主義、平和といった戦後啓蒙の価値は、現実を変革していく「理想」としてのアクティビティを失い、「虚構」化していく。そこでは、「半主権状態、占領状態の継続のもとの民主主義『ごっこ』」という「現実」を直視せず、その反面「日本と米国はよきパートナーで・日本は無条件降伏によって戦前とは違う価値観の上に立ち・しかも憲法九条によって平和主義のうえに立脚している」という「虚構」を信じ込もうとする姿勢が常態化されることとなった［加藤 2015: 377］。

三島の先の言葉どおり、この「偽善と詐術」こそが、戦後日本の「政治も、経済も、社会も、文化ですら」無意識的に支配する「体質」、すなわちパラダイムとなった。保守派だけでなく進歩派も、このパラダイムのなかで、リベラル・デモクラシーと平和を、自分たちで主体的に選んだ価値だと「夢想」し、現実を直視することを避け続けたのである。「わたし達のこの平和憲法保持は、この『強制』の事実に眼をつむることによって完遂された」［加藤 2005: 26］。

そして丸山にとって悲劇的だったのは、彼の「理想」のセオリーが、むしろ戦後民主主義の「虚構」化を補強するフィクションとして反転していったという事実である。

八月革命説は、国民が自らの力で主権を獲得したという起源神話を打ち立てることで、国民に主権者たる自覚を促すことにそもそもの真意があった。しかし、その「神話」はやがて、民主主義は実際にはアメリカから占領中に押しつけられ、現在も半植民地状態で恵まれている「ごっこ」にすぎないという「現実」から、目を逸らさせる機能を果たすようになる。

また八月革命説が生み出した「ファシズム悪玉論」は、あの破滅的な戦争にいたった真の経緯を、つまりかつて日本人自らが、「軍国主義ファシズム」とともにデモクラシーと自由主義を足蹴にしたという事実を、結局のところ忘却させることにつながった。

かつて八月革命説によって、日本人に主権者としての「主体的能動地位を自覚」せしめようとした丸山は、彼がまったく予測できなかった高度成長のなかで、その思想が「虚構」化され、国民の生暖かい「夢」を支える「戦後民主主義」の神話へと変質していくことを強いられたのである。「むしろ丸山は、これらの現実を見たくないがために、あえて民主主義の成長ばかりを見つめ続けたと言っても過言ではなかろう」［伊東 2016: 220］。

このように、丸山の「理想」を挫折させたのは、高度成長による日本人の心性の変化だった。それは実に、三島由紀夫が戦後のニヒリズムを克服しようとした試みを挫折させたものと同じものであった。

「虚妄」の民主主義　ここにおいて、「虚構」と化した思想家・丸山に対して批判の声が上がるのは必然だった。一九六四年、経済学者の大熊信行は次のように論じた。八月一五日は戦争が終わった日ではなく、日本人が自分たちの生物的生存を維持するために「四〇万の敵の軍隊の上陸」を許し、「その敵の征服のもとに、国土をゆだね、身をゆだね、主権をゆだね」た日である。つまり「八月一五日は日本民族が自己を失った日」にほかならない［大熊 1964］。

このような征服－被征服関係は、「政治形態そのものとして、まさに近代の民主主義原則の反対極をなすものだ」［ibid.: 175］。民主主義が真に民主主義であるためには、「独立の国家主権が人民の手中にある」ことが不可欠の条件だからである。にもかかわらず「軍事占領下に民主主義が成立した」という「最大限の錯覚」が通用している。われわれは自らこのような「占領政策の思考方式を歓迎し、その方法に囚われていった」。それを補完したのが、たとえば八月一五日を「すばらしい決意の日であった、という丸山眞男氏の『復初の説』」ではなかったのか［ibid.］。

すなわち、「軍事占領下に政治上の民主主義が存在したという考えかたは一言にして虚妄である」。「民主主義が存在し、育ったかのように見えるとすれば、育ったもの自体が、そのなかに虚妄を宿している」［ibid.］。

くり返し述べたように、八月革命説はあくまでも「現実」を変革するための「理想」として唱えられたものであって、最初から現実から目を逸らすための「虚妄」として設定されたわけではない。ゾルレンとしての「理想」が、結果として高度成長のなかで「虚構」化したということであって、これを批判するのは後知恵というものである。だから丸山はこれに対し、「私自身の選択についていうならば、大日本帝国の『実在』よりも戦後民主主義の『虚妄』の方に賭ける」［丸山 1964］という有名な啖呵を切った。だがこの大熊の指摘が、結果的には正しいものとなってしまったことは否定できない。

「戦後民主主義クソくらえ」

「私」的なものをめぐって　また吉本隆明は、「私が丸山の敗戦までのイメージをよくつかめなかったのは、ほとんどその思想が大衆の生活思想に、ひと鍬も打ちいれる働きを持っていなかったことを意味している」と、丸山の大衆観を批判する［吉本 1963］。

吉本は八月革命説を念頭に置きながら、「敗戦で打ちのめされた日本の大衆は、支配層の敗残を目の当たりにし、食物も家もなくなった状態で、何をするだろうか？　暴動によって支配層を打ちのめして、みずからの力で立つだろうか？」と問いただす。いや、実際には日本の大衆は怒りなどせず、したがって何もしなかった。

> 大衆は天皇の「終戦」詔勅をうなだれて、あるいは嬉しそうにきき、兵士たちは、米軍から無抵抗に武装を解除されて、三三五五、あるいは集団で、あれはてた郷土へかえっていった。よほどふて腐れたものでないかぎりは、背中にありったけの軍食糧や衣料をつめこんだ荷作りをかついで！［ibid.］

これは身も蓋もない指摘であって、丸山もそのような「事実」は百も承知のうえで、「日本軍国主義に終止符が打たれた八・一五の日は、……自由なる主体となった日本国民にその運命を委ねた日でもあった」という当為を主張したのである。

しかし吉本は、大衆は怒る代わりに、すべてはおためごかしではないかという絶望にとらわれていたとし、「たとえ戦争権力とは反対の、どんなシンボルをもってきても、この大衆の不信をゆりうごかすことができないのは明瞭」と反駁する［ibid.］。つまり、コミュニズムも、あるいは丸山式の進歩的啓蒙主義も、大衆の生活思想に何ら引っかかることのない、インテリの観念遊戯なのではないのか。

「日本的な存在様式としての大衆が、それ自体として生きていることを無視して、理念によって大衆の仮構イメージをこしらえている」[ibid.]。

さらに吉本は、この丸山の誤った大衆観が、六〇年安保闘争においても問題を生ぜしめたと指弾する。丸山は、戦後の大衆は私的利害を追求し、結果政治的無関心へと流されていく方向と、「公」的意識のもとアクティブに革新運動へと進む方向に分岐したとし、前者に否定的評価を与えているが、

じつはまったく逆であり、これ〈私的利害の追求〉が戦後「民主」の基底をなしているのである。この基底に良き徴候をみとめるほかに、大戦争後の日本の社会にみとめるべき進歩はない。[吉本1960]

安保闘争における全学連主流派の行動力も、この「私」的利害を優先する、より自由な意識から発したものであるからこそ、「公」の幻影に囚われている既成の左翼勢力が「焼香デモ」に終始するなか、「戦前派だったら自分でこしらえた弾圧の幻想におびえてかんがえもおよばないような機動性を発揮した」[ibid.]。

吉本のこの所論は、全学連アナーキズムの徒花《あだばな》を過大評価している点にも表れているように、「それ自体として生きている日本的な存在様式としての大衆」という不分明なものに、今後の日本社会における「進歩」を委ねようとする、きわめて危ういものであった。しかし、丸山が戦後日本の大衆に行ってきたこと——それは一言でいえば民主主義教育であり、啓蒙だった——に対する吉本の辛辣

な批判は、丸山の「挫折」に関して、やはりある本質を抉っていた。戦後大衆に対し、能動的政治主体としての成長を夢見た丸山「教授」のオプティミズムは、高度成長下、結局のところ私的興味の追求に向かった大衆＝「生徒」に「ひと鍬も打ちいれる働きを持っていなかった」のは確かだからである。

「市民」民主主義と丸山の失墜　実際、一九六〇年後半から七〇年代、日本の政治社会は、吉本が予言したかたちで進行していった。

かつて六〇年安保闘争において、占領状態の継続という状況に抗議の声を上げていた市民の政治運動は、やがて、高度成長から生じるさまざまなひずみ、すなわち頻発する公害や、都市部への人口過密とそれに対するインフラ整備の遅れに抗議する運動へと収斂していった。つまり市民運動は、「公民《シトワイヤン》」による国のあり方を問う運動から、、もっぱら「住民」の生活利益を主張するものへと変質していったのである。同じく、かつて民族の独立と社会変革を標榜していた左翼政党も、公害問題や政治家の汚職など、市民の私的利害に訴える世俗的イシューに軸足を移すことによって支持を広げていった。(8)

そのなかで、「戦後民主主義」という言葉が揶揄的な意味を多分に含みながら生まれ［小熊 2002: 16］、丸山は「戦後民主主義の教祖」という称号を、やはり批判的なニュアンスを含みながら負わされるようになる。

そして一九六九年の東大紛争のさなか、全学連学生たちに丸山が吊るし上げられ、糾弾されるという事件が起こる。それは丸山の、戦後の進歩的「理想」を牽引してきた第一人者という座からの失墜を象徴する出来事であった。彼はそれをきっかけに東大を辞職し、以降は時事的問題からは距離をおき、本来の専門である日本政治思想史の研究に沈潜する。

丸山は自身の理想が虚構化していくことを、どのように感じていたのだろうか。彼は言い訳をすることを自分に禁じていたため、それに類した発言はほとんど残っていない。しかし一九七七年、次のように憤懣をぶちまけている。

「戦後民主主義」と一括りに言うが、「戦後の初期の、ある意味での混沌とした、極端に言えばアナーキスティックなものまで含んだ、多様な可能性を含んだ戦後初期の状況」の民主主義と、高度成長期以降の「多様な可能性が一つずつ削られていって、もう軌道が決まってしまっている時代」の民主主義はまるで違う。後者のそれはもはや、民主主義ではないのではないか、と。

高度成長期の、すべてにレールが敷かれ、すべてがセメント化され、すべてが、たとえば、教育をみてご覧なさい。受験勉強で、まるで小学校の時から優良校主義で詰め込まれてくる、ということに象徴されるような、全部が規格化され、その型が押しつけられ、それを民主主義として受け取っている世代が、戦後民主主義クソくらえと思うのは、もっともではないでしょうか。(「第四回大佛次郎賞受賞インタビュー」)［丸山 2008: 163］

これはかつて彼を吊るし上げた全学連の学生を想起して言ったものだろうが、今日のネット右翼の理解にも射程の及ぶ認識である。そう、「民主主義クソくらえ」と考える戦後の若者たちを、丸山は「もっともではないか」と苦々しく認めざるをえなかったのである。

バブル経済とポスト・モダン　日本の経済的繁栄は、一九八〇年代後半のバブル経済でその頂点を極める。地価と株価が急騰し、人々は投機と金儲けというむき出しの私的欲求の追求に狂奔した。そのなかで、民主政治の公共意識などはますます形骸化していった。

その思想的反映が、「ポスト・モダン」の流行であった。共産主義の退潮とともに、ヨーロッパ近代の主知的ロゴス主義への反発が強まり、一九八三年に刊行された浅田彰の『構造と力』がベストセラーとなった。フランスの構造主義、またポスト構造主義が流行し、先端的文化人や都会の学生の間で「モダン」の終焉がまことしやかに語られた。近代主義を支持することは古臭く、「ダサい」こととなったのである。丸山眞男は、その「古い」思想家の代表のように扱われた（対して吉本隆明は、サブカルチャー論を展開し消費社会を肯定、雑誌『ａｎ・ａｎ』にコム・デ・ギャルソンを着て登場するなど、この時代の寵児となった）。

しかし民主主義を「永久革命」運動と捉えた丸山にとって、「近代」とはいわば「未完のプロジェクト」（ハーバーマス）であり続けるものであり、軽々に「終焉」を語れるもののはずがなかった。いや、そもそも、戦後の日本において、日本人は近代的啓蒙主義を、どれだけ内面化したというのだろう。

戦後とは、ひたすら経済成長に集中してきた年月であった。そこでは、自分たちの主体的な意志でリベラル・デモクラシーを鍛え上げ、啓蒙主義を日本人の血肉とすることとは真逆のことが、むしろ進んでいたのではないか。年月の経過は、敗戦直後の悔恨と、平和と民主主義がもたらされた新鮮な驚きと感動を後景に退かせ、信仰を自動化させる。そのなかで信仰の内実は形骸し、着実に空洞化していったのではないだろうか。

近代的思惟が身についていないにもかかわらず、いやむしろそれゆえに、簡単に「近代」を乗り越えると口にする。これは、かつて見られた光景である。すなわち、海外から輸入した最新の「部品」的思想をもって、いともたやすく「旧思想」の超克を口にした明治の能才インテリや、マルクス主義になびきブルジョワ・デモクラシーの乗り越えを標榜した大正知識人、そしてその後、続々と日本主義に転向し、西洋近代の超克を唱えだした戦前昭和のインテリたちの姿そのものである。

丸山は、フーコーやレヴィ＝ストロースの「ヨーロッパ精神の自己批判」に敬意を表しつつ、「それをいち早く輸入して、それ見ろ、ヨーロッパの碩学もこういっているというのは、外向きと最新流行主義のもう一つ変奏曲にすぎない」と切って捨てている［丸山 1980］。

ようするに彼は、「ああ、またか」と思ったに違いない。(9)

『愛と幻想のファシズム』のディストピア

バブル景気に沸く一九八〇年代後半に発表され、物議をかもしたのが村上龍の『愛と幻想のファシズム』である［村上 1987］。

アメリカ・グローバル資本による搾取にさらされ、不況と格差が広がる近未来の日本において、ハンターである鈴原トウジは、ファシスト団体「狩猟社」を立ち上げる。彼はニヒリストの相田ケンスケを相棒として、労働組合、左翼過激派、リベラル政治家に対し、次々と仮借のない暴力的テロルをしかけ、殲滅していく。閉塞的な世相のもと、既存の政治に飽き足らない大衆は、「狩猟社」に熱狂的な支持を寄せる。政権をも手中に収めようとするトウジは、日本を属国化しようとするアメリカと対峙するために、イスラエルからプルトニウムを譲り受ける……。

この小説は、アメリカから恵まれているにすぎないわが国の「民主主義ごっこ」に対して、ファシズムの黒々とした嘲笑を浴びせかける、まさに「民主主義くそくらえ」の世界であった。

しかし、今日からみたこの作品の重要性は、戦後日本をアメリカに従属した存在と正確にとらえ、それがゆえに、いずれは徹底的に搾取される運命をたどると予測している点であろう。『愛と幻想のファシズム』が想定する近未来日本のディストピアは、その後のバブル崩壊、経済のグローバル化の進行、広がる格差、またトランプ政権が突き進むアメリカの自国優先主義という状況を考えると、おそろしいほど現実的な未来である。

ただ、現実の日本政治においては、鈴原トウジのような確信的ファシストが出現するわけもなく、この作品が書かれてのち、実際にわれわれの前に出現したのは、小泉純一郎や堀江貴文のような、ただの新自由主義者にすぎなかった。

一九九六年、丸山は肝臓がんのため死去した。その一一年後の二〇〇七年、月刊誌『論座』に「『丸山眞男』をひっぱたきたい――三一歳、フリーター。希望は、戦争。」が掲載される。苛酷な戦争体験から出発し、かつて「敗戦の直後のあの時点にさかのぼれ、八月十五日にさかのぼれ」と国民に呼びかけた丸山に、赤木智弘はこう突きつけた。

平和が続けばこのような不平等が一生続くのだ。そうした閉塞状態を打破し、流動性を生み出し

てくれるかもしれない何か——。その可能性のひとつが、戦争である。［赤木 2007a］

註

（1）ちなみに、三島と丸山にはとくに接点はなかったが、三島が林房雄との対談のなかで丸山に論争を呼びかけたとき、丸山は「事実上黙殺するだけじゃなくて、軽蔑をもって黙殺すると公言します」と返している。

（2）丸山も参加した、若手学者たちによる文化組織「青年文化会議」創立の「宣言」は、「従来の自由主義者の根本的欠陥であった節操と責任感の欠如を痛感し」「封建的なものを克服し得ず、あまつさえ、軍国主義に屈服さえするに到った」とし、「かかる一切の旧き自由主義者との訣別を宣し」ていた（一九四六年二月二日）。

（3）「召されゆきし吾子をしのびて思ひでに泣くはうとまし不忠の母ぞ」ほか、この母の歌った数首の歌を、丸山は後年、「自己内対話」ノートの巻末に書き添えていた［丸山 1998: 267］。

（4）『世界文化』一九四六年五月号。

（5）「正統と異端」研究会の席上での丸山の告白。「自慢話になるといやだから言わなかったけれども。『丸山君、どう思う』って先生の部屋で話しましたよ。僕はポツダム宣言を受諾したことが日本国民が自由に政治形態について意思を表明できる。天皇の位置はそれに基づくんだということを日本政府は承諾した。これはどう見たって帝国憲法からは出てこない」。翌日やってきた宮沢が「君の説明を借りたよ、なんて言ったのを覚えている」［阪本 2015: 58-59］。

（6）この時党から離れた学生たちによって共産主義者同盟（ブント）が結成され、反共産党系左翼（新左翼）の源流となった。

（7）「日本人のものの考え方とか状況とかに対するアンチテーゼを出そうという考えが、いつも」あった「バランシング・シンカー」丸山は、敗戦直後の混乱期にはむしろ積極的に「デモクラシー」の「制度」的側面をも語っていたのであり、高度経済成長期に入り「制度」化が進展すると、その「理念」や「運動」としての側面を強調するようになっていった［阪本 2015: 33］。

（8）一九七〇年代における国民の政治意識は、「国政」においては自民党の政策を支持しながら、地方の「生活」においては、「革新」自治体を志向するという傾向を示した。七〇年代はじめ、東京・大阪・京都・沖縄・埼玉は革新系の知事で占められ、横浜市、川崎市、名古屋市など、「太平洋ベルト地帯」に多くの革新市政が生み出された。

（9）「日本の『ポスト・モダニスト』の『近代主義』批判は、『西洋近代』の『自己批判』としての『近代』批判の論理を、『近代主義』ないしは『近代主義者』＝丸山眞男の『近代性』を批判する『他者批判』の論理へと横滑りさせたものにすぎない」［冨田 2001: 132］。

結び

――われわれの前に待ち受けているもの

前章までの総括　ここまでみてきたように、わが国の近代的精神（啓蒙主義）は、その受容の始まりから現代にいたるまで、日本人の血肉となり、思想的伝統となるような積み重ねに失敗してきた。明治以来、西洋啓蒙主義は近代国家化を推し進めるための「道具」として輸入され、国家を牽引するエリートが身につけるべき価値観とされてきた。しかし、半封建的な日本社会において、その受容は表層的なものにとどまらざるをえず、むしろ大衆にとっては、リベラリズムもデモクラシーも自分たちの身の丈に合わないものであり続けたのである（第二、三章）。

その結果、一九三〇年代に国内経済状況が逼迫するなか、政治的救済から放置された大衆は、啓蒙主義エリートたちに対する不信感を強めていった。そして反啓蒙の国体主義勢力の煽動によって、彼らは「反知性主義」に結集し、ブルジョワ支配層への攻撃に殺到したのである。このような大衆の「憎悪」を背景に引き起こされたのが、満州事変であり、五・一五事件であり、天皇機関説事件だった。

そして戦前の日本社会は啓蒙主義を捨て去り、東亜新秩序という「近代の超克」を合言葉に、総力戦体制に突き進んでいったのである（第四章）。

敗戦後、この思想的「廃墟」に佇み、啓蒙主義の再構築を試みたのが丸山眞男だった。丸山は日本ファシズムの批判を通じ、この「廃墟」をもたらした日本社会の近代的思惟の欠如を白日のもとにさらした。そして八月革命説の提唱により、敗戦によって占領軍から与えられたにすぎない民主主義を、日本国民自らが勝ちとったという「起源神話」につくり上げることによって、民族としての自信を喪失した国民を、新たな主権者たるべく鼓舞したのである。

だが六〇年安保の高潮を潮目として、日本社会は誰もが予想しなかった高度成長の波に乗っていく。

国民は生活水準の向上という「夢」に酔いしれ、私的利益の享受に耽るようになった。そこで日本人は、アメリカによる軍事占領状態の固定化を容認し、半主権下における民主主義という「最大限の錯覚」（大熊信行）から目を背けるようになる。戦後間もなく丸山が提示した民主主義の「理想」はただ制度化していき、戦後啓蒙主義の「虚構」化が進む（第六章）。このような「偽善と詐術」を自ら進んで受け入れた日本人に対し、高度成長が最高潮の一九七〇年に、己の死をもって最大限の侮蔑を示したのが、三島由紀夫の割腹自殺だった（第五章）。

そう、「戦後民主主義の『虚妄』に賭けた」、丸山の試みは今もって成就していない。その結果、経済成長が停滞するなか、われわれが直面しているのは、日本の啓蒙主義の虚構性が再び「廃墟」たる姿をさらしつつある状況である。これに対して、「クソくらえ」という罵声をひたすら浴びせているのが、現代の「ネット右翼」である。

戦前と最も異なるのは、「天皇」という国体が存在せず、この「反知性主義」的憎悪が結集する究極的な軸が存在しないことである。そのため、今日においてみられるのは、ただただ中間層リベラリズムに対するやみくもな攻撃であり、あるいはこの「憎悪」を、新自由主義エリートが政治的に利用している様相である（第一章）。

以上が前章までの総括である。歴史的観点からみれば、戦前から引き継いできた啓蒙主義的価値に対する懐疑が、低成長に沈みつつある現代において、またもや噴き出している状況だといえる。つまりわれわれは、戦前・戦後を通じ、いまだに近代的思惟を獲得するにいたっていないのだ。

とすると、啓蒙主義はしょせん外来思想だから、よくも悪くも「前近代的」なこの国の精神風土には結局根づかないのだ、という決定論的な悲観論を招きそうである。

しかし、前章でわれわれがみてきたことからは、そのようにはいえない。国民を近代的主体に育て上げようとした丸山の試みが挫折したのは、日本の半主権国家化の完成と、それがゆえに実現した高度成長が原因である。そしてこの戦後日本の体制《レジーム》は、多分に偶発的な国際状況によってでき上がったものであった。

たとえば白井聡はこう論じる。「仮に朝鮮戦争において北側が完全勝利を収めていたとすれば、戦後日本はいかなる国家体制をとることが必然化したであろうか、ということを想像してみればよい。その場合には、日本の本土が享受してきた『地政学的余裕』は一切消滅し、本土が冷戦の本当の最前線に位置づけられることとなる。そのときには、吉田茂が主導した軽武装路線はとうてい維持し得なかったであろう」。そして韓国や台湾、また沖縄と同じように、日本にも「あらゆる抵抗を踏み潰して、軍事独裁路線が貫徹されたとしても、何ら不思議はない」［白井 2013: 40-41］。

もし日本がそのような体制になっていたならば、われわれの戦後は、「虚妄の民主主義」に恵まれ、それに自足するという経緯をたどることもなかっただろう。そしてむしろ、韓国や台湾のように、その後自らの手で民主化をつかみとるという経験を勝ちえていたかもしれない。

歴史においていたずらに仮定の話をすることは無益である。しかし、このような想像力を働かせることは重要であろう。歴史的諸相とは、あくまで偶々《たまたま》のものなのだ。日本の啓蒙主義が今日深刻なシニシズムに陥っているのも、偶発的な政治状況の単なる結果として、そのようなものになったにすぎない。

もちろん、日本というもともと非ヨーロッパ的な社会が、内発的なものではない外来文化を血肉化することは容易なことではない。それは当然のことである。しかし、日本の精神的風土や伝統をいたずらに強調し、だから日本には合理主義が根づかないという決定論は短絡であり、端的にいって誤りである。それは、偶発的に発生した結果から演繹されたものにすぎない。

「反啓蒙主義エリート」による寡頭制

さて、リベラル・デモクラシーが衰微し、「ネット右翼」が跳梁するなか、総体的にみて、われわれの社会はどこに向かっているのだろうか。

本書は近現代史を扱うものであり、日本のこれからの政治社会についての展望は本筋ではない。私も現代政治について、どうこういうほどの専門的知識はない。ただ、これまでみてきたことから最低限見通せそうな点について述べ、結びとしたい。

現代の日本は、「右傾化」という言葉で危惧されているように、戦前的な軍国主義ファシズムへと回帰しようとしているのだろうか。あるいは、新自由主義という「新しい理想」に向かっているのだろうか。

結論から先にいうと、私はそのどちらでもないと思う。

第二次安倍政権の経済政策「アベノミクス」は、規制緩和のオンパレードである新自由主義的な「民間投資を喚起する成長戦略」を主眼としながら、投資を妨げているデフレを脱却するために、市場操作的性格の強い日銀の金融緩和政策や、公共事業などへの財政出動といった施策を組み合わせたものである。つまりこれは、国の積極的な介入によって新自由主義を下支えしようとするものであって、そのため、アベノミクスとは国家の介入を否定する新自由主義などではなく、むしろ本質的に政府主導の統制色の強い「国家資本主義」なのではないかという指摘がされている［佐和 2016: 98-99］。確かに、首相自らが日本経済団体連合会会長に賃上げを要請するという異例の「事件」など、政府の市場への介入姿勢はある一線を越えているように思われる。

このような国家資本主義化は、新自由主義というよりも、端的にエリート主導の経済政策だろう。その向かう先は、内田樹いうところの「日本のシンガポール化」ではないだろうか［内田、白井 2015: 56-57］。シンガポールは「国是が『経済成長』」であり、「金儲けだけに特化した社会の仕組み」づくりに徹しているから、政治的プリンシプルはその下位におかれ、民主主義も制限されている。(1) これに対し、わが国の民主制下においては、新自由主義の企業家たちが期待する各種規制の撤廃や緩和には膨大な時間と煩雑な手続きを要し、遅々として進まない。ならば、低成長に喘ぐ日本においては今後、シンガポールのように民主的手続きを制限して、政治エリートとビジネス・エリートによるシンプルな合議と意思決定により迅速に経済政策を推進していくことこそが、今後の日本が生き残るための唯一の途だと、安倍政権とその取り巻きたちは考えているのだろう。

つまり、彼らが志向しているのは、原理《プリンシプル》としての新自由主義の実現などではなくて、端的に、エリートによる寡頭制支配なのである。

新右派転換の終着点としての第二次安倍政権では、新自由主義改革は単なる「企業主義」政策へとスリップしていき、政財官の保守統治エリートによる寡頭支配の実現による復古的国家主義の暴走、そして立憲主義のもとの競争的な議会制民主主義という「戦後レジーム」からの脱却へと向かっていった。［中野 2015: 154-155］

もちろん、社会において統治はつねに少数の支配者によって行われるという、「少数支配の原則」は自明の理である。それは五五年体制下における高度経済成長期においても、あるいは民主党政権の日本においても何ら変わることはなかった。しかし、これまで戦後日本を担ってきた啓蒙主義エリートたちは、少なくとも見かけだけであっても、社会の民主的合意に配慮するという姿勢を基本的には示してきた。

これに対して、今日台頭してきているエリート層は、先ほど述べたように、そのような配慮に手間暇をかけることは、もはやこの国においては望ましくないと考えている。リアリストを自認する彼らは、成長の見込みが容易に見いだせない日本の現実から、なかば偽悪的に、少数支配の原則に開き直ろうとする。つまり、あからさまに議会を軽視し、官邸のごく一部の人間によってスピーディに国家の意思決定を行うことをめざす――そのような方向性は、安保関連法案や出入国管理法改正が、説得力のある説明がなされたとはとうていいえないなかで強行採決される今日、また自分の支持者や友人に不当な行政上の便宜を図った疑いがもたれた森友学園・加計学園問題に関し、首相がこれまたまともな説明をしないままその座に居座り続けている今日、着々と実現されつつあるといっていいだろう。

そう、これはいうなれば、「反啓蒙主義エリート」による寡頭制である。

もちろん、今後も彼らはこのような国家ビジョンを直接的に提示することなく、「美しい国」日本の伝統、保守という言説に偽装し、あるいは経済の成長戦略をアピールし、また一方で外国の脅威を煽り続けるだろう。彼らのホンネはあまりに赤裸々で没理想的であるため、国民の支持を得にくいからである。

しかしこのホンネには、もはやこの国には「ほかに方法はない」という、それなりに強い説得力がある。となると、今後、日本のリベラル・デモクラシーがほかの有効な選択肢を提示できなければ、おそらくこの国は、彼ら反知性主義エリートたちの思い描く社会――政治活動の自由や表現の自由は制限され、見せかけのデモクラシーのもと、対米従属勢力による事実上の一党独裁・寡頭制支配が続けられるなか、政権とのつながりによって成功を収めた一部富裕層と、グローバル資本に搾取される見捨てられた大多数の大衆（そのなかにはネット右翼も含まれるはずである）に分断された社会――へと向かうことになるだろう。

これは『愛と幻想のファシズム』が、ファシズムの悪夢的ファンタジーの前に、より現実的なディストピアとして描いた日本の未来に近い。また、三島が嫌悪とともに予想したこの国の未来、つまり極東の一角に浮かぶ「無機的な、からっぽな、ニュートラルな、中間色の、富裕な、抜目がない、或る経済的大国」のなれの果ての姿でもある。

歴史が教えるもの　あまりに悲観的な予測であろうか。いや、これは第二次安倍政権の「反知性主義ならずもの」的特殊さがもたらした異常事態であって、より理性的な政治的姿勢の政権に代われば、こんなことにはならないと主張する向きもあろう。このような楽観論は、とくにリベラル派の人たちに多くみられるような気がする。

しかし、根底には構造的な問題がある。少子高齢化という人口動態変化を主要因として、今後もわが国は、国内需要も労働生産性も伸びが見込めない。そこに、原理としての戦後啓蒙主義が空洞化してしまっているのである。ならば、今日の日本では、どのような政治家が政権に就いても、多かれ少なかれ「シンガポール化」の方向に進まざるをえないだろう。反啓蒙の性格をむき出しにしている安倍政権は、その方向性をドラスティックに際立たせているにすぎない。

それをよしとしないならば、われわれはこれまでしてきたように「次の政治家」に漫然と期待するのではなく、否応なく自分たちの「啓蒙主義」を捉え直さなければならない。

そのために為すべきことは、まず最初に、われわれの社会が反啓蒙の寡頭制に向かうのを押しとどめることである。楽観的なリベラリストたちがまあ大丈夫だろうと思っているうちに、ズルズルと後戻りのできない地点へと、国民全体がいつのまにか引きずられて行きかねない。一九三〇年代の歴史的経験が教えるのは、大衆社会はそのような不可逆性を有しているという事実である。

ならば、近現代史研究の分野においてわれわれが今行うべきことは、戦後民主主義が対米従属のなかの虚妄にすぎないこと、そしてその帰結として、われわれの前に待ち受けているのが反啓蒙の寡頭制であろうことを、声を大にして叫ぶことであろう。近年、白井聡『永続敗戦論――戦後日本の核心』(二〇一三年)、加藤典洋『戦後入門』(二〇一四年)、そして矢部宏治『日本はなぜ、「基地」と「原発」を止められないのか』(二〇一五年)など、戦後史の捉え直しについて注目すべき論考が世に出されている。僭越ながら本書も、その驥尾につくことを意図するものである。

そしてこのような批判は、ネット右翼など「反知性主義」の徒に向けられているようであって、本質的にはより、「リベラリスト」たちに向けられるべきものである。そう、「戦後民主主義」の「理想」の残骸を未だに無自覚に信仰している人たちに対して。

私は彼らが、反啓蒙主義の独裁が形づくられていくのを、ただぶつくさ言いながら、結局は座視することになるのではないかと懸念する。いや、そのことに関し、ほとんど確信に近い危惧を抱いている。実際、彼らのオプティミズムは、戦前の自足的なオールドリベラリストに奇妙なほどに似通っていないだろうか。

ナショナリズムの課題　啓蒙主義を再創造するために、われわれがさらに歴史から読み取るべきものは、ナショナリズムの課題である。

ナショナリズムという観点から前章までを振り返ってみると、戦前一九三〇年代、日本主義ナショナリズムは全面的に反啓蒙の方向に回収されてしまった。それが、結果的に対米英戦争への突入・敗戦という大災厄を生んだ。

戦後、八月革命の「起源神話」を打ち立てることで、与えられたにすぎない戦後民主主義を、国民のナショナリズムで実質化しようとしたのが丸山眞男だった。しかし平和と繁栄のなか、日本人は私的利益に没頭し、軍事占領状態の固定化と対米従属を受け入れていく。一九七〇年、高度成長の絶頂のなか、三島由紀夫が上げたナショナリズムの叫びはほとんど誰にも理解されることなく、空しく響いただけだった。丸山の企図に反し、国民の主権者たる公共意識は確実に希薄化していき、それによって、民主主義をはじめとする戦後啓蒙主義は「虚構」化したのである。

ならばその再創造は、日本国民が改めて主権者としての責任を自覚し、公共意識にもとづいた健全なナショナリズムを醸成するところにしか、ありえないだろう。

ところで今日、新しいナショナリズムが湧き起こっている。

グローバリズムによるボーダーレス化、また新自由主義の進展による福祉国家の後退により、従来の国民国家の枠組みが融解しつつある。国民は国境《ボーダー》なき世界のなかで、世界的市場のただ中へ無防備に放り出されようとしている。これに対する反発として、各国でナショナリズム台頭の動きがみられるが、不安の反作用として高揚するナショナリズムは新たな困難さを孕む。それは、国民の一体的統合を志向する方向よりも、移民や性的少数者への攻撃、あるいは中間層への攻撃といった、社会の分断に向かう方向に傾きやすい［山崎 2015: 14］。日本においても、この起こりつつあるナショナリズムは、もっぱら「ネット右翼」などによる「反知性主義」に絡めとられているのが現状である。

われわれの課題は、これからわが国のナショナリズムを「反知性主義」の側でなく、公共意識の創造、民主主義の再生という方向にまとめあげることにある。そこに、啓蒙主義を捉え直す可能性はかかっているといっていい。

しかし、そのためにはどうすればよいのだろうか。

今、日本において、独立を志向するナショナリズムがはっきりと顕在化しているのは、米軍基地による要塞化を今も強いられ続けている沖縄だけであろう。二〇一四年、県知事選挙において翁長雄志が呼びかけた「イデオロギーではなくアイデンティティ」というメッセージは、まさしく沖縄ナショナリズムを表現するものである。これに対し本土の日本人の多くは、いまだ対米従属の事実にも、主権国家としての真の独立にも関心がなく、沖縄ナショナリズムが上げる声も他人事のように受けとめているようだ。

しかしもはや沖縄だけでなく、日本人全体にとっても、『愛と幻想のファシズム』が描いたさらなる従属と収奪の未来は、無視できない現実として立ち現れつつある。

近年の国際情勢において、アメリカの軍事面、経済面での一国優位的なプレゼンスは低下しつつある。その結果として、アメリカは日本に対しても「庇護」という見せかけをかなぐり捨て、自国利益を押しつける姿勢が目立つようになった。自由貿易協定の交渉において、もはやトランプ政権は日本を搾取の対象とみなす態度を隠そうともしない。従来からの軍事的・外交的支配のうえにこのような態度が加われば、アメリカによる経済的な収奪を防ぐ手立てはないに等しい。そしてわが国は経済的にも、アメリカの徹底的な従属下におかれる。

それが、「戦後」という枠組みが崩れ去り、「戦後日本」の温室から追い出されようとしているわれわれの前に立ちはだかる現実である。この現実の前で、われわれも沖縄の人たちと同じように、否応なくナショナリスティックな課題に取り組まなければならなくなるだろう。

そして、この課題を主体的公共意識の再創造へとつなげるためには、われわれ日本人が自分たちの意思で対米従属から脱却し、自らの手で軍事的・外交的主権を回復する道筋が決定的に重要である。そのアクションプランとして、たとえば矢部宏治が主張する方策、すなわちフィリピンやドイツの先例にならい、憲法を改正することによって、軍事同盟を維持しながらも、米軍基地の原則的撤退を実現するというアイデアは傾聴に値する(2)［矢部 2014: 156-157, 276］。

そのプロセスにおいて再創造され、立ち上がってくる新しい「一身独立して一国独立する」主体性こそが、民主主義を生まれ変わらせ、反啓蒙の寡頭制を阻止する拠点となりうるはずである。

この章の冒頭で述べたとおり、丸山が戦後日本国民に試みた啓蒙は、偶発的な歴史状況の進行のなかで頓挫したままである。しかしそれは「未完のプロジェクト」として、今なお、そして新しい可能性として、われわれの前に開かれているのだ。

註

（1）シンガポールには国会があるが、事実上の一党独裁であり、政府批判は法律で禁じられ、新聞やテレビなどマスメディアはほぼ政府のコントロール下にある。

（2）フィリピンは憲法に外国軍基地撤廃条項を定め、一九九二年にアメリカ軍を完全撤退させた。矢部は「憲法にきちんと『日本は最低限の防衛力をもつこと』を書き、同時に『今後、国内に外国軍基地をおかないこと』を明記する」、「フィリピンモデル」改憲に向けた国民運動を提唱する。

参照文献

赤木智弘（二〇〇七a）「『丸山眞男』をひっぱたきたい――三一歳、フリーター。希望は、戦争。」『論座』一月号（『若者を見殺しにする国』朝日文庫、二〇一一、二〇九－二二四頁）
赤木智弘（二〇〇七b）「けっきょく『自己責任』ですか――続「『丸山眞男』をひっぱたきたい」『応答』を読んで」『論座』六月号（『若者を見殺しにする国』朝日文庫、二〇一一、二二七－二四二頁）
朝日新聞（二〇〇一）「民主支持層も七五％　本社世論調査『小泉流』を好感」四月三〇日付、四面
阿南三章（一九七六）「蓑田胸喜小伝」『暗河』四号、葦書房、六六－八〇頁
安藤武（一九九八）『三島由紀夫の生涯』夏目書房
石井寛治（一九九一）『日本経済史』第二版、東京大学出版会
石井寛治（二〇一二）『日本の産業革命――日清・日露戦争から考える』講談社学術文庫
石井信平（二〇〇五）「〝明るいおカネ第一主義〟の伝導師」『日経ベンチャー』日経BP社、二〇〇五年二月号、二〇－二五頁
石附実（一九九二）『近代日本の海外留学史』中公文庫
伊藤昌亮（二〇一五）「ネット右翼とは何か」『奇妙なナショナリズムの時代――排外主義に抗して』（山崎望編）

岩波書店、二七－六七頁
伊東祐吏（二〇一六）『丸山眞男の敗北』講談社選書メチエ
稲葉剛（二〇一三）『生活保護から考える』岩波新書
井上隆史（二〇〇九）『豊穣なる仮面　三島由紀夫』新典社
井上隆史（二〇一〇）『三島由紀夫幻の遺作を読む　もう一つの『豊饒の海』』光文社新書
猪木正道（一九六二）「私の憲法擁護論」『世界』一九六二年六月号、七二－七五頁
植村和秀（二〇〇六）「天皇機関説批判の『論理』――『官僚』批判者蓑田胸喜」竹内洋、佐藤卓己編著『日本主義的教養の時代　大学批判の古層』柏書房、五一－八九頁
植村和秀（二〇一〇）『昭和の思想』講談社選書メチエ、
内田樹、白井聡（二〇一五）『日本戦後史論』徳間書店
江戸川乱歩（一九二五）『屋根裏の散歩者』『新青年』八月増刊号（『江戸川乱歩推理文庫第二巻　屋根裏の散歩者』講談社、一九八七、一三五－一九〇頁）
江戸川乱歩（一九五三）「『芋虫』のこと」『宝石』一九五一年三月号－一九六〇年六月号「探偵小説三十年」（『江戸川乱歩全集第二八巻『探偵小説四十年（上）』光文社文庫、二〇〇六、三八五－三八九頁）
エムケ、カロリン（二〇一八）『憎しみに抗って――不純なものへの賛歌』みすず書房
遠藤周作（一九六八）『爾も、また』『留学』新潮文庫、六三－三一〇頁
大久保喬樹（二〇〇八）『洋行の時代』中公新書
大熊信行（一九六四）「日本民族について」『世界』一月号（酒井哲哉編『リーディングス戦後日本の思想水脈第一巻――平和国家のアイデンティティ』岩波書店、二〇一六、一六七－一八二頁）
奥野健男（一九九三）『三島由紀夫伝説』新潮社
小熊英二（二〇〇二）『〈民主〉と〈愛国〉――戦後日本のナショナリズムと公共性』新曜社

桶谷秀昭（一九九九）『昭和精神史』文春文庫
加瀬和俊（二〇一一）「戦間期における新聞経営の推移と論点」『戦間期日本の新聞産業――経営事情と社論を中心に――』（加瀬和俊編）東京大学社会科学研究所研究シリーズ　四八、東京大学社会科学研究所
加藤典洋（二〇〇五）『敗戦後論』ちくま文庫
加藤典洋（二〇一五）『戦後入門』ちくま新書
鹿野政直（一九九九）『近代日本思想案内』岩波文庫
上村洋一（二〇一一）『『諸君！』『正論』の研究――保守言論はどう変容してきたか』岩波書店
北一輝（一九〇六）『国体論及び純正社会主義』自費出版（『北一輝思想集成』書肆心水、二〇〇五、六一－六六四頁）
北村透谷（一八九三a）「明治文学管見」『評論』四月八日、二二日、五月六日、二〇日（『北村透谷選集』岩波文庫、一九七〇、二三一－二五九頁）
北村透谷（一八九三b）「漫罵」『文学界』一〇月三〇日号（『北村透谷選集』岩波文庫、一九七〇、三二一－三二四頁）
久野収（一九五六）「日本の超国家主義――昭和維新の思想」『現代日本の思想―その五つの渦』岩波新書、一一七－一八二頁
倉橋耕平（二〇一八）『歴史修正主義とサブカルチャー』青弓社
小坂井敏晶（二〇一一）『増補版　民族という虚構』ちくま学芸文庫
小林よしのり（一九九八）『新ゴーマニズム宣言SPECIAL　戦争論』幻冬舎
斉藤泰雄（二〇一五）「近代国家形成期における高等教育の構想と整備――日本の経験」『国立教育政策研究所紀要第一四四集』一五三－一六八頁
阪本尚文（二〇一五）「丸山眞男と八月革命（一）――東京女子大学丸山眞男文庫所蔵資料を活用して」『行政社会論集』福島大学行政社会学会
勾坂哲郎（一九八九）「父と五・一五事件（二）」『検察秘録　五・一五事件（勾坂資料）』（原秀男 他編）第二巻、角

川書店、一三－二四頁
佐々木毅（一九八七）『いま政治になにが可能か』岩波新書
佐々木毅（二〇〇九）『政治の精神』岩波新書
佐々木毅（二〇一三）『平成デモクラシー――政治改革の二五年』講談社
佐藤秀明（二〇〇六）『三島由紀夫――人と文学』勉誠出版
佐和隆光（二〇一六）『経済学のすすめ――人文知と批判精神の復権』岩波新書
産経新聞（一九七九）「主張」四月二一日一〇面
斬馬剣禅（一九〇二）「東西両京の大学」『読売新聞』二月二五日－八月七日（『東西両京の大学――東京帝大と京都帝大』講談社学術文庫、一九八八）
芝正身（二〇一六）『北一輝と萩原朔太郎――「近代日本」に対する異議申し立て者』御茶の水書房
白井聡（二〇一五）「反知性主義、その世界的文脈と日本的特徴」『日本の反知性主義』（内田樹編）晶文社、六三－一一〇頁
白井聡（二〇一三）『永続敗戦論――戦後日本の核心』太田出版
杉山平助（一九四二）『文芸五十年史』鱒書房
鈴木哲（二〇一五）『「社会（コンヴィヴィアリテ）のない国、日本――ドラフェス事件・大逆事件と荷風の悲嘆」講談社選書メチエ
鈴木東民（一九四八）「デモクラシイの黎明」『わかき日の素描』（学生書房編集部編）学生書房、六二－七八頁
生活保護問題対策全国会議（二〇一二）『間違いだらけの生活保護バッシング――Q&Aでわかる生活保護の誤解と利用者の実像』明石書店
高史明（二〇一七）「在日コリアンへのレイシズムとインターネット」塚田前掲書、三四－五三頁
高口康太（二〇一八）「ギルバートの読者は誰か――データ　50万部超の著書の売れ方は「ほかの本と違う」」購

入者の年齢層と立地の数値に表れた謎を追う」『ニューズウィーク日本版』二〇一八年一〇月三〇日号、CCCメディアハウス、二六－二八頁
高田理恵子（二〇一〇）「文系知識人の受難」『日本思想という病』（芹沢一也、荻上チキ編）光文社
高橋睦郎（二〇一六）「死の絵」『在りし、在らまほしかりし三島由紀夫』平凡社、三九－七一頁
竹内洋（一九九七）『立身出世主義――近代日本のロマンと欲望』日本放送協会出版
竹内洋（二〇〇三）『教養主義の没落――変わりゆくエリート学生文化』中公新書
竹内洋（二〇〇五）『丸山眞男の時代――大学・知識人・ジャーナリズム』中公新書
竹内洋（二〇〇六）「帝大粛正運動の誕生・猛攻・蹉跌」竹内洋、佐藤卓己編著前掲書、一一－四九頁
竹内洋、佐藤優（二〇〇七）「いまなぜ蓑田胸喜なのか――封印された昭和思想」『諸君！』七月号、一三〇－一四三頁
竹内好（一九五一）「近代主義と民族の問題」『文学』九月号（『近代の超克』筑摩書房、一九八三、二六一－二六九頁）
竹内好（一九五九）「近代の超克」『近代日本思想史講座』第七巻、筑摩書房（河上徹太郎ほか『近代の超克』冨山房、一九七九、二七三－三四一頁）
立花隆（一九八三）『日本共産党の研究』第一巻、講談社文庫
立花隆（二〇〇五ａ）『天皇と東大』（上）文藝春秋
立花隆（二〇〇五ｂ）『天皇と東大』（下）文藝春秋
中条省平編（二〇〇五）『三島由紀夫が死んだ日』実業之日本社
辻大介（二〇一七）「計量調査から見る「ネット右翼」のプロファイル――二〇〇七年／二〇一四年ウェブ調査の分析結果をもとに」『年報人間科学』三八、二一一－二二四頁
津田左右吉（一九一六）『文学に現はれたる国民思想の研究一』洛陽堂（『津田左右吉全集』第四巻、岩波書店、一九六四）

筒井清忠（一九九六）『昭和期日本の構造』講談社学術文庫
筒井清忠（二〇一一）『帝都復興の時代――関東大震災以後』中公選書
筒井清忠（二〇一五）『満州事変はなぜ起こったのか　日中関係を再検証する』中公選書
筒井清忠（二〇一八）『戦前日本のポピュリズム――日米開戦の道』中公新書
常見陽平（二〇一五）『エヴァンゲリオン化する社会』日経プレミアム新書
適菜収（二〇一二）『日本をダメにしたB層の研究』講談社
寺田稲次郎（一九七一）「革命児・北一輝の逆手戦法」『北一輝の人間像――「北日記」を中心に』（宮本盛太郎 編）有斐閣選書、二八〇―二九七頁
東京都（二〇一九）「東京都の人口推移――東京都の統計」www.toukei.metro.tokyo.jp/jugoki/2011/ju11qc0900.xls
堂本正樹（二〇〇五）『回想　回転扉の三島由紀夫』文春新書
戸田文明（二〇〇七）「加藤弘之の「転向」」『四天王寺国際仏教大学紀要』第四四号、一五―二八頁
戸部良一（二〇〇八）「帝国在郷軍人会と政治」『戦間期日本の社会集団とネットワーク　デモクラシーと中間団体』（猪木武徳編）NTT出版、五七―八〇頁
冨田宏治（二〇〇一）『丸山眞男――「近代主義」の射程』関西学院大学出版会
豊下楢彦（二〇一一）「安保条約と「脅威論」の展開」『立命館平和研究：立命館大学国際平和ミュージアム紀要』第一二号一―一〇頁
永井荷風（一九〇九）『帰朝者の日記』『中央公論』一〇月一日号（『荷風全集』第六巻、岩波書店、一九九二、一五一―二〇九頁）
永井荷風（一九二二）『花火』『雨瀟瀟』春陽堂（『荷風全集』第一四巻、岩波書店、一九九三、二五二―二六〇頁）
永井荷風（一九二三）『断腸亭日乗』一〇月三日（『荷風全集』第二一巻、岩波書店、一九九三、二四五頁）
永井荷風（一九三五）『断腸亭日乗』三月一〇日（『荷風全集』第二三巻、岩波書店、一九九三、二六五頁）

中島健蔵（一九五七）『昭和時代』岩波新書
仲島陽一（二〇一〇）「新自由主義批判の基礎視座について」『国際地域学研究』第一三号、一四七－一五六頁
中野晃一（二〇一五）『右傾化する日本政治』岩波新書
永松豊蔵（一九七三）『竜北村史』竜北村教育委員会
中村光夫（一九四二）「近代への疑惑」『文学界』一〇月号（河上徹太郎ほか『近代の超克』冨山房、一九七九、一五〇－一六四頁）
永吉希久子（二〇一九）「ネット右翼とは誰か――ネット右翼の規定要因」『ネット右翼とは何か』（樋口直人ほか）青弓社、一三－四三頁
夏目漱石（一九一一）「現代日本の開化」、八月の和歌山での講演（『漱石全集』第一六巻、岩波書店、二〇一九、四三三－四五八頁）
西田亮介（二〇一五）『メディアと自民党』角川新書
西谷啓治（一九四二）「『近代の超克』私論」『文学界』九月号（河上徹太郎ほか『近代の超克』冨山房、一九七九、一八－三七頁）
西村裕一（二〇一六）「天皇機関説事件」『論究ジュリスト』二〇一六年春号、一一－一七頁
野口武彦（一九六八）『三島由紀夫の世界』講談社
萩原朔太郎（一九二七）「死なない蛸」『新青年』四月号（『萩原朔太郎全集』第二巻、筑摩書房、一九七六、二九〇－二九二頁）
橋川文三（一九五九）「若い世代と戦後精神」『東京新聞』一九五九年一一月一一日－一三日（『日本浪曼派批判序説』講談社文芸文庫、一九九八、二五〇－二五八頁）
橋川文三（一九六〇）『日本浪曼派批判序説』未来社（『日本浪曼派批判序説』講談社文芸文庫、一九九八、七－一九一頁）

橋本健二（二〇一八）『アンダークラス――新たな下層階級の出現』ちくま新書
坂野潤治（二〇一二）『日本近代史』ちくま新書
坂野潤治（二〇一四）『〈階級〉の日本近代史　政治的平等と社会的不平等』講談社選書メチエ
樋口直人（二〇一四）『日本型排外主義――在特会・外国人参政権・東アジア地政学』名古屋大学出版会
樋口直人（二〇一七）「排外主義とヘイトスピーチ」『徹底検証　日本の右傾化』（塚田穂高編）筑摩選書、六八－八七頁
廣松渉（一九八〇）『〈近代の超克〉論　昭和思想史への一断想』朝日出版社
福沢諭吉（一八七二）『学問のすゝめ』初編（『福澤諭吉全集』第三巻、岩波書店、一九五九、二一－一一四頁）
福沢諭吉（一八九八）『福翁自伝』『時事新報』一八九八年七月一日－一八九九年二月一六日（『福澤諭吉全集』第七巻、岩波書店、一九五九、一－二六〇頁）
福田恆存（一九八一）「問ひ質したき事ども」『中央公論』四月号（『福田恆存全集』第七巻、文藝春秋、一九八八、五八六－六一六頁）
福本和夫（一九二五）「『方向転換』はいかなる諸過程をとるか　我々はいまそれのいかなる過程を過程しつゝあるか」『マルクス主義』一〇月号（松田道雄編『近代日本思想大系』第三五巻「昭和思想集一」筑摩書房、一九七四、三－二五頁）
藤岡信勝、自由主義史観研究会（一九九六）『教科書が教えない歴史2』産経新聞ニュースサービス
古谷経衡（二〇一三）『ネット右翼の終わり――ヘイトスピーチはなぜ無くならないのか』晶文社
保阪正康（一九七四）『五・一五事件』草思社
細川隆元（一九五四）「『日本マッカーシー』始末記」『文藝春秋』臨時増刊第九号、一四－二九頁
ホーフスタッター、リチャード（二〇〇三）『アメリカの反知性主義』（田村哲夫訳）みすず書房
堀江貴文、西村博之（二〇一七）「地方のインフラ老朽化でホリエモン×ひろゆきがバッサリ！『便利な暮らしが

したいなら都会に住めばいい』」週プレNEWS、一〇月二七日、https://wpb.shueisha.co.jp/news/society/2017/10/27/93704/
毎日新聞（一九五一）「これ迄とこれからの生活　本社世論調査」九月二五日、二面
松谷満（二〇一九）「ネット右翼活動家の『リアル』な支持基盤——誰がなぜ桜井誠に投票したのか」『ネット右翼とは何か』青弓社、四四-七二頁
松本健一（二〇〇三）『丸山眞男——八・一五革命伝説』河出書房新社
松本徹（二〇一六）『三島由紀夫の時代　芸術家一一人との交錯』水声社
丸山眞男（一九四三）「福沢に於ける秩序と人間」『三田新聞』一一月二五日号（『丸山眞男集』第二巻、岩波書店、一九九五、二一九-二二一頁）
丸山眞男（一九四六a）「近代的思惟」『文化会議』第一号（『丸山眞男集』第三巻、岩波書店、一九九五、三-五頁）
丸山眞男（一九四六b）「超国家主義の論理と心理」『世界』五月号（『丸山眞男集』第三巻、岩波書店、一九九五、一七-三六頁）
丸山眞男（一九四七a）「福沢に於ける『実学』の転回」『東洋文化研究』三号（『丸山眞男集』第三巻、岩波書店、一九九五、一〇七-一三一頁）
丸山眞男（一九四七b）「科学としての政治学——その回顧と展望　精神がまるでちがう」『人文』第一巻二号（『丸山眞男集』第三巻、岩波書店、一九九五、一三三-一五二頁）
丸山眞男（一九四八）「日本人の政治意識」『潮』第四号（『丸山眞男集』第三巻、岩波書店、一九九五、三二三-三二九頁）
丸山眞男（一九五〇）「ある自由主義者への手紙」『世界』九月号（『丸山眞男集』第四巻、岩波書店、一九九五、三一三-三三五頁）
丸山眞男（一九五三）「福沢諭吉」『世界歴史辞典』第一六巻、平凡社（『丸山眞男集』第五巻、岩波書店、

一九九五、三二九－三三三頁）
丸山眞男（一九五七）『日本の思想』『岩波講座現代思想第一一巻現代日本の思想』岩波書店（『丸山眞男集』第七巻、岩波書店、一九九六、一九一－二四四頁）
丸山眞男（一九五八）「戦争と同時代」『同時代』第八号（『丸山眞男座談』第二巻、岩波書店、一九九八、一九九－二三五頁）
丸山眞男（一九五九）「『である』ことと『する』こと」『毎日新聞』一月九日－一二日（『丸山眞男集』第八巻、岩波書店、一九九六、二三－四四頁）
丸山眞男（一九六〇ａ）「選択のとき」『みすず』八月号（『丸山眞男集』第八巻、岩波書店、一九九六、三四七－三五〇頁）
丸山眞男（一九六〇ｂ）「復初の説」『世界』八月号（『丸山眞男集』第八巻、岩波書店、一九九六、三五一－三五八頁）
丸山眞男（一九六〇ｃ）「新安保反対運動を顧みる」『北海道新聞』七月五日（『丸山眞男集』第一六巻、岩波書店、一九九六、三三九－三四三頁）
丸山眞男（一九六四）『現代政治の思想と行動』増補版後記、未来社（『丸山眞男集』第九巻、岩波書店、一九九六、一七九－一八四頁）
丸山眞男（一九六七）「普遍的原理の立場」『思想の科学』五月号（『丸山眞男座談』第七巻、岩波書店、一九九八、一〇一－一二三頁）
丸山眞男（一九六九）「二十四年目に語る被爆体験——東大教授丸山眞男氏（当時一等兵）の『思想と行動』——」『中国新聞』八月五日、六日（『丸山眞男集』第一六巻、岩波書店、一九九六、三五九－三六一頁）
丸山眞男（一九八〇）「歴史のディレンマ——マルクス、ウエーバー、ポパーをめぐって」『創文』八月九月合併号（『丸山眞男座談』第八巻、岩波書店、一九九八、二三四－二六一頁）
丸山眞男（一九九八）『自己内対話——三冊のノートから』みすず書房

丸山眞男（二〇〇四）『丸山眞男書簡集』第三巻、岩波書店
丸山眞男（二〇〇五）『自由について――七つの問答』（聞き手 鶴見俊輔、北沢恒彦、塩沢由典）編集グループSURE
丸山眞男（二〇〇八）『丸山眞男話文集』第二巻（丸山眞男手帖の会編）みすず書房
丸山眞男（二〇一六a）『丸山眞男回顧談』上巻、岩波現代文庫
丸山眞男（二〇一六b）『丸山眞男回顧談』下巻、岩波現代文庫
三島憲一（二〇〇八）「啓蒙」『岩波 社会思想辞典』（今村仁司、三島憲一、川崎修編）岩波書店、六五－六七頁
三島由紀夫（一九四〇）「凶ごと」、詩ノート「Ｂａｄ Ｐｏｅｍｓ」（『決定版 三島由紀夫全集』（以後、三島全集）第三七巻、新潮社、二〇〇四、四〇〇－四〇一頁）
三島由紀夫（一九四九a）『仮面の告白』河出書房（三島全集第一巻、二〇〇〇、一七一－三六四頁）
三島由紀夫（一九四九b）「作者の言葉『仮面の告白』」『仮面の告白』初版本完全復刻版付録、河出書房新社（三島全集第二七巻、二〇〇三、一七六－一七七頁）
三島由紀夫（一九四九c）式場隆三郎あて手紙、七月一九日付（三島全集第三八巻、二〇〇四、五一三頁）
三島由紀夫（一九五三a）『愛の渇き』あとがき、『三島由紀夫作品集』第二巻、新潮社（三島全集第二八巻、二〇〇三、一〇〇－一〇六頁）
三島由紀夫（一九五三b）『仮面の告白』あとがき、『三島由紀夫作品集』第一巻、新潮社（三島全集第二八巻、二〇〇三、九八－一〇〇頁）
三島由紀夫（一九五四a）「学生の分際で小説を書いたの記」『文藝』一一月号（三島全集第二八巻、二〇〇三、三七〇－三七六頁）
三島由紀夫（一九五四b）「新ファッシズム論」『文學界』一〇月号（三島全集第二八巻、二〇〇三、三五〇－三五九頁）

三島由紀夫（一九五五ａ）「空白の役割」『新潮』六月号（三島全集第二八巻、二〇〇三、四七五－四八〇頁）
三島由紀夫（一九五五ｂ）「終末感からの出発――昭和二十年の自画像」『新潮』八月号（三島全集第二八巻、二〇〇三、五一六－五一八頁）
三島由紀夫（一九五五ｃ）『小説家の休暇』講談社（三島全集第二八巻、二〇〇三、五五三－六五六頁）
三島由紀夫（一九五五ｄ）「私の十代」『朝日新聞』一月一五日（三島全集第二八巻、二〇〇三、四一五頁）
三島由紀夫（一九五六ａ）「わが魅せられたるもの」『新女苑』四月号（三島全集第二九巻、二〇〇三、一七九－一八七頁）
三島由紀夫（一九五六ｂ）「自己改造の試み――重い文体と鷗外への傾倒」『文学界』八月号（三島全集第二九巻、二〇〇三、二四一－二四七頁）
三島由紀夫（一九五七）小林秀雄との対談「美のかたち――「金閣寺」をめぐって」『文藝』一月号（三島全集第三九巻、二〇〇四、二七七－二九七頁）
三島由紀夫（一九五八）『裸体と衣装――日記』『新潮』一九五八年四月－一九五九年九月号（三島全集第三〇巻、二〇〇三、七七－二四〇頁）
三島由紀夫（一九五九ａ）『鏡子の家』新潮社（三島全集第七巻、二〇〇一、七－五五〇頁）
三島由紀夫（一九五九ｂ）「『鏡子の家』そこで私が書いたもの」『鏡子の家』広告ちらし（三島全集第三一巻、二〇〇三、二四二頁）
三島由紀夫（一九五九ｃ）「十八歳と三十四歳の肖像画」『群像』五月号（三島全集第三一巻、二〇〇三、二一六－二二七頁）
三島由紀夫（一九六〇ａ）『愛の処刑』『ＡＤＯＮＩＳ』別冊『ＡＰＯＬＬＯ』五号（三島全集補巻、二〇〇五、四〇－五四頁）
三島由紀夫（一九六〇ｂ）「苦い生活」『読売新聞』九月二九日夕刊コラム「発射塔」（三島全集第三一巻、

二〇〇三、四六六－四六七頁）
三島由紀夫（一九六一）「八月二一日のアリバイ」『読売新聞』八月二一日夕刊（三島全集第三一巻、二〇〇三、六一三－六一五頁）
三島由紀夫（一九六二）「この十七年の『無戦争』」『週刊朝日』八月二四日号（三島全集第三二巻、二〇〇三、一〇六－一〇七頁）
三島由紀夫（一九六三）「私の遍歴時代」『東京新聞』一月一〇日－五月二三日（三島全集第三二巻、二〇〇三、二七一－三二三頁）
三島由紀夫（一九六四）「実感的スポーツ論」『読売新聞』一〇月五日－六日、九日－一〇日、一二日夕刊（三島全集第三三巻、二〇〇三、一五七－一七〇頁）
三島由紀夫（一九六六a）『英霊の聲』『文藝』六月号（三島全集第二〇巻、二〇〇二、四六一－五一五頁）
三島由紀夫（一九六六b）「フランスのテレビに初出演――文壇の若大将　三島由紀夫氏」『毎日新聞』三月一〇日夕刊（三島全集第三四巻、二〇〇三、三一－三四頁）
三島由紀夫（一九六六c）「『われら』からの遁走――私の文学」『われらの文学5三島由紀夫』講談社（三島全集第三四巻、二〇〇三、一七－二七頁）
三島由紀夫（一九六七）「日本への信条」『えひめ新聞』一月一日ほか（三島全集第三四巻、二〇〇三、二八八－二九一）
三島由紀夫（一九六八a）「栄誉の絆でつなげ菊と刀」『日本及び日本人』一九六八年九月号（三島全集第三五巻、二〇〇三、一八八－一九九頁）
三島由紀夫（一九六八b）「電灯のイデア――わが文学揺籃《ようらん》期」『新潮日本文学四五　三島由紀夫集』月報一、新潮社（三島全集第三五巻、二〇〇三、一七七－一八〇頁）
三島由紀夫（一九六八c）「橋川文三への公開状」『中央公論』一〇月号（三島全集第三五巻、二〇〇三、二〇五－

二〇九頁）
三島由紀夫（一九六八d）大島渚との対談「ファシストか革命家か」『映画芸術』一月号（三島全集第三九巻、二〇〇四、七二九－七六〇頁）
三島由紀夫（一九六八e）「文化防衛論」『中央公論』七月号（三島全集第三五巻、二〇〇三、一五－五一頁）
三島由紀夫（一九六九）「日本文化の深淵について」『THE　TIME』九月号（三島全集第三五巻、六六三－六六六頁）
三島由紀夫（一九七〇a）「檄」、楯の会ちらし（三島全集第三六巻、二〇〇三、四〇二－四〇六頁）
三島由紀夫（一九七〇b）『天人五衰』新潮社（三島全集第一四巻、二〇〇二、三六一－六四八頁）
三島由紀夫（一九七〇c）「果たし得てゐない約束――私の中の二十五年」『サンケイ新聞』七月七日夕刊（三島全集第三六巻、二〇〇三、二一二－二一五頁）
三島由紀夫（一九七〇d）「武士道と軍国主義」『PLAYBOY』八月号（三島全集第三六巻、二四七－二六六頁）
三島由紀夫（一九七〇e）武田泰淳との対談「文学は空虚か」『文藝』一一月号（三島全集第四〇巻、二〇〇四、六八九－七二二頁）
水島治郎（二〇一六）『ポピュリズムとは何か――民主主義の敵か、改革の希望か』中公新書
見田宗介（一九九五）「夢の時代と虚構の時代」、講談社刊『現代日本の感覚と思想』（『定本　見田宗介著作集』第六巻、岩波書店、二〇一一、九八－一一一頁）
蓑田胸喜（一九一六）「等質療法《ホメオパセズム》」『龍南会雑誌』三月号（『蓑田胸喜全集』第一巻、柏書房、二〇〇四、一四－三六頁）
蓑田胸喜（一九二〇）「ラッセル『社会改造の原理』批判」『戦士日本』二月号（『蓑田胸喜全集』第一巻、柏書房、二〇〇四、一〇七－一一二頁）
蓑田胸喜（一九二三）「人生観と学術的研究」『白鷺』一二月号（『蓑田胸喜全集』第一巻、柏書房、二〇〇四、一五五－一六三頁）

蓑田胸喜（一九二五a）「綱領」『原理日本』一一月創刊号（『蓑田胸喜全集』第七巻、柏書房、二〇〇四、六八六頁）
蓑田胸喜（一九二五b）「宣言」『原理日本』一一月創刊号（『蓑田胸喜全集』第七巻、柏書房、二〇〇四、六八五頁）
蓑田胸喜（一九三三）『学術維新原理日本』原理日本社（『蓑田胸喜全集』第三巻、柏書房、二〇〇四、三－八一八頁）
宮沢俊義（一九七〇）『天皇機関説事件――資料は語る――』（上・下）、有斐閣
宮台真司（二〇〇六）「ねじれた社会の現状と目指すべき第三の道」『バックラッシュ！　なぜジェンダーフリーは叩かれたのか？』双風舎、一〇－九九頁
村上龍（一九八七）『愛と幻想のファシズム』（上、下）講談社
村松剛（一九九〇）『三島由紀夫の世界』新潮社
森鷗外（一八九〇）『舞姫』『国民之友』一月三日号（『鷗外全集』第一巻、岩波書店、一九七一、四二三－四四八頁）
森鷗外（一九一二）『かのやうに』『中央公論』一月一日号（『鷗外全集』第一〇巻、岩波書店、一九七二、四三－七八頁）
安田浩一（二〇一二）『ネットと愛国――在特会の「闇」を追いかけて』講談社
安田浩一、倉橋耕平（二〇一九）『歪む社会――歴史修正主義の台頭と虚妄の愛国に抗う』論創社
保田與重郎（一九四二）「我国に於ける浪漫主義の概観」『近代の終焉』小学館（『保田與重郎全集』第一一巻、講談社、一九八六、二八七－三〇四頁）
保田與重郎（一九六九）『日本浪漫派の時代』至文堂（『保田與重郎全集』第三六巻、講談社、一九八八、一－三五四頁）
山崎雅弘（二〇一七）『天皇機関説事件』集英社新書
山野車輪（二〇〇五）『マンガ　嫌韓流』晋遊舎ムック
矢部宏治（二〇一四）『日本はなぜ、「基地」と「原発」を止められないのか』集英社インターナショナル
山崎望（二〇一五）「奇妙なナショナリズム？」『奇妙なナショナリズムの時代――排外主義に抗して』（山崎望編）

岩波書店、一―二八頁
吉川洋（二〇一二）『高度成長――日本を変えた六〇〇〇日』中公文庫
吉野作造（一九一六）「憲政の本義を説いて其有終の美を済すの途を論ず」『中央公論』一月号（『吉野作造評論集』岩波文庫、一九七五、一〇―一三一頁）
吉本隆明（一九五八）「転向論」『現代批評』第一巻第一号（『吉本隆明全集』第五巻、晶文社、二〇一四、三六八―三八九頁）
吉本隆明（一九六〇）「擬制の終焉」『民主主義の神話　安保闘争の思想的総括』現代思潮社（『吉本隆明全集』第六巻、二〇一四、二八五―三〇六頁）
吉本隆明（一九六三）『丸山眞男論』一橋新聞部（『吉本隆明全集』第七巻、二〇一四、七―六九頁）
米原謙（二〇〇三）『徳富蘇峰』中公新書
読売新聞（一九四七）「社説」五月三日、一面
六草いちか（二〇一一）『鷗外の恋　舞姫エリスの真実』講談社
渡辺治（二〇〇五）『構造改革政治の時代――小泉政権論』花伝社
渡辺治、二宮厚美、岡田知広、後藤道夫（二〇〇九）『新自由主義か新福祉主義か――民主党政権下の日本の行方』旬報社
渡部昇一（二〇〇三）『渡部昇一の昭和史』ワック

◉ 著者紹介

芝　正身（しば・まさみ）

1964 年生まれ。中央大学法学部法律学科卒業。広告・プロモーション関連企業に勤務しながら、近代史、近代精神史を研究している。主著は『北一輝と萩原朔太郎：「近代日本」に対する異議申し立て者』御茶の水書房、2016 年。

近現代日本の「反知性主義」
——天皇機関説事件からネット右翼まで

2019 年 7 月 31 日　初　版 第 1 刷発行

著　　者　芝　　正　身
発 行 者　大　江　道　雅
発 行 所　株式会社　明石書店
〒 101-0021 東京都千代田区外神田 6-9-5
電話 03（5818）1171
FAX 03（5818）1174
振替　00100-7-24505
http://www.akashi.co.jp/
装丁　明石書店デザイン室
印刷／製本　モリモト印刷株式会社

（定価はカバーに表示してあります）　ISBN978-4-7503-4874-2

大川周明と狂気の残影

アメリカ人従軍精神科医とアジア主義者の軌跡と邂逅

エリック・ヤッフェ 著　樋口武志 訳

四六判／上製／352頁　◎2600円

近代日本を代表する思想家・大川周明と、彼の東京裁判での「奇行」を「精神異常」と診断したアメリカ人医師・ヤッフェ。アメリカ人医師の孫が二人の足跡を辿り、近代日本の苦悩と矛盾、兵士たちが損なわれゆく戦争の現実を浮かび上がらせる。国家の狂気と人間の精神に新たに迫るノンフィクション。

● 内容構成 ●

橘川俊忠著
終わりなき戦後を問う
◎2800円

斎藤多喜夫著
幕末・明治の横浜 西洋文化事始め
◎2800円

和田司著
吉本隆明『共同幻想論』を解体する　穴倉の中の欲望
◎2800円

山本伸裕著
清沢満之と日本近現代思想　自力の呪縛から他力思想へ
◎3000円

川本兼著
日本生まれの「正義論」　サンデル「正義論」に欠けているもの
◎2200円

安冨歩著
幻影からの脱出　原発危機と東大話法を越えて
◎1600円

池田善昭著
西田幾多郎の実在論　AI、アンドロイドはなぜ人間を超えられないのか
◎1800円

イマニュエル・ウォーラーステイン著　山下範久訳
ヨーロッパ的普遍主義　近代世界システムにおける構造的暴力と権力の修辞学
◎2200円

〈価格は本体価格です〉

左派ポピュリズムのために

シャンタル・ムフ 著　山本圭、塩田潤 訳

■四六判／上製／152頁　◎2400円

私たちはまさに「ポピュリスト・モーメント」の只中にいる——。「ポスト政治」的状況において左派ポピュリズムの可能性とは何か。「少数者支配」に対抗する「人民」を構築し、民主主義を回復・深化させるためのラディカル・デモクラシー戦略を提示する。

●内容構成●

ポピュリズムの理性

エルネスト・ラクラウ 著　澤里岳史、河村一郎 訳　山本圭 解説

■四六判／上製／416頁　◎3600円

政治理論家ラクラウによるポピュリズム論の金字塔的著作。ポスト・マルクス主義の政治理論を深化させ、侮蔑的に論じられがちなポピュリズムを政治的なものの構築の在り方として精緻に理論化。根源的、複数主義的な民主主義のために、政治的主体構築の地平を拓く。

●内容構成●

〈価格は本体価格です〉